高职高专港航管理类专业核心教材

HUOWUXUE JICHU
货物学基础

主　编　蔡佩林
副主编　蓝贤钢　辛　明
主　审　颜汉军

人民交通出版社股份有限公司
China Communications Press Co.,Ltd.

内 容 提 要

本书共分八章。第一章介绍货物的分类及基本运输条件；第二章介绍了货物的包装与标志；第三章介绍了货物的货物储存与保管要求；第四章介绍了普通类货物的性质与运输要求；第五章介绍了特殊货物的性质与运输要求；第六章介绍了散装类货物的特点与运输要求；第七章介绍了集装箱货物的特点与运输；第八章系统介绍了危险货物的分类、危险性质及运输要求。

本书适合作为高等职业院校港口与航运管理、港口物流管理、物流管理等相关专业的教学用书，也可作为各港航企业、运输仓储企业相关人员的培训教材和业务参考书。

图书在版编目(CIP)数据

货物学基础 / 蔡佩林主编.
—北京：人民交通出版社股份有限公司，2016.1
ISBN 978-7-114-12698-7

Ⅰ.①货… Ⅱ.①蔡… Ⅲ.①物流-货物运输-教材 Ⅳ.①F252

中国版本图书馆 CIP 数据核字(2016)第 004881 号

书　　名：	货物学基础
著　作　者：	蔡佩林　蓝贤钢　辛明
责任编辑：	刘永芬
出版发行：	人民交通出版社股份有限公司
地　　址：	(100011)北京市朝阳区安定门外外馆斜街 3 号
网　　址：	http://www.ccpress.com.cn
销售电话：	(010)59757973
总　经　销：	人民交通出版社股份有限公司发行部
经　　销：	各地新华书店
印　　刷：	北京虎彩文化传播有限公司
开　　本：	787×1092　1/16
印　　张：	11.25
字　　数：	260 千
版　　次：	2016 年 1 月　第 1 版
印　　次：	2022 年 8 月　第 3 次印刷
书　　号：	ISBN 978-7-114-12698-7
定　　价：	28.00 元

(有印刷、装订质量问题的图书由本公司负责调换)

前　言

在我国实施"新丝绸之路经济带"和"21世纪海上丝绸之路"战略中,陆上依托国际大通道,以沿线中心城市为支撑,以重点经贸产业园区为合作平台,共同打造新亚欧大陆桥;海上以重点港口为节点,共同建设通畅安全高效的运输大通道,旨在促进经济要素有序自由流动、资源高效配置和市场深度融合,推动沿线各国实现经济政策协调,开展更大范围、更高水平、更深层次的区域合作,共同打造开放、包容、均衡、普惠的区域经济合作架构。随着"一带一路"战略的实施,物流业也迎来了重大发展机遇。物流业是融合运输、仓储、货代、信息等产业的复合型服务业,是支撑国民经济发展的基础性产业。物流是货物从供应地向接收地的实体流动过程中,根据实际需要,将运输、储存、采购、装卸搬运、包装、流通加工、配送、信息处理等功能有机结合起来,实现用户要求的过程。

货物学研究的对象是货物,具体地说,是研究货物的种类、包装及其物理、化学、机械和生物特性,以及在物流过程中进行科学的配积载、装卸和保管,以确保货物的数量完整、质量完好的专门技术。货物运输中核心的问题是要保证货运安全质量,解决如何正确处理各类不同货物之间运输安全的问题。总的来说,货物学是港航等物流企业保证货运质量的专门基础知识。具体而言,它既是船舶配积载技术的专业基础,又是港口装卸与库场保管业务的基础。

本书共分八章:第一章概论,主要介绍货物的分类、成分、结构及其物理、机械、化学和生物性质;第二章货物的运输包装与标志,主要介绍货物的包装、标志、丈量与衡重以及货物的积载因数;第三章货物储存与保管,主要介绍货物在运输过程中的衬垫、隔票和堆码;第四章普通类货物运输,主要介绍金属及其制品类货物、食品类货物、建材及化学肥料类、纺织品货物类的基本特性;第五章特殊货物运输,主要介绍重大件货物、活的动植物、冷藏货物、木材等特殊货物运输特性;第六章散装类货物运输,主要介绍散装固体类货物和散装液体类货物的运输特性;

第七章集装箱货物运输,主要介绍集装箱及集装箱货物的装箱方法等内容;第八章危险货物运输,主要介绍危险货物主要类别、各类危险货物运输注意事项等内容。

本书可作为高等职业院校港航管理类专业和物流管理类专业的教学书籍,也可作为各港航企业、货代企业、物流公司、仓储企业相关人员业务培训和业务参考书籍。

本书第一章至第三章由广东科学技术职业学院辛明编写,第四章至第六章由珠海城市职业技术学院蓝贤钢编写,第七、八章以及附录由广东交通职业技术学院蔡佩林编写。全书由蔡佩林负责统稿,由东莞职业学院颜汉军主审。

在本书的编写过程中,参阅了大量的国内外相关书籍和资料,在此向原作者表示感谢!由于编者水平有限,书中难免存在不足之处,敬请各位读者提出宝贵意见,以便我们及时更新修正。

编者

2015 年 10 月

目　　录

第一章　概论 …………………………………………………………（ 1 ）
　　第一节　货物的概念及其分类 ……………………………………（ 1 ）
　　第二节　货物的性质和货物的运输 ………………………………（ 7 ）
　　第三节　货物的计量和积载因数 …………………………………（ 13 ）
第二章　货物的运输包装与标志 ……………………………………（ 17 ）
　　第一节　货物的包装及其功能 ……………………………………（ 17 ）
　　第二节　货物包装的分类 …………………………………………（ 22 ）
　　第三节　货物包装标志 ……………………………………………（ 29 ）
第三章　货物储存与保管 ……………………………………………（ 38 ）
　　第一节　货物的储存 ………………………………………………（ 38 ）
　　第二节　货物的堆码苫垫 …………………………………………（ 41 ）
　　第三节　货物的保管 ………………………………………………（ 47 ）
第四章　普通类货物运输 ……………………………………………（ 52 ）
　　第一节　金属及其制品类货物 ……………………………………（ 52 ）
　　第二节　食品类货物 ………………………………………………（ 56 ）
　　第三节　建材及化学肥料类 ………………………………………（ 59 ）
　　第四节　纺织品货物类 ……………………………………………（ 66 ）
第五章　特殊货物运输 ………………………………………………（ 76 ）
　　第一节　重大件货物 ………………………………………………（ 76 ）
　　第二节　活的动植物 ………………………………………………（ 80 ）
　　第三节　冷藏货物 …………………………………………………（ 81 ）
　　第四节　木材 ………………………………………………………（ 85 ）
第六章　散装类货物运输 ……………………………………………（ 90 ）
　　第一节　散装固体类货物 …………………………………………（ 90 ）
　　第二节　散装液体类货物 …………………………………………（107）
第七章　集装箱货物运输 ……………………………………………（120）
　　第一节　集装箱基本概念 …………………………………………（120）
　　第二节　集装箱货物分析 …………………………………………（126）
　　第三节　集装箱货物的装箱方法 …………………………………（128）
　　第四节　集装箱货物汗湿及其防止措施 …………………………（134）
第八章　危险货物运输 ………………………………………………（136）
　　第一节　危险货物运输的概述 ……………………………………（136）

    第二节 危险货物的主要危险特性 …………………………………………（139）
    第三节 危险货物的包装与标志 …………………………………………（150）
    第四节 危险货物的积载与隔离 …………………………………………（157）
    第五节 危险货物的运输与储存安全 ……………………………………（162）
附录1 常见货物积载因数和包装类型 ……………………………………（165）
附录2 部分忌装货物一览表 ………………………………………………（169）
参考文献 ………………………………………………………………………（171）

第一章 概 论

第一节 货物的概念及其分类

货物学是研究物流过程中各种货物的种类、包装及其物理、化学、机械和生物特性;研究在物流过程中科学的配积载、装卸和保管的专门技术,以确保货物的数量完整、质量完好的一门学科,是港航物流管理、物流工程、外贸运输、商贸类等专业的一门十分重要的专业基础课程。

一、货物的基本概念

货物(Cargo 或 Goods)是指物流运输与仓储部门承运和保管的各种原料、材料、工农业产品、商品以及其他产品或物品的总称。货物是我国交通运输领域中的一个专门概念。交通运输领域将其经营的对象分为两大类:一类是人,一类是物。"物"这一类统称为货物。在货物学中,将货物定义为:凡是经由运输部门或仓储部门承运的一切原料、材料、工农业产品、商品以及其他产品或物品。

二、货物的分类

货物是运输生产的主要对象。物流运输过程中的货物种类繁多,自然属性各异且批量不一。鉴于货物运输生产过程的重要性和复杂性,对货物进行科学的分类是非常必要的。货物在运输、装卸搬运、包装、仓储等环节的要求各不相同,可以依据运输方式、装卸搬运方式、储存条件以及货物的自然属性等不同对货物进行分类,从而尽可能地适应货物的运输条件,以保证货物运输的质量和安全,提高货物的运输效率。

货物一般的分类方法有:按货物形态分类、按货物性质分类、按货物装载场所分类、按货物载运状况分类和按货物自然属性分类等。

1.按货物形态分类

1)件杂货

件杂货(General Cargo),又叫件杂货物,简称件货或者杂货,是可以以件计量的货物,也就是普通货物。件杂货物又可以分为包装货物和裸装货物。

(1)包装货物(Packed Cargo)就是可以用包、袋、箱等各种材料制成的容器包装或捆扎的货物,如袋装货物、桶装货物、捆装货物等,如图1-1所示。

(2)裸装货物(Unpacked Cargo)指将商品稍加捆扎或以自身进行捆扎,适用于自然成件、品质稳定、难以包装或不需要包装的货物,如钢筋、木材、藤条、车辆、游艇等,如图1-2所示。

2)散装货物

散装货物(Bulk Cargo)简称散货,是指不需要包装,以散装方式进行运输,以重量承运,无标志、无包装、不易计算件数的货物,一般批量较大且种类较少。散装货物按其形态可分为散装固体货(Bulk Cargo,如:矿石、化肥、煤等)和散装液体货(Liquid Cargo,如:原油、动植物油等),如图1-3所示。

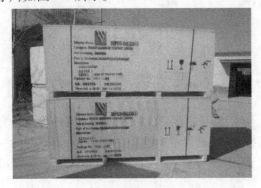

图1-1 包装货物

图1-2 裸装货物

图1-3 散装货物

3)成组化货物

成组化货物(Unitized Cargo)是采用一定的方法,把分散的单件货物或散货组成一个规格化、标准化的大运输单位,以便进行运输的货物。

(1)托盘货物(Palletized Cargo),指由木材、金属或塑料制成的、能够用铲车叉起的托板,使用塑料薄膜连同材料一起形成一个装运单元进行运输的货物。托板的承载力一般为0.5~

2t。用时将一定数量的单件货物堆放在托板上,捆扎加固,组成一个运输单位,如图1-4所示。

图1-4 托盘货物

(2)网络货物(Net for Unitized Cargo),是指使用棕绳或尼龙绳、钢丝绳等编制成网络状承载装运的货物,它一般以一网络为运输单元,如图1-5所示。

图1-5 网络货物

(3)集装袋货物(Container Bag Cargo),是装入由合成纤维或复合材料编织成的圆形大袋或方形大包的货物。集装袋容量一般为1~4t,适于盛装粉状、粒状的化工产品、矿产品、农产品及水泥等散装货物,如图1-6所示。

图1-6 集装袋货物

(4)集装箱货物(Container Cargo),是指装入集装箱内进行运输的货物,如图1-7所示。使用最多的是20ft和40ft标准化集装箱,我们通常称(8×8×20)ft的集装箱规格为一个"标准箱位",即"TEU"(Twenty-Foot Equivalent Unit)。

图 1-7 集装箱货物

2. 按货物性质分类

按照货物性质的不同,一般将货物分为普通货物和特殊货物。

1) 普通货物(General Cargo)

普通货物是指由于本身不具有特殊性质,所以在运输过程中没有规定特别条件的各类货物。普通货物又可以分为以下三种:

(1) 清洁货物(Clean Cargo)。清洁货物是指洁净的、干燥的货物,如人们食用的糖果、糕点、茶叶、甜品等;在运输保管中不能混入杂质或被沾污的各种纤维织品;不能受重压、磕碰、摔打的易碎品等;肥皂、洗衣服、洗面奶等各种洗涤用品和化妆用品;盆、杯子等各种塑料制品。

(2) 液体货物(Liquid Cargo)。液体货物是指盛装于桶、瓶、罐坛内的,在运输过程中容易破损、滴漏的各种流质或半流质货物,如酒类、药品、油类以及普通饮料等。

(3) 粗劣货物(Rough Cargo)。粗劣货物是指具有油污、水湿、扬尘和散发异味等特性的货物,如散发异味的生皮、鱼粉、烟叶、大蒜、氨水、油漆等;易扬尘的水泥、炭黑、矿粉、颜料等;煤油、豆饼等易渗油货物。

由于不同货物的性质差异,为保证货物运输质量和运输安全,不同货物在配载时应注意是否相互抵触,具体可参见附录 2 部分忌装货物一览表。

2) 特殊货物(Special Cargo)

特殊货物又称特种货物,是指货物的本身性质、体积、重量和价值等方面具有特别之处,在积载、装卸和保管过程中需要采用特殊设备和措施的各类货物。特殊货物包括危险货物、易腐性冷藏货物、贵重货物、鲜活动植物货物、重大件货物等。

(1) 危险货物(Dangerous Cargo)。危险货物是指具有燃烧、爆炸、毒害、污染、腐蚀和放射等性质的货物,在运输过程中会引起人身伤亡、财产毁损,在积载、装卸和保管中需要采用特殊设备和措施,且需要按照有关危险货物运输规则的规定进行运输的货物。

(2) 易腐性冷藏货物(Perishable Cargo and Reefer Cargo)。易腐性冷藏货物是指在运输过程中需要采取一定措施,以防止腐烂变质的货物,如新鲜或处于冷冻状态的肉、鱼、鸡、鸭以及处于低温状态的水果、蔬菜。

(3) 贵重货物(Valuable Cargo)。贵重货物是指本身价值昂贵的货物,如金、玉器、货币、高档电器、精密仪器、昂贵药材、历史文物等。

(4)鲜活动植物(Live Stock and Plants)。鲜活动植物又称活物,是指具有正常生命活动,在运输过程中仍需特殊照顾,维持其生命特征或生长机理的货物,以避免枯萎、患病、死亡的动植物货物,如牛、马、猪、羊、鸡、鸭、鹅等家禽,花卉、树苗、盆景等植物货物。

(5)重大件货物(Bulky and Lengthy Cargo、Heavy Cargo)。重大件货物是指当运输的货物单件重量过重,不能使用一般的起货设备进行装卸,或者是单件货物的尺度过长或过高、过宽,在装卸方面受到一定限制的货物,如钢轨、机车头、各种成套的设备等。

(6)邮件货物(Mail Cargo)。邮件货物是指国家之间的邮件包裹货物,要求交货迅速,以便能尽早送到收件人手里。

(7)涉外货物(Foreign-Related Cargo)。涉外货物是指外国驻华使领馆、团体和个人的物品等外交用品,以及国际礼品、展览品等物品。

3. 按货物装载场所分类

按货物装载场所不同,可作如下分类:

(1)甲板货(On Deck Cargo)。甲板货又称舱面货,是指固定在露天甲板上运输的货物。传统的甲板货有危险品、木材以及体积太大无法进入舱口的货物。运输甲板货时要考虑以下几个因素:甲板强度;如果货物载于舱盖上,舱盖的强度;船员的安全以及船上的通行;保证货堆高度不影响航行。甲板货的运输风险由租船人或发货人或提单持有人承担。

(2)舱内货物(Hold Cargo)。舱内货物是所有积载在货舱及船上其他遮蔽场所的货物的统称。与甲板货相比,舱内货物在运输途中可能遭遇到的风险相对较小。

(3)舱底货物(Bottom Cargo)。舱底货物又称压载货物,是指装在船舱底部进行运输的货物,一般是比较大、坚实或有污染性且不怕压的货物。由于其相对密度高,装在别处可能会对其他货物造成损害而将其放在货舱底部的货物。

(4)衬垫货物(Dunnage Cargo)。衬垫货是指耐压性好,装载于舱内的可以做衬垫的货物,如旧轮胎、旧麻袋、板条等。

(5)填空货物(Short Stowage Cargo 或 Filler Cargo)。填空货物一般体积小、抗挤压性好,可用于填充舱内空当的小件货物,如藤条、木材等。

4. 按货物载运状况分类

按货物载运状况不同,可作如下分类:

(1)大宗货物(Lot Cargo)。大宗货物是指生产量、贸易量、运输量或消费量等比较大的产品,如中东的石油或诸如芝加哥、纽约等期货市场上的农产品以及与老百姓日常工作和生活息息相关的一些产品如电脑及手机等。

(2)零星货物(Parcel Cargo)。零星货物是指一次运输中货物的批量较少、数量零碎的货物。

(3)满载货物(Full and Complete Cargo)。满载货物是指承租人提供的船舶的货物载重能力应达到了一定的货物数量,即货物装船后,应使船舶的吃水达到允许的最大限度。

(4)直达货物(Direct Cargo)。直达货物是指从装运地直接到达目的地的货物。

(5)过境货物(Through Cargo)。过境货物是指以某种运输工具从一个国家的境外启运,在该国边境不论换装运输工具与否,通过该国家境内的陆路运输,继续运往境外其他国家的货物。

(6)挂港货物(Local Cargo)。挂港货物即中途停靠的货物。比如:天津到宁波的货船,中途经上海港停靠上下货物,那么就叫作挂上海港货物。

(7)转船货物(Transhipment Cargo)。转船货物是指通过中途港重新装卸和转运的货物。一般来说,货物中途转船可能导致费用增加和发生货物损失,买方往往不肯接受货物转船的条款。但当进出口货物运往没有直达船的港口或一时无合适的船舶运输货物,或目的地港口条件太差,需通过转船运输时,买卖双方在权衡利弊的基础上,可规定"允许转船"(Transhipment to be Allowed)的条款,以促成交易。

(8)联运货物(Transit Cargo 或 Combined Transport Cargo)。联运货物就是货物联合运输的意思,通过各种运输方式完成一批货物的移动,如先陆运再海运再空运。

(9)选港货物(Optional Cargo)。选港货物是指货物在装船时尚未确定卸货港,待船舶开航后再由货主选定对自己最方便或最有利的卸货港,并在这个港口卸货和交付货物。

(10)变更卸货港货物(Cargo Changed Destination)。变更卸货港货物是指在提单上所记载的卸货港以外的其他港口卸货和交付货物。

5.按货物自然属性分类

按货物的自然属性不同,可作如下分类:

(1)冻结性货物。冻结性货物是指在低温条件下,含有水分、易于冻结成为整块或产生沉淀的货物,如墨汁、液体西药受冻后会产生沉淀,影响质量;煤炭、散盐、矿石低温时易冻结成大块,造成装卸困难。

(2)热变性货物。热变性货物是指当所在环境的温度超过一定限制时会引起形态变化的货物,如石蜡、松香、橡胶等。

(3)自燃性货物。自燃性货物是指在不受外来热源影响下能够自行发热的货物,如油纸、棉花、煤炭等。

(4)锈蚀性货物。锈蚀性货物是指在环境中因易生锈而导致毁损的金属类货物,如铁、钢材等。

(5)染尘性货物。染尘性货物是指容易吸收周围环境中灰尘而被污染甚至失去自身性能的货物,如各种纤维货物、液体货物及食品等。

(6)扬尘性货物。扬尘性货物是指极易飞扬尘埃且能使其他货物受到污染的货物,如矿粉、炭黑、燃料等。

(7)易碎性货物。易碎性货物是指机械强度低、质脆易破的货物,如玻璃、陶瓷品和精密仪器等。

(8)吸味性货物。吸味性货物是指容易吸附外界异味的货物,如茶叶、香烟、大米等。另外,有些吸味性货物本身还具有散味性,如烟叶、咖啡等。

(9)吸湿性货物。吸湿性货物是指容易吸收空气中水蒸气或水分的货物,如茶叶、盐、糖、化肥以及棉花等各种纤维织品。

6.其他分类

(1)外贸货物,是指在国际之间进行运输的货物。

(2)保税货物,是指经海关批准进境后缓办纳税手续,在国内储存、待加工、装配后复出境的货物。

(3)国际过境货物,是指中途经第三国港口进行运输的货物。

(4)非一般货舱货物,是指装入杂货船的油柜、水柜以及过道、穿堂等非舱室场所的货物以及用冷藏舱装运的非冷藏货物。

第二节 货物的性质和货物的运输

一、货物的性质

货物在运输、装卸搬运和保管等各个环节中,由于其自身自然属性、化学组成与结构不同,当受到温湿度、阳光、雨水和微生物等不利环境因素的影响,以及在运输中装卸搬运的外力影响下,货物可能发生质量变化,造成货物使用价值的下降或丧失。因此,为了保证货物在装卸、运输和保管中的安全和质量,减少或避免货损货差,我们非常有必要了解货物的各种性质。

货物的性质由机械性质、物理性质、化学性质和生物性质所决定。研究货物的特性,就是透过货物质量变化的现象,找到其变化的实质,掌握质量变化的科学规律。

1. 货物的机械性质

货物的机械性质是指货物在受到外力作用时,具有抵抗变形或破坏的能力。货物采取不同包装,可具有不同的抵抗变形或破坏的能力,所以货物的机械性能既与货物本身质量、形态等性质有关,又与其包装质量有关。

抗压强度是最常见的机械性指标,是指物质单位面积上所能承受的极限压力,单位是帕(Pa),它决定着货物的堆码高度或耐压的强度,即抗压性。

常见的机械性指标还有韧性,即物质抵抗冲击力的能力,如果缺乏韧性,称为脆性,脆性的货物或包装不耐外界冲击力的破坏。货物的韧性或脆性,一般可通过包件跌落试验了解。

货物发生机械变化的形式主要有变形、渗漏、破碎和结块等。

1)货物的变形

货物的变形是指可塑性的货物发生形变。所谓可塑性是指货物受到外力作用后发生形变,而当移去外力后,不能完全恢复原状的性质。货物虽不易碎裂,但受到超过货物所能承受的压力时就会引起制品形变,影响货物的质量。

因此,在运输过程中要注意货物堆装时须堆形平整、堆装高度不宜过高,尤其是不应该在上面装重货。装卸搬运要避免摔、抛以及各种撞击,机械作业要稳铲、稳吊、稳放,防止货物受到外力作用而形变。

2)货物的渗漏

货物的渗漏是指货物的包装或容器质量有缺陷,封口不严,灌装不符合要求,在搬运时撞击、跌落或受高温作用等,使液体货物发生渗漏现象。

在货物运输过程中,应注意对液体货物包装容器的检查和高温时采取防暑降温措施;装卸搬运要使用合适的器具,船舱内应紧密堆装不留空隙,以避免引起碰撞;易渗漏货物有污染性的,应堆装于底部位置;渗漏物有挥发性、散湿性的,应做好防护。

3)货物的破碎

货物的破碎是由于货物质脆或者包装强度弱,以至于承受较小的外力作用就容易造成破损的性能。各种玻璃制品、陶瓷制品以及用玻璃、陶瓷包装的货物都属于易碎货物。

在运输过程中需要注意的是易碎货物要求包装坚固牢靠,加填适当材料进行缓冲和标有储运指标标志;在搬运中应轻拿轻放、稳吊稳铲,避免摔、抛、滑、滚等操作;堆装位置应选便于作业且防震、防下沉处;码垛不宜过高,重货不应堆装在其上面;注意加固绑扎,以防止货物倒塌。

4) 货物的结块

粉粒晶体状货物易发生结块,装载时堆码超高或受重货所压以及受潮湿、干燥、高温、冷冻等因素的影响,都可能造成货物结块。货物结块对货物的质量有损害,在装卸中易造成货物包装断裂以致散装货物难以卸货。

在运输过程中注意货物堆码勿重压久压,装卸中不宜用水喷洒货物,以免造成货物结块损失。

2. 货物的物理性质

货物的物理性质是指货物具有的受到外界的温度、湿度、阳光、雨水等因素的影响会发生物理变化的性质。货物发生物理变化时,虽不改变其原来的化学组成,但会造成数量减少、质量降低甚至是损坏,为生物变化和化学变化创造条件,使得货运作业困难或发生危险性事故。

物理变化的主要形式为固体货物的软化、融化或溶解以及吸湿或散湿,液体货物的挥发、凝固或冻结,气体货物的压力变化与爆破等。

1) 固体货物的吸湿性

货物具有吸附水蒸气或水分的性质,是货物运输中发生质量变化的一个重要原因,对于货运质量有较大的影响。

货物的吸湿能力主要取决于以下几种因素:

(1) 货物的化学成分。货物中如果含有亲水性基因,那么极易吸收水分。

(2) 货物的结构。多孔性物体和粉粒状物体因具有较大的表面积,所以具有较强的吸湿性。

(3) 货物的易溶性。易溶于水者就容易吸湿。

(4) 货物蒸发水分的气压。当货物表面水气压小于空气中水气压时,货物出现吸潮;反之,货物会出现散潮。其流向取决于两者的气压差,由高压的一方流向低压的一方,直至两者达到平衡状态。

(5) 货物的纯度。物质组成成分中含有杂质,会降低蒸发所需要的气压,从而增强吸潮性。例如,纯度高的氯化钠不易吸潮,但普通氯化钠(食盐)因含有氯化镁等杂质而具有较强的吸湿性。

(6) 货物的吸湿性还与周围的环境温度、湿度有关系。当空气温度较高、相对湿度较小时,货物易散发水分;当空气温度较低且相对湿度较大时,货物易吸收水分。货物的吸湿并不是无限的,在一定的温度和湿度条件下,货物吸收与散发水分存在一个平衡状态(这时的含水率称为平衡水分),如小麦在20℃时,空气相对湿度为60%时的平衡水分为13.1%。

在运输过程中,货物含水率过多,超过其安全水分标准,会出现货物潮解、融化、分解、霉变等现象;含水率过少,会使货物损耗、发脆、开裂。为防止货物在运输过程中吸湿变质,需熟悉各类货物的安全水分标准,加强温度、湿度控制,采取防潮措施。

2)液体货物的挥发性

液体货物的挥发性是指低沸点的液体货物或经液化的气体货物(如液态氮)迅速蒸发到空气中的现象。液体货物表面的分子运动比其内部分子更为活跃,它的表面蒸气压大于空气压力,故能不断地挥发扩散到空气中去。

液体货物的挥发速度与环境温度、货物本身的沸点、空气的流动速度、液体货物表面接触空气的面积等因素有关系。环境温度高、货物本身的沸点低、空气的流动速度快、液态货物表面接触空气的面积大,挥发的速度就越快;反之挥发的速度就越慢。易挥发的货物有酒精、白酒、香精、花露水、香水、化学试剂中的各种溶剂等;硫黄、樟脑等固体物质也能直接升华。

液体货物运输过程中应注意:挥发会降低其有效成分,增加其损耗,降低其质量,还容易引起燃烧或爆炸;如果挥发的蒸气有毒性或麻醉性,则容易造成大气污染,对人体有害;防止液体货物挥发的主要措施是加强包装的密封性;要注意控制仓库温度,保持在较低温度条件下储存,以防其挥发。

3.货物的化学性质

货物发生化学变化的形式主要有氧化、锈蚀、燃烧、爆炸等。比如钢铁生锈、化肥失效以及黑火药爆炸等,都属于化学变化。

1)货物氧化或氧化作用

货物的氧化是指货物与空气中的氧或放出氧的物质发生的化学变化。氧非常活跃,极易与物质发生氧化反应而使货物变质,甚至发生危险事故。氧化作用是十分缓慢的,如果氧化产生的热量不易散发而积聚起来,就会发生自燃、自爆现象。如油布伞、油纸、桐油等优质品,若尚未干透即行打包运输,就易发生自燃。一些发热量较大、燃点较低的货物,如黄磷、废电影胶片等,要特别注意防止自燃事故的发生。

2)货物的锈蚀

货物的锈蚀是指金属或金属合金同周围的介质接触时,相互间发生了化学反应或电化学反应而逐渐遭到破坏的过程。金属货物锈蚀的原因有:由于金属本身不稳定,在其组成中存在着自由电子或组成成分不纯;由于水分和有害气体的作用所造成的。锈蚀是金属货物的主要破坏形式。

3)货物的燃烧

货物的燃烧是指物质相互化合而发生光和热的过程。物质与氧激烈的化合引起燃烧或继续维持燃烧,必须同时具备三个条件,即可燃物、助燃物(氧或氧化剂)以及一定的温度。液体和固体燃料需先受热变成气体后才能燃烧而产生火焰,而气体燃料则能直接燃烧并产生火焰。

4)货物的爆炸

货物的爆炸是指物质非常迅速地发生化学或物理变化而形成压力急剧上升的一种现象。化学性爆炸是指物质受到外因的作用,产生化学反应而发生爆炸。物理性爆炸是指货物包装容器内部气压超过容器的承受强度而发生的爆炸,如氧气瓶的爆炸。

爆炸反应时的主要特点,是反应速度极快,放出大量的热和气体,产生冲击破坏力。爆炸和燃烧的主要区别在于反应速度,而爆炸多伴随燃烧发生,如黑火药等爆炸品发生爆炸。

4.货物的生物性质

货物的生物性质是指有生命的有机体货物及寄附在货物上的生物体,在外界各种条件的影响下,能分解营养成分的性质。货物本身的生命活动(呼吸过程消耗营养物质)和微生物在有机营养内活动:粮谷、豆类、油籽、果蔬通过缓慢氧化(吸收)维持生命;鲜鱼、肉类等由于微生物的生命活动而使营养物质分解。呼吸强度和微生物活动的程度与货物的温度和水分含量有关。在温度较高、水分含量较多的情况下,生命活动较为旺盛;在低温、干燥的条件下,生命活动能被抑制。生物变化的形式有呼吸作用、微生物的作用、酶的作用、虫害的作用、自然损耗。

1)呼吸作用

呼吸作用是指有机体货物在生命活动过程中的一种分解有机成分的生物化学反应,这种反应能产生水分与热量,是为获取热能维持生命而进行的新陈代谢现象,是一切活的有机体货物都具有的最普通的生物现象,寄附在货物上的微生物、害虫等也具有此特性。呼吸作用分为有氧呼吸和缺氧呼吸。有氧呼吸是有机货物中的葡萄糖或脂肪、蛋白质等,在通风良好、氧气充足条件下受氧化酶的催化,进行氧化反应,产生二氧化碳和水,并释放出热量;缺氧呼吸是在无氧条件下,有机货物利用分子内的氧进行呼吸作用。有氧呼吸可造成有机体营养成分大量消耗并产生自然、散湿现象,而严重的缺氧呼吸所产生的酒精积累过多会导致有机体内细胞中毒死亡。在运输过程中应合理通风并尽量控制有关因素,使货物进行微弱的有氧呼吸。

2)微生物的作用

微生物是借助显微镜才能看见其个体形态的生物。微生物依据外界环境条件,吸取营养物质,经细胞内生物化学变化,进行生长、发育、繁殖的生理活动过程即微生物作用。微生物种类有细菌、酵母菌和霉菌。

影响微生物生命活动的因素有水分、氧气、温度、物质氢离子浓度和渗透压。微生物所摄取的养料必须在溶解状态才能进入细胞体,水分是其生长活动的必备条件;大多数菌类活动需要氧气,有些在缺氧时也能活动;温度对微生物活动有重大影响,不同的菌类在各自适宜温度下能迅速发育、繁殖;各种菌类有不同的氢离子浓度的适宜值,即在适宜值环境下活动旺盛;微生物是依靠外界一定的渗透压摄取养料的,在外界渗透压过高(盐渍、糖渍等处理)时,微生物会出现致命的"质壁分离"。紫外线、射线、超声波、化学药剂、抗菌素和植物杀菌素等,对微生物的生命活动也有致命的影响。

在运输中注意,为抑制呼吸和微生物的生命活动,主要应采取控制水分和温度的方法。货物含水率高,环境温暖潮湿,最适宜微生物的生长、繁殖活动。控制货物含水率和环境温湿度以及防感染是防止微生物危害的主要措施。

3)酶的作用

酶又称酵素,是一种特种蛋白质,具有催化作用。一切生物体内的物质分解和合成都要靠酶的催化来完成,酶是生物新陈代谢的内在基础,如粮谷的呼吸、后熟、发芽、发酵、陈化等都是酶作用的结果。影响酶的催化作用的因素有温度、水分、pH值等。

4)虫害作用

虫害对有机货物的危害性最大。害虫不仅蛀食货物,破坏组织结构,使货物发生破碎、空洞、发热和霉变等危害,害虫的分泌物、粪便、尸碱会沾污货物,影响商品的质量和外观,使商品的使用价值降低甚至完全丧失。如粮谷害虫能促使粮谷结露、陈化、发热和霉变等,老鼠、白蚁等会咬蛀货物的包装、库场建筑并传染疾病等。与一般环境的温湿度、氧气浓度、货物的含水率有关系,其中温湿度是最重要的。因此,必须控制有关因素并做好运输工具和仓库的清洁卫生工作,加强日常管理,切断虫、鼠来源,采用化学药剂或其他方法杀虫、灭鼠。

5) 自然损耗

自然损耗又称自然减量,是指货物在运输过程中,由于本身的性质以及有关运输条件的影响而产生的货物重量不可避免地减少。这种非人为因素的货物重量的减少占运输货物原来总重量的百分比,称为货物的自然损耗率。货物自然损耗率的大小与货物的种类、包装以及装卸方式、次数、气候条件和运输时间长短等因素有关。运输双方可以在有关合同中事先规定耗损限度。

二、货物的运输

根据中华人民共和国国家标准《物流术语》(GB/T 18354—2006)对运输(Transportation)的解释,货物运输是指用设备和工具,将物品从一地点向另一地点运送的物流活动,其中包括集货、分配、搬运、中转、装卸、分散等一系列操作。

运输是人类社会经济活动中不可缺少的重要环节,在经济上运输具有二重性,既是社会生产和生活必要的条件,又是一个物质生产部门。运输就其运送对象来说,分为货物运输和旅客运输,而从货物运输来说,又可按地域划分为国内货物运输和国际货物运输两大类。

1. 货物运输方式

国际货物运输是实现进出口商品、暂时进口商品、转运物资、过境物资、邮件、国际捐赠和援助物资、加工装配所需物料、部件以及退货等从一国(或地区)向另一国(或地区)运送的物流活动,属于国际物流范畴。在国际货物运输中,涉及的运输方式很多,其中包括海洋运输、铁路运输、航空运输、河流运输、邮包运输、公路运输、管道运输、大陆桥运输以及由各种运输方式组合的国际多式联运等。

1) 海洋运输

在国际货物运输中,运用最广泛的是海洋运输(Ocean Transport)。目前,海运量在国际货物运输总量中占90%左右。海洋运输具有通过能力强、运量大、运费低的优点,但也存在不足之处,如受气候和自然条件的影响较大,运输的速度也相对较慢,航期不准确等。

2) 铁路运输

在国际货物运输中,铁路运输(Rail Transport)是仅次于海洋运输的主要运输方式,海洋运输的进出口货物,大多也是靠铁路运输进行货物的集中和分散的。铁路运输一般不受气候条件的影响,可保障全年的正常运输,而且运量较大,速度较快,有高度的连续性,运转过程中可能遭受的风险也较小。办理铁路货运手续比海洋运输简单,而且发货人和收货人可以在就近的始发站(装运站)和目的站办理托运和提货手续。

3) 航空运输

航空运输(Air Transport)是一种现代化的运输方式,它与海洋运输、铁路运输相比,具有运输速度快、货运质量高且不受地面条件的限制等优点。因此,它最适宜运送急需物资、鲜活商品、精密仪器和贵重物品。

4) 公路运输

公路运输(Road Transportation)是一种现代化的运输方式,它不仅可以直接运进或运出对外贸易货物,而且也是车站、港口和机场集散进出口货物的重要手段。

5) 邮包运输

邮包运输(Parcelpost Transport)是一种较简便的运输方式。各国邮政部门之间订有协定和合约,通过这些协定和合约,各国的邮件包裹可以相传递,从而形成国际邮包运输网。由于国际邮包运输具有国际多式联运和"门到门"运输的性质,加之手续简便,费用也不高,故其已成为国际贸易中普遍采用的运输方式之一。

2. 货物运输安全

为保证货物运输安全,保证货物运输质量,应充分了解货物在不同运输方式中的运输条件。在所有运输方式中,海上货物运输涉及的因素较多,对运输的要求较高,需要在运输中对货物进行正确的衬垫、隔票,以确保货物质量。

1) 货物的衬垫

海上运输货物的衬垫是指船舶受载部位和舱内四周以及货物之间,铺放木板、草席等物料,以减轻船舶受载部位的压力,使货物不直接接触舱底板和船舱四周的舱壁,减少货物受损,达到保证船、货安全。

(1) 衬垫的作用有:

①使货物不被污水沟中的脏水、其他货物渗漏的液体、舱内壁板的汗水等水湿。

②保持舱内空气流通,防止货物受热变质。

③防止货物倒塌和移动,保护货物和船体不被损坏。

④分散货物的压力,保护货物和船舶甲板不致受力集中而受损。

(2) 衬垫的具体操作方法有:

①便于通风,防止货物水湿及震动的衬垫。对装运粮食及其他怕湿的货物,一般用木板、竹席、油布等衬垫材料在货物的底部、两侧衬垫,以保证货物运输质量的完好。

②散货撒漏和清洁货被污染的衬垫。对装运散装货物及易被污染的清洁货物,一般用油布、帆布等衬垫材料在货物的底部、上部、两侧衬垫,以保证货物运输质量的完好。

③防止货物压损、移动及甲板局部强度受损的衬垫。底舱高度较大,当舱内装载包装不太牢固的货物时,每层或隔几层应衬垫木板,以防止压坏货物。当舱内载有大的箱装货物和裸装的重大件时,为防止货物移动影响船舶安全和损坏货物,常用撑木或木楔加固。

2) 货物的隔票

货物隔票是指将不同装货单(提单)的货物分开装船,使之不相混淆,主要是为防止货物混票,保护货物质量,便于卸货港卸货和交接。

不同港口货物的隔票可采用的方式有:

(1) 件杂货可用网络、席子、帆布、木板、纸张等物料进行隔票。

(2) 钢板、钢管、钢材等可用涂料、钢丝绳进行隔票。

(3) 袋、捆包装的货物可用网络、席子、帆布等物料进行隔票。

(4) 桶装货可用木板、草片等物料进行隔票。

(5) 散装货可用席子、帆布等物料进行隔票。

同港口不同包装的货物,其包装往往明显不同,可以采用自然隔票,但每票货物堆积必须集中,以便于卸货和理货工作。

第三节 货物的计量和积载因数

一、货物的计量

货物的体积和重量,不仅直接影响船舶、飞机、车辆等运输工具的载重量和载货容积的利用程度,还关系到有关库场堆放货物时如何充分利用场地面积和空间等问题,同时还是计算运费的基础,与货物的装卸、交接也有直接的关系。

对货物进行正确计量,可保证船舶载重和舱容的利用,正确配积载,合理使用装卸设备,正确计算运费等。

1.货物的计量单位

货物的计量单位依货物的不同性质而定,且不同的数量计算方法有不同的计量单位。国际贸易中常见的货物计量单位有以下6种:

(1)按重量(Weight)计算。按重量计算是当今国际贸易中广为使用的一种。例如,许多农副产品、矿产品和工业制成品,都按重量计量,按重量计量的单位有公吨、长吨、短吨、公斤、克、盎司等。

(2)按数量(Number)计算。大多数工业制成品,尤其是日用消费品,轻工业品,机械产品以及一些土特产品,均习惯于按数量进行买卖,所使用的计量单位有件、双、套、打、卷、个、台、组、张、袋、箱、桶、包等。

(3)按长度(Length)计算。在金属绳索、丝绸、布匹等类商品的交易中,通常采用米、英尺、码等长度单位来计量。

(4)按面积(Area)计算。在玻璃板、地毯等商品的交易中,一般习惯于以面积作为计量单位,常用的有平方米、平方尺、平方码等。

(5)按体积(Volume)计算。按体积成交的商品有限,仅限于木材、天然气和化学气体等,属于这方面的计量单位有立方米、立方尺、立方码等。

(6)按容积(Capacity)计算。各类谷物和液体货物,往往按容积计量,其中,美国以蒲式耳(Bushel)作为各种谷物的计量单位,但蒲式耳所代表的重量则因谷物不同而有差异。例如,每蒲式耳亚麻籽为56lb,燕麦为32lb,大豆和小麦为60lb。公升、加仑则用于酒类、油类商品的计量。

2.货物体积的计算——丈量

1)货物丈量的原则

按货件的最大方形进行丈量和计算。在特殊情况下可酌情予以适当的扣除。某些外部尺寸不规则货件可按实际体积酌情考虑其计费体积。

2)货物丈量方法

目前,在货物运输中,体积测量主要参照《中华人民共和国出入境检验检疫行业标准:进出口商品货载衡量检验规程(SN/T 0892—2000)》中的满尺丈量(逢大量),即从货物突出部位处测量其最大长度、最大宽度和最大高度。

$$\text{丈量体积} = \text{最大长度} \times \text{最大宽度} \times \text{最大高度}$$

即：

$$V = L \times W \times H$$

3. 货物重量的计算——衡重

货物的衡重是指衡量货物重量的真实数据。货物的衡量工作通常使用的衡制，是一种公制单位，亦是国际上通用的单位，如吨，用 m/t 表示；另外还有美制单位和英制单位，欧洲国家多使用，如长吨，用 1/t 表示。货物的重量可分为净重、皮重、毛重。货物衡重应以毛重计算，其概念不同于通常供货当事人计算货价的"重量鉴定"或"过磅"的概念。

1）货物衡重的方法

货物的重量一般要逐件衡重，但对同批货物，规格和包装形式相同，可选一定代表性包件进行衡量，测得平均重量，再计算总体重量。对标有质量货物的衡量，每批可抽衡 5~50 件，其抽衡重量与标明重量相差幅度在 1% 以内，以标明重量计。货物衡量的范围主要有：净重、皮重和毛重。

2）衡器选择和校验

货物的正确重量要通过准确的衡器才能反映。衡器有许多种类。衡重时可按货物重量的大小，选择适当的衡器，一般以衡器的最大衡重量是称量的 2~3 倍为最适宜。衡器在投入使用前，必须符合鉴定规程的要求，鉴定合格后方可使用，鉴定周期一般为一年。水路运输货物中常用的衡器有轨道衡、汽车衡、吊钩秤、皮带秤、定量秤。

二、货物的积载因数

货物积载因数（Stowage Factor，简写 S.F）是指某种货物每一吨重量所具有的体积或在船舶货舱中正常装载时所占有的容积。前者为不包括亏舱的货物积载因数，俗称理论积载因数（理论积载因数=货物量尺体积/货物重量）；后者为包括亏舱的货物积载因数（货物积载因数=货物占用货舱的容积/货物的重量）。货物积载因数，用于判断货物的轻重程度，计算某票货物装舱所需的舱容面积，也叫货物积载因数。货物积载因数=立方英尺/长吨或立方米/公吨（m^3/t 或 ft^3/t）。常见货物积载因数可参见附录1。

理论积载因数（不包括亏舱）：

$$SF = V/Q$$

式中：SF——理论积载因数（m^3/t 或 ft^3/t）；

V——货物的量尺体积（m^3 或 ft^3）；

Q——货物的重量（t）。

实际积载因数（包括亏舱）：

$$SF' = W/Q$$

式中：SF'——实际积载因数（m^3/t 或 ft^3/t）；

W——货物占用货舱的容积（m^3 或 ft^3）；

Q——货物的重量（t）。

承运人在编制积载计划时，必须根据货物的积载因数核算货物占用舱容的情况，此时还应充分考虑货物在装载时，由于不论目前堆场货物的技术如何良好，货舱的某些部位在堆装货物时还是不便于使用,因而难免会产生无法利用的空间,损失部分舱容,这个空间就叫作亏舱或空舱。

亏舱指船舶容积未被所装货物充分利用的容积,包括货物与货物之间的不正常空隙;货物须留出通风道或膨胀余位的空间;货物衬隔材料所占用的空间;货物与货舱舷侧和围壁间无法利用的空间等。这些都是造成亏舱的原因。亏舱损失是按照积载因数核算的占用舱容的百分数来表示,该百分数称为亏舱系数又称为亏舱率,即指货舱容积未被货物充分利用的空间(亏舱)占货物所占舱容的百分数。亏舱系数的大小取决于货物种类、包装形式、货舱部位、装舱质量、配积载水平等诸多因素。根据货件包装特点合理选舱,软包装货物配装首尾舱,硬包装货物配装中舱;依据货种选用合适的堆装方法,提高装舱质量,缩小货物之间的空隙;从货物中挑选出适合于填补亏舱的货物或用作垫料的货物等可以有效减少亏舱率。

$$\beta = [(W - V)/W^3] \times 100\%$$

式中:β——亏舱率(%);

W——货物占用货舱的容积(m^3 或 ft^3);

V——货物的量尺体积(m^3 或 ft^3)。

2 个积载因数之间的换算:

$$SF' = SF/(1-\beta)$$

【例1】 某船装运 200t 袋装大米,实际占用舱容 326.50m^3,袋装大米的理论积载因数为 1.55m^3/t,该批袋装大米的亏舱率是多少?(计算时保留两位小数)

解:∵ $SF = V/Q$ ∴ $V = SF \cdot Q = 1.55 \times 200 = 310 (m^3)$

∴ $\beta = [(W-V)/W] \times 100\%$

= [(326.50-310)/326.50] × 100%

= 5.05%

常见的不同包装货物的亏舱率如表 1-1 所示。

常见的不同包装货物的亏舱率   表 1-1

不同包装的货物	亏舱率(%)
各种包装的杂货(General Goods)	10~20
统一包装的箱装货(Case)	4~20
统一包装的袋装货(Bag)	0~20
统一包装的小袋(Sack)	0~12
统一包装的包装货(Bale)	5~20
统一包装的鼓形桶(Barrel)	15~30

【例2】 某轮装运出口箱装柴油机,每箱尺寸 215cm×100cm×180cm,重量为 4000kg,装舱时亏舱率为 15%,装舱后该货物积载因数是每吨多少立方米?(保留两位小数)

解:∵ $V = 2.15 \times 1.0 \times 1.8 = 3.870(m^3)$,$Q = 4t$

∴ $SF' = SF/(1-\alpha)$

= $V \div Q \div (1-\alpha)$

$$= 3.87 \div 4 \div (1-15\%)$$
$$= 1.14 (m^3/t)$$

思考题

一、名词解释

1. 货物
2. 散装货物
3. 危险货物
4. 粗劣货物

二、简答

1. 成组装货物可分为哪几类?
2. 货物的呼吸作用原理是什么?
3. 货物的生物性质包含什么?

第二章　货物的运输包装与标志

第一节　货物的包装及其功能

一、包装的含义

包装是具有历史性和阶段性的,而不是一成不变的概念。大家过去认为包装就是保护商品的质量和数量的工具,后来又赋予包装便于运输、便于保管的内容,至今包装已自成体系并增加了销售手段的内容。

广义的现代包装,可看成是用高超的艺术和科学技术,以最合理的价格、精确的量值、适当的保护性材料,保证在预定的时间内,使产品经运输、保管、搬送、完美地到达预定地点入库,然后转运到商店等处销售或使用,以达到保护产品,便于使用、运输、储存的目的,并有助于销售的一种技术措施。

国家标准《包装术语　第2部分:机械》(GB/T 4122.2—2010)中,对包装的定义是:"包装是在流通过程中保护商品,方便储运,促进销售,按一定技术方法而采用的容器、材料及辅助物等的总体名称。也指为了达到上述目的而采用容器、材料和辅助物的过程中施加一定技术方法等的操作活动。"在其他版本的教材中,也有对包装的定义:"为了保证商品的原有状及质量在运输、流动、交易、储存及使用时不受到损害和影响,而对商品所采取的一系列技术手段叫包装。"虽然每个国家和地区对包装的定义略有差异,但都是以包装的功能为核心内容的。

商品包装具有从属性和商品性两种属性。包装是其内装物的附属品,包装所选用的容器、材料、包装技法都从属于内装货物的需要,包装必须与内装货物的性质不相抵触,并能保护内装的货物质量。商品包装是附属于内装货物的特殊商品,本身具有价值和使用价值两种属性。其价值包含在具体商品体的价值中,随着商品的销售而实现,而且优良的包装,不仅能保护货物,还能提高商品的艺术性和精美度,影响人们对商品的评价,从而提升商品的价值,带来超乎寻常的经济价值。

二、包装的要求

商品包装应遵循"科学、经济、牢固、美观、适销"的原则,一般有下列要求。

1.商品包装应适应商品特性

商品包装必须根据商品的不同特性,分别采用相应的材料与技术处理,使包装完全符合商品理化性质的要求。

食品商品包装要根据食品的不同特性,为避免食品的变质,采取相应的材料和技术处理。特别应注意包装的洁净卫生、密封防潮和避光阻氧,并应注意要有一定的抗压性。

日用工业品商品包装不仅要注意保护商品,还需注意外观造型优美别致,便于展销和使用。

2. 商品包装应适应运输条件

商品在流通过程中,要经过运输、装卸、储存等环节,易受到振动、冲击、压力、摩擦、高温、低温等各种外界因素的影响而遭到破坏和损坏。要保护商品安全,就要求商品包装应具有一定的强度,坚实、牢固、耐用。对于不同的运输方式和运输工具,还应有选择地采用相应的包装容器和技术处理。整个包装要适应流通领域中的储存运输条件,满足运输、装卸、搬运、储存的强度要求。

3. 商品包装应标准化、通用化、系列化

商品包装必须推行标准化,即对商品包装的包装容(重)量、包装材料、结构造型、规格尺寸、印刷标志、名词术语、封装方法等加以统一规定,逐步形成系列化和通用化,以便有利于包装容器的生产,提高包装生产效率,简化包装容器的规格,节约原材料,降低成本,易于识别和计量,有利于保证包装质量和商品安全,有利于包装回收利用。

三、包装的作用

包装是为了维持产品状态、方便储运、促进销售,采用适当的材料、容器等,使用一定的技术方法,对物品包封并予以适当的装潢和标志的操作活动。包装层次包括个装、内装和外装三种状态。个装是到达使用者手中的最小单位包装,是对产品的直接保护状态;内装是把一个或数个装集中于一个中间容器的保护状态;外装是为了方便储运,采取必要的缓冲、固定、防潮、防水等措施,对产品的保护状态。

包装在物流系统中具有十分重要的作用。包装是生产的终点,同时又是物流的起点,它在很大程度上制约物流系统的运行状况。对产品按一定数量、形状、重量、尺寸大小配套进行包装,并且按产品的性质采用适当的材料和容器,不仅制约着装卸搬运、堆码存放、计量清点是否方便高效,而且关系着运输工具和仓库的利用效率。具体来讲,包装具有以下功能。

1. 容纳功能

容纳功能是商品包装最基本的功能。许多商品本身没有一定的集合形态,如液体、气体和粉状商品,依靠包装的容纳使其具有特定的商品形态,没有包装就无法运输和销售。包装的容纳不仅有利于商品的流通和销售,而且还能提高商品的价值。对于一般结构的商品,包装的容纳增加了商品的保护层,有利于商品质量稳定;对于食品、药品、化妆品、消毒品、卫生用品等商品,包装的容纳还能保证商品卫生;对于复杂结构的商品,包装的容纳能使其外形整齐划一,便于组合成大型包装;对于质地疏松的商品,包装的容纳结合合理的压缩,可充分利用包装容积,节约包装费用,节省储运空间。集合化功能是容纳的延伸,它是指包装能把许多个体或个别的包装物统一集合起来,化零为整,化分散为集中,这种集合的容纳不仅有利于商品运输,同时也可以减少流通费用。

2. 保护功能

保护功能是商品包装最重要的功能。商品在运输、储存和销售过程中,会受到各种因素的影响,可能发生物理、机械、化学、生物等变化,造成商品损失、损耗。例如,运输、装卸过程中的颠簸、冲击、振动、碰撞、跌落以及储存过程中的堆码承重,可能造成包装破损和商品变形、损伤、失散等;流通和储存过程中外界温度、湿度、光线、气体等条件的变化,可能造成商品干裂、脱水潮解、溶化、腐烂、氧化、变色、老化、锈蚀等质量变化;微生物、害虫侵入会导致商品的霉烂、变质、虫蛀等。因此,必须依据不同的商品形态、特征、运输环境、销售环境等,选择适当的包装材料,设计或采用合理的包装技术,赋予包装充分的保护功能,保护内装商品的安全。对危险货物采用特殊包装,注意防止它对周围环境、人和生物的伤害。

3.便利功能

商品包装的便利功能是指包装为商品从生产领域向流通领域和消费领域转移提供的一切方便。其内容主要包括:方便运输、方便装卸、方便储存、方便分发、方便销售、方便识别、方便携带、方便启闭、方便使用、方便回收、方便处理等。便利功能使商品与物流各环节具有广泛的适应性,使物流操作快捷、准确、可靠、便利。同时,包装提供的便利功能还适应市场营销的需要,为消费者带来方便,有助于扩大商品销售。

4.促销功能

包装,特别是销售包装,是无声的推销员,在商品和消费者之间起媒介作用,通过美化商品和宣传商品,使商品具有吸引消费者的魅力,引起消费者对商品的购买欲,从而促进销售。包装的促销功能是因为包装具有传达信息功能、表现商品功能和美化商品功能而引起的。传达信息功能主要通过包装上的文字说明,向消费者介绍商品的名称、品牌、产地、特性、规格、用途、使用方法、价格、注意事项等,起到广告、宣传商品,指导消费的作用。包装的表现功能主要是依靠包装上的图案、照片及开窗包装、透明包装所显露的商品实物,把商品的外貌表达给消费者,使消费者在感性认识的基础上加深对商品的了解程度,刺激消费者的购买欲望,并导致购买行为。包装的装潢造型等艺术装饰性内容对商品起到加强、突出、美化的作用,造型独特别致的容器、印刷精美的装饰,不但能促使商品销售,同时还可以作为艺术鉴赏品收藏。有些包装还具有潜在价值,如在内装物用完后还可以用来盛装其他物品,随着市场经济的发展,包装的促销功能越来越被人们所重视,得到了不断的开发和利用。

四、货物包装的常用形式

1.托盘包装

托盘包装(Palletizing)是指以托盘为承载物,将包装件或产品堆码在托盘上,通过捆扎、裹包或胶粘等方法加以固定,形成一个搬运单元,以便用机械设备搬运。

2.包装袋

包装袋是柔性包装中的重要技术,包装袋材料是挠性材料,有较高的韧性、抗拉强度和耐磨性。一般包装袋结构是筒管状结构,一端预先封死,在包装结束后再封装另一端,包装操作一般采用充填操作。包装袋广泛适用于运输包装、商业包装、内装、外装,因而使用较为广泛。包装袋一般分成下述三种类型。

1)集装袋

集装袋是一种大容积的运输包装袋,盛装重量在1t以上。集装袋的顶部一般装有金属吊架或吊环等,便于铲车或起重机的吊装、搬运。卸货时可打开袋底的卸货孔,即行卸货,非常方便,适用于装运颗粒状、粉状的货物。集装袋一般多用聚丙烯、聚乙烯等聚酯纤维纺织而成。由于集装袋装卸货物、搬运都很方便,装卸效率明显提高,近年来发展很快。

2) 一般运输包装袋

一般运输包装袋的盛装重量是 0.5~100kg，大部分是由植物纤维或合成树脂纤维纺织而成的织物袋，或者由几层挠性材料构成的多层材料包装袋，例如麻袋、草袋、水泥袋等，主要包装粉状、粒状和个体小的货物。

3) 小型包装袋(或称普通包装袋)

小型包装袋盛装重量较少，通常用单层材料或双层材料制成。对某些具有特殊要求的包装袋也有用多层不同材料复合而成。包装范围较广，液状、粉状、块状和异形物等可采用这种包装。

上述几种包装袋中，集装袋适于运输包装，一般运输包装袋适于外包装及运输包装，小型包装袋适于内装、个装及商业包装。

3．包装盒

包装盒是介于刚性和柔性包装两者之间的包装技术。包装材料有一定挠性，不易变形，有较高的抗压强度，刚性高于袋装材料。包装结构是规则几何形状的立方体，也可裁制成其他形状，如圆盒状、尖角状。一般容量较小，有开闭装置。包装操作一般采用码入或装填，然后将开闭装置闭合。包装盒整体强度不大，包装量也不大，不适合做运输包装，适合做商业包装、内包装，适合包装块状及各种异形物品。

4．包装箱

包装箱是刚性包装技术中的重要一类。包装材料为刚性或半刚性材料，有较高强度且不易变形。包装结构和包装盒相同，只是容积、外形都大于包装盒，两者通常以 10L 为分界。包装操作主要为码放，然后将开闭装置闭合或将一端固定封死。包装箱整体强度较高，抗变形能力强，包装量也较大，适合做运输包装、外包装，包装范围较广，主要用于固体杂货包装。主要包装箱有以下几种。

1) 瓦楞纸箱

瓦楞纸箱是用瓦楞纸板制成的箱形容器。按瓦楞纸箱的外形结构分类，有折叠式瓦楞纸箱、固定式瓦楞纸箱和异形瓦楞纸箱三种；按构成瓦楞纸箱体的材料来分类，有瓦楞纸箱和钙塑瓦楞箱。

2) 木箱

木箱是流通领域中常用的一种包装容器，其用量仅次于瓦楞箱。木箱主要有木板箱、框板箱、框架箱三种：

(1) 木板箱。木板箱一般用作小型运输包装容器，能装载多种性质不同的物品。木板箱作为运输包装容器，具有很多优点，例如有抗拒碰裂、溃散、戳穿的性能，有较大的耐压强度，能承受较大负荷，制作方便等。但木板箱的箱体较重，体积也较大，其本身没有防水性。

(2) 框板箱。框板箱是先由条木与人造板材制成的箱框板，再经钉合装配而成。

(3) 框架箱。框架箱是由一定截面的条木构成箱体的骨架，根据需要也可在骨架外面加木板覆盖。这类框架箱有两种形式，无木板覆盖的称为敞开式框架箱，有木板覆盖的称为覆盖式框架箱。由于框架箱有坚固的骨架结构，因此具有较好的抗振和抗扭力，有较大的耐压能力，而且其装载量大。

3) 塑料箱

塑料箱一般用作小型运输包装容器。其优点是：自重轻，耐蚀性好，可装载多种商品，整体性强,强度和耐用性能满足反复使用的要求,可制成多种色彩以对装载物分类,手握搬运方便,没有木刺,不易伤手。

4)集装箱

集装箱是由钢材或铝材制成的大容积物流装运设备,从包装角度看,也属一种大型包装箱,可归属于运输包装的类别之中,也是大型可反复使用的周转型包装。

5.包装瓶

包装瓶是瓶颈尺寸有较大差别的小型容器,是刚性包装中的一种,包装材料有较高的抗变形能力,刚性、韧性要求一般也较高,个别包装瓶介于刚性与柔性材料之间,瓶的形状在受外力时虽可发生一定程度变形,外力一旦撤除,仍可恢复到原来的瓶形。包装瓶结构是瓶颈口径远小于瓶身,且在瓶颈顶部开口;包装操作是填灌操作,然后将瓶口用瓶盖封闭。包装瓶包装量一般不大,适合美化装潢,主要作商业包装、内包装使用,主要包装液体、粉状货物。包装瓶按外形可分为圆瓶、方瓶、高瓶、矮瓶、异形瓶等。瓶口与瓶盖的封盖方式有螺纹式、凸耳式、齿冠式、包封式等。

6.包装罐(筒)

包装罐是罐身各处横截面形状大致相同,罐颈短,罐颈内径比罐身内颈稍小或无罐颈的一种包装容器,是刚性包装的一种。包装材料强度较高,罐体抗变形能力强。包装操作是装填操作,然后将罐口封闭,可作运输包装、外包装,也可作商业包装、内包装用。

包装罐(筒)主要有以下三种:

1)小型包装罐

小型包装罐是典型的罐体,可用金属材料或非金属材料制造,容量不大,一般是作销售包装、内包装,罐体可采用各种方式装饰美化。

2)中型包装罐

中型包装罐外形也是典型罐体,容量较大,一般作化工原材料、土特产的外包装,起运输包装作用。

3)集装罐

集装罐是一种大型罐体,外形有圆柱形、圆球形、椭球形及卧式、立式等,其罐体大而罐颈小,采取灌填式作业,灌进作业和排出作业往往不在同一罐口进行,另外设有卸货出口,集装罐是典型的运输包装,适合包装液体状、粉状及颗粒状货物。

五、包装在物流中地位

20世纪80年代中期,美国物流管理协会对"物流"这一概念提出了明确的定义,即"为符合顾客的需求条件,完成从生产地到销售地的物质、服务以及信息的流通过程,和为达到有效低成本的保存管理目标而从事的计划、实施和控制的行为"。物流的概念和定义根据时间和地域的不同,在文字描述上也稍有差异,但是现代物流根据用户或顾客的要求与愿望,把供应主体和需求主体联结起来,克服时间和空间上的障碍,实现有效而快速的商品及服务流通过程的经济过程的主旨则是相同的。

将现代物流的供应链环节进行分解,其具体的构成要素主要包括运输、储藏、搬运装卸、包装、流通加工、物流信息管理、物流网络、在库管理、物流组织管理、物流成本的管理和控制等。包装是物流的起点,包装的合理化、现代化、低成本是现代物流"物质流动"的合理化、有序化、现代化、低成本化,包装是其最根本的组成部分、基础和物质保证,而包装标准化是根本的途径和有效的保障。包装与物流供应链的密切关系可以通过以下方面来全面深入地得到反映。

1. 对产品的防护性

包装最根本的目的就是给产品以保护和防护,产品防护性指的是产品本身强度、刚度和包装抗损性以及由于流通环境产生外界荷载之间相互的影响等。产品防护性可以通过合理的包装来实现,根据运输、搬运、仓储的手段、条件,考虑物流的时间和环境,根据产品的特性和保护要求而选择合理的包装材料、包装技术、缓冲设计、包装结构、尺寸、规格等要素,才能实现物流中的首要任务——使产品完好无损地实现物理转移。

2. 物流信息管理的合理性和物流网络的控制性

物流信息管理是现代物流标准化的关键和核心,产品的各种信息都会在产品的各种包装上得到反映和体现。所以在不同层次的包装上应该设置的标签、标记、代码和其他相关信息,对于物流信息管理、整个物流供应链管理乃至整个物流系统的管理都是至关重要的。信息是物流网络控制的根本依据和决策依据,只有在掌握了物流系统中全面、及时、准确的信息后,才能保证物流网络的可控性。

3. 物流组织管理的有序性

物流组织的管理不是单纯的人事、信息、财务管理等,支撑这些管理内容的是重要的技术管理。对于物流系统来说,更具体地讲,对于物流供应链的技术管理,最主要的内容就是完成在供应链中各类与包装有关的技术管理。只有包装基本的物质在有序、可控地流动,才能实现整个物流组织管理的有序性。

4. 降低物流成本

由于物流系统中的所有环节均与包装有关,所以包装对于物流成本的控制则显得至关重要。比如采用纸箱、托盘加集装箱的方式可以改变原油的木箱包装而节省运输成本;采用现代化的叉车搬运而非人工搬运可以省却单元小包装造成的高人工费和产品损伤;有效地设计包装容器的堆码层高,可以很好地提高仓库的利用率而节省费用;合理的包装减少破损;合理的包装尺寸和规格提高运输容积率;及时、全面、准确的信息保证物流供应链的畅通等,都可以确保包装在各个环节帮助和实现物流成本的有效降低。

5. 物流整体运营的综合效率性

通过包装,物流链乃至物流系统中的各个环节有机、高效、系统地组合成一个产生综合效率性的整体。同时注意各个物流环节与包装的密切关系,则可以在整体运营中取得先机。对于越来越多的走向国际市场的企业来说,注意与国际物流及包装法规、标准的接轨,是实现国际化运营的根本保证。

第二节 货物包装的分类

一、包装的分类

现代商品种类繁多,性能和用途千差万别,对商品包装的要求、目的、形态、方法和方式各不相同。商品包装种类繁多,所用材料和生产方法不同,性能特点和用途范围也不一样。为了充分发挥包装的功能,就必须对商品包装进行科学的分类。

包装的分类是把包装作为一定范围的集合总体,按照一定的分类标志或特征,逐次归纳为若干概念单一、特征明确的局部单元,或者说是划分为不同层次的大类、品类、品种和细目等的过程。

商品包装在生产、流通、消费领域中的作用不同,不同部门和行业对包装分类的要求也是不尽相同的。包装工业部门、包装使用部门、商业部门、包装科研部门等根据自己的行业特点和要求,可以采用不同的分类标志来确定分类方法。一般来说,包装工业部门多按包装材料、包装容器、包装生产方式进行分类;包装使用部门多按包装技法、包装适用范围、包装主要性能进行分类;商业部门多按商品经营范围、商品经营习惯、包装防护机理进行分类;包装科研和教学部门多按包装科研和教学体系进行分类;运输部门多按不同的运输方式、方法及在流通中的作用不同等进行分类。本书采用的是运输部门的分类。

二、包装的类型及特点

1.包装的类型

根据选用的分类标志不同,运输部门常见的分类方法有以下几种。

1)按包装的作用和部位分类

按包装的作用和部位,可分为外包装和内包装。

(1)外包装。外包装是指以防止货物受外界机械力的冲撞、挤压或跌落等而造成破损或残缺,防止货物散落、撒漏和短缺,便于装卸、运输等为目的的包装,它位于货物的最外层。国内水运货物外包装的种类及要求如下。

①箱类包装。常见的箱类包装有各种密木箱、花格木箱、纤维板(胶合板、刨花板、竹壁板)箱、纸箱、瓦楞纸箱、钙塑箱、铁箱等。

根据货物的性质、价值、体积、重量合理选用箱型和材种。价值较高、容易散落丢失的货物应选用密封木箱。密木箱箱板和横档厚度不小于12mm,横档宽度不小于40mm;花格木箱和横挡厚度不小于12mm,箱板宽度不小于40mm,横档宽度不小于50mm;纤维板箱横档宽度不小40mm,厚度不小于15mm。组装木箱时,铁钉必须钉在挡板上,不得有虚钉。重量较大、较长的货物应适当增加横档和箱板厚度,箱端用铁皮包角或用铁丝等捆紧箍牢,箱内货物必须固定牢靠,做到不摇晃、不滚动。对有条件的地区,应尽可能地推广钙塑箱代替木箱,节约木材,以解决高档、防潮商品以及食品、医药等包装的需要。

纸板箱是各种运输包装应用最广的一种。用瓦楞纸板制成的箱子叫瓦楞纸板箱,它可以代替木箱使用。

②捆(包)类。这种运输包装的形式简单有效,既节省包装费用,又减轻包装重量、节省运费,可分为捆扎和捆包两种。捆扎时应根据货物性质、形状、重量及其特点,选用不同的、质量好、拉力强的捆绑材料,确定捆扎方式和捆扎道数。捆绑材料有铁丝、棕、竹、麻绳、草绳、塑料带、尼龙绳等。使用草绳捆扎不能一绳到底,应每5~10圈打一死结,分段缠绕,交叉处要压扣。对容易松散的货物上下或两端加硬竹片或麻布、竹席等包扎捆紧,腰箍不少于4道。对生铁制品及器械要密缠不露。使用的捆包材料有布包、麻包、草蒲席篾包、纸包等。布包应使

用质量良好的包布,货物包紧压实,成包后包身搭头处遮盖不少于 6cm,包头布两头缝包处至少应留出 4cm 折进缝入包内,货物不外露。缝口用麻线缝合,针距不大于 5cm。根据货物性质用绳索或铁丝加箍,纺织品必须内用塑料纸或防潮纸裹严。草蒲席蒉包要求材料不霉、不烂,编织紧密,包袋不露,缝口折回缝牢,外用绳索捆扎,纸包应根据货物性质使用两层以上坚韧牛皮纸包装,外用绳索捆扎。

③袋类包装。常见的有麻袋、布袋、塑料编织袋、纸袋、塑料袋及草袋等。

麻袋、塑料编织袋、布袋的袋口折叠密封。缝线坚韧,针距均匀。内货不外露,不撒漏。纸袋用多层牛皮纸制作,质量坚韧,五层袋限装货物 50kg,三层袋限装 25kg,均须机器封口。塑料袋必须不老化,不破损,封口胶合严密,如用绳索扎口,必须牢固。各种货物袋装,根据其性质、重量及袋种的质量等用绳索在包装外捆扎加固。

④桶类包装。常见的有金属桶(包括铝桶)、塑料桶、木桶、胶合板(纤维板)桶等。

金属桶桶质良好,无锈蚀、无磨耗、无渗漏。桶盖用胶垫圈,螺旋拧紧严密。桶外两头用草绳缠绕,每处不少于 5 圈,绳头用铝丝扎牢。薄铁皮桶(听),需外套筐、篓、笼、箱。塑料桶必须无老化、不裂不漏、无沙,桶盖拧紧不渗漏。严寒地区不得使用。木桶桶壁严密牢固,底盖牢实,并有十字形撑挡,桶身腰箍 3~5 道。胶合板(三层、五层)、纤维板桶桶身用 3~4 道腰箍,底盖用古钱形(内方外圆)或十字形撑挡木钉牢。

⑤其他类包装。常见的有筐、篓、笼、坛、罐、缸及木夹板和特种包装。

编制筐、篓、笼的荆、柳、藤、竹等,必须质量良好、不霉、不烂、无虫蛀、编制紧密结实,重量较大的货物筐身应加立筋,增加抗压能力。易碎品需用稻草等松软物质衬垫妥实。金属制品要串捆塞牢,不得在筐内滚动。五金工具和机械零件等较小物件,均应有袋、盒、包盛装,排摆整齐。上盖应大于筐(篓、笼)口,用绳、篾、铁丝结扎牢固严密。重量较大的货件,筐(篓、笼)外应用目绳或革绳捆牢。

(2)内包装。内包装是指以防止货物受外界环境变化而引起的受损、受污染、变质,能防潮、防震、防强烈异味感染等为目的包装,它置于外包装之内。内包装一般采用金属纸(如锡箔纸等)、玻璃纸、塑料袋、沥青纸、蜡纸等材料。此外,缓冲填塞材料也是内包装中很重要的组成部分,如瓦楞纸、木屑、泡沫塑料等。

2)按包装的货件形式分类

按包装的货件形式,可分为单件包装和集合包装(成组包装)。

(1)单件运输包装。单件运输包装是指对在运输过程中作为一个计件单位的货物所做的包装。单件包装按类型有箱类包装、捆(包)类包装、袋类包装、栖类包装和其他类包装(如筐、篮、篓、坛等)等。

(2)集合运输包装。集合运输包装是指将若干单件货物或散货组合成一个大单元的包装,亦即成组货的包装。集合运输包装的优点是可以简化单件货物的内外包装,节约包装费用,提高装卸效率,加快船货周转,减少货损货差事故,简化包装标志,降低运输费用等。但是,使用集合运输包装,尤其是集装箱运输装卸须有相应的船型、装卸设备和专用码头等条件,有的还涉及公路、桥梁的通过能力,所以,在内河运输中其使用还不广泛。集合运输包装的类型有托盘、网络等。

3)按包装材料分类

按包装材料的种类,可分为纸、纸板、木材、塑料、金属和其他等多种类型的运输包装。

(1)纸制包装。纸制包装是指以纸和纸板为原料制成的包装。凡定量在 $225g/m^2$ 以下或厚度在 0.1mm 以下称为纸,定量在 $225g/m^2$ 以上或厚度在 0.1mm 以上的称为纸板。此类包装材料占整个包装材料使用量的 40% 左右。纸类包装具有轻便、无毒、价廉、便于机械化生产、便于印刷、利于环境保护和资源回收利用等特点。一般包装纸以牛皮纸、纸袋纸、包装纸、玻璃纸为主。纸板制成的包装容器一般有纸板箱、瓦楞纸箱、纸盒、纸袋、纸筒、纸包等。

(2)木材包装。木材包装是指以天然木材和人造板材制成的包装。木材包装具有坚固、耐冲击、耐挤压、不污染环境、可重复使用等优点,是重大件商品常用的包装种类。主要有:木箱、胶合板箱、托盘、纤维板箱、木桶、胶合板桶等。

(3)塑料包装。塑料包装是指以人工合成树脂为主要原料的高分子材料制成的包装。主要的塑料包装材料有聚乙烯、聚氯乙烯、聚丙烯、聚苯乙烯等。包装用塑料的消费量仅次于纸和纸板。常用的塑料包装容器主要有全塑箱、钙塑箱、塑料袋、塑料瓶、塑料盒、塑料编织袋等。塑料品种繁多,塑料包装综合性能好。但塑料难以降解,要注意废弃塑料包装造成的环境污染问题。

(4)金属包装。金属包装是指以黑白铁皮、马口铁、铝箔、钢板等制成的包装。金属包装主要有结实牢固、不透气、密封防潮性能好、易回收利用等优点。常用于运输的集装箱、金属桶,也常用于销售用的金属罐、金属盒等。

(5)其他材料包装。其他材料包装是以竹、藤、苇、陶瓷、复合材料等制成的包装,主要有各种筐、篓、草包、坛、缸、罐等。

4)按照包装质量要求分类

(1)内销货物包装。内销包装的包装质量要求适合于国内中、短途运输,一般以内河航运、火车、汽车运输为主,市场销售以柜台销售为主要形式,包装的大小、内装物数量要与国内消费习惯和消费水平相适应。内销包装一般具有简单、坚固、经济、实用的特点。内销包装又可分为工业包装和商业包装两大类。工业包装是为了便于运输、装卸、储藏的大包装。商业包装是为了促进销售和消费者使用的中小包装。

(2)进出口包装。进出口货物包装的包装质量要求适合于国际长途运输,一般以远洋航运、空运、火车和汽车集装箱运输为主。市场销售以超级市场为主要形式,包装的装潢、色彩、形式等要考虑商品销售所在国的不同习惯和特点。出口商品对包装的保护性、装饰性、竞争性要求更高。

按照国际贸易经营习惯,出口商品包装一般分为储运包装和销售包装两大类。储运包装要求经济、适用、可行,能更好地满足长距离运输和水上运输的要求;销售包装除了保护货物的质量,更重要的是促进销售,提高商品的附加值,提高商品的竞争能力,且要与当地的消费习惯、消费心理相适应。

5)按照商品包装的防护技术方法分类

现代商品包装技术主要是指为了防止商品在流通领域发生数量损失和质量变化,而采取的抵抗内外影响质量变化因素的技术措施,又称包装防护技法。流通环境是货物发生质量变化的外部因素,可分为气候条件、生物条件、化学物质、机械条件等。

货物包装防护技术应采取的措施有:

①防止货物机械伤害,可采用抗振、缓冲、集合、收缩等包装。
②防止货物丢失、人为事故,可采用防盗、密封、集合等包装。
③防止货物发生化学变化,可采用真空、充气、脱氧、贴体、泡罩、防锈、防光、防潮等包装。
④防止货物发生物理变化,可采用减振、隔热、耐寒等包装。
⑤防止货物发生生理生化变化,可采用保鲜、气调库、冷冻等包装。
⑥防止货物发生生物学变化,可采用防霉、防虫、无菌、速冻等包装。
⑦防止货物被有害、有毒、杂物污染,可采用防尘、密封等包装。
通常采用的包装技术方法有以下几种。

(1) 防水、防潮包装

防潮包装是为了防止潮气侵入包装而采取的包装措施。空气中的水蒸气超过一定限度时,会引起某些货物溶化、水解、霉变、腐烂、虫害、锈蚀等多种质量变化。包装的防潮性就是为了防止包装外部的高湿度向包装内的低湿度扩散。

防潮包装常用的措施主要有:

①密封包装。利用包装材料的透湿阻隔性能防止水汽侵入。此时应注意包装前的商品水分和包装材料本身的含水率要符合质量要求。
②涂布抗湿材料。在包装的内、外表面涂布油、蜡、塑料等抗湿物质。
③包装内装吸收水分的干燥防潮剂,如硅胶、泡沸石、铅凝胶、生石灰、活性炭等。
④真空、充气、泡罩等包装也可以阻挡外界潮气侵入。

(2) 防锈包装

防锈包装是指防止金属及其制品与周围介质发生化学腐蚀和电化学腐蚀而采用的具有一定防护措施的包装。

防锈技法主要有:

①对金属及其制品表面进行防锈处理。如电镀、化学处理形成保护膜、涂漆、刷涂防锈油剂。
②延缓锈蚀过程。在密封包装内采用气相防锈蚀剂,利用防锈剂的挥发性产生能与水作用的缓蚀成分,在金属表面形成阻碍锈蚀反应的保护层。
③阻断有害介质与金属的接触。如塑料封存、收缩包装、充氮包装、加干燥剂等。

(3) 防振包装

防振包装是指为了减缓内装物受到的冲击和振动,保护其免受机械之力损坏而采取的具有一定防护作用的包装技法。如用发泡聚苯乙烯泡沫、海绵、木屑、棉纸等缓冲材料包衬内装物或内装物用弹簧悬吊在包装容器里等。

比较常用的缓冲技法一般有:

①妥善衬垫。在包装的角端和商品之间填充缓冲防振包装材料。
②现场发泡。用聚氨酯塑料将商品封固在包装箱内。
③弹簧吊装。将商品用弹簧悬浮吊装在包装容器内,一般适用于防振性要求高的精密仪器。
④机械固定。将商品机械固定在包装框架或底板上,一般适用于重量较大的机械产品。

(4) 防霉包装

防霉包装是指为了防止商品霉变而采取的具有一定措施的包装技法。霉菌以孢子繁殖,当把孢子落在商品或包装上,遇到适宜的温湿度条件,孢子就会生长发霉,并吸收商品或包装中的有机物作为营养物,使商品结构受到破坏,产生霉味、变色等质量变化。

防霉包装的主要措施有:降低包装内的相对湿度,使霉菌孢子不易萌发;阻止霉菌孢子的侵入。如无菌包装、密封包装、真空包装等;药剂防霉是防霉包装常用的方法,可在包装内喷洒适量的防霉药剂,杀死霉菌剂;气相防霉是在密封的包装中使用挥发性防霉药剂,由于气体扩散与渗透作用,因此防霉效果比较好。

(5)防尘包装

防尘包装是指为防止沙尘进入包装容器的包装。如将内装物或包装易进尘处用柔性纸包扎或用塑料薄膜袋套封等。

(6)防辐射包装

防辐射包装是指防止外界辐射线通过包装容器的包装。如将感光胶卷盛装在能够阻止光辐射的容器中。

(7)防盗包装

防盗包装是指为防止内装物被盗而设计的一种打开后会留下明显被盗痕迹的包装。

(8)防爆包装

防爆包装是为防止易爆性内装物发生爆炸而采取一定防护措施的包装。

(9)防燃包装

防燃包装是指为防止易燃性内装物燃烧的包装。如在包装容器内衬以耐火材料,包装容器外涂刷防火材料等。

(10)防虫包装

防虫包装是指为保护内装物免受虫类侵害采取一定防护措施的包装。如在包装材料中掺入杀虫剂,在包装容器中使用驱虫剂、杀虫剂或脱氧剂等。

(11)泡罩包装

泡罩包装是指将产品封合在用透明塑料薄片形成的泡罩与底板之间的一种包装方法。

(12)贴体包装

贴体包装是指将产品放在能透气的、用纸板或塑料制成的底板上,上面覆盖加热软化的塑料膜(片),通过底板抽真空,使薄片(膜)紧密地包贴产品,其四周封合在底板上的一种包装方法。贴体包装可以很好地保护商品,便于展销,多用于易碎日用器皿、玩具、小五金等。

(13)收缩包装

收缩包装是指用一种具有热收缩性能的塑料薄膜(经过拉伸冷却工艺)包装商品,送入加热室加热,冷却后薄膜按一定比例收缩,紧紧裹住被包装物。收缩包装广泛用于各种商品,外形美观,密封性好,能增加捆扎效果,具有通用性。

(14)拉伸包装

拉伸包装是指将拉伸薄膜在常温下拉伸,对产品或包装件进行裹包的一种操作。多用于托盘货物的裹包。

(15)真空包装

真空包装是指为了减少被包装物与空气中的氧气接触而发生生理、化学变化,而采用的方法。一般是将产品装入气密性包装容器里,抽去容器内部的空气,使密封后的容器内达到预定真空度的一种包装措施。

真空包装可用于食品保鲜,可以避免氧化变质,抑制霉菌、细菌生长;也可以用于纺织品,减小体积和避免折痕。

(16)条形包装

条形包装是指将一个或一组薄片、胶囊之类的小型产品包封在两层连续的节状包装材料之间,每个或每组产品周围热封合形成一个单元的一种包装方法。每个单元可以单独撕开或剪开,以便于销售或使用。条形包装多用于医药产品。

(17)充气包装

充气包装是将产品装入气密性包装容器,用氮、二氧化碳等气体置换容器中原有空气的一种包装方法。充气包装可应用于食品和金属制品。

(18)无菌包装

无菌包装是将产品、包装容器、材料或包装辅助器材灭菌后,在无菌的环境中进行充填和封合的一种包装方法。可用于食品、药品的包装。

(19)透气包装

透气包装是指随着条件的变化(例如温度的改变),空气可以出入的一种闭合式包装。多用于具有呼吸作用的水果、蔬菜等的包装。

(20)现场发泡

现场发泡是在包装容器与衬有薄膜的产品之间的空隙处,注入能产生塑料泡沫体的原料,并通过化学反应形成紧包产品的泡沫体的操作。这种操作通常在包装的现场,用特别的发泡设备进行。

2.货物运输包装的基本要求

由于货物运输包装的质量对保证货物安全运输和确保货运质量有着重大的影响,而且这种影响的程度因运输条件不同而不同,所以,运输包装的设计和制造应充分考虑运输条件对货物包装的具体要求。货物运输包装应遵循"坚固、经济、适用、可行"的原则。其基本要求有以下几点:

(1)货物运输包装应确保在正常的流通过程中,能抗御环境条件的影响而不发生破损、损坏等现象,保证安全、完整、迅速地将货物运至目的地。

(2)货物运输包装材料、辅助材料和容器,均应符合国内有关国家标准的规定,无标准的材料和容器须经试验验证,其性能可以满足流通环境条件的要求。

(3)货物运输包装应完整、成形。内装货物应均布装载、压缩体积、排摆整齐、衬垫适宜、内货固定、重心位置尽量居中靠下。

(4)根据货物的特性及搬运、装卸、运输、仓储等流通环境条件,选用带有防护装置的包装。如防振、防盗、防雨、防潮、防锈、防霉、防尘等防护包装。

因为货物包装对于保证货物安全运输有着重要的作用,所以运输部门对货物运输包装做必要的研究是有价值的。首先,有利于全面掌握货物运输包装的实际装填,以便在装卸、搬运、堆装和保管过程中,有效地利用运输工具、库场和作业的机械,同时能安全地处置各类不同性质、状态的货物;其次,根据运输实践,针对存在的缺陷,不断改进货物的运输包装,以不断提高货运安全质量。

3. 国际市场对商品包装的要求

当今国际市场商品竞争的诸多因素中,商品质量、价格、包装设计是三个主要因素。国外一位研究市场销售的专家曾说:"通往市场的道路中,包装设计是最重要的一条。包装对整体形象的促进作用并不亚于广告。"国际市场对商品的包装总体要求是:一要符合标准,二要招徕顾客。具体的要求有以下几方面。

(1)名称易记。包装上的产品名称要易懂、易念、易记。

(2)外形醒目。要使消费者从包装外表就能对产品的特征了如指掌。

(3)印刷简明。包装印刷要力求简明。那些在超级市场上出售的商品,因为是由顾客自己从货架上挑选,它们的包装就要吸引人,让顾客从货架旁边走过时能留意到它,想把它从货架上拿下来看看。

(4)体现信誉。包装要充分体现产品的信誉,使消费者透过产品的包装增加对产品的依赖。

(5)颜色悦目。一般来说,欧洲人喜欢红色和黄色。在超级市场上销售的高档商品,多采用欧洲流行色,即淡雅或接近白色的色彩。

(6)有地区标志。包装应有产品地区标志或图案,使人容易识别。

(7)有环保意识。国际上现在普遍重视环境保护工作。为此,国际上有许多关于包装材料的新的具体规定,总的趋势是逐步用纸和玻璃取代塑料、塑胶等材料。如德国规定中国出口到德国的食品包装用瓦楞纸箱。

4. 国际货品包装注意事项

包装是影响运输质量的一个非常重要的因素,它可由托运人自身完成,也可委托专业包装公司进行。包装材料的选择要视货物品质而定,目的是使货物得到安全的保护和支撑。常用的有木箱、纸箱等。不同国家对木箱的要求不同,有些国家和地区木箱是要求熏蒸的。

美国、加拿大、澳大利亚、新西兰等国,对未经过加工的原木或原木包装有严格的规定,必须在原出口国进行熏蒸并出示承认的熏蒸证,进口国方可接受货物进口。否则,罚款或将货物退回原出口国。欧洲对松树类的木制包装规定,货物进口时必须有原出口国检疫局出示的没有虫害的证明。加工后的木制家具不用做熏蒸。

日常生活常用类物品如书籍、各种用具等可用结实的纸箱自行包装,并最好做防潮处理。

易碎类的物品最好用东西填充好,避免损坏。条件允许时,在纸箱内铺垫一层防水用品(例如:塑料袋、布等)。在同一包装箱内,轻重物品要合理搭配放置,以便搬运。箱内最后要塞满填充物,要充实,可用卫生纸、纸巾、小衣物等填充,以防在搬运挪动过程中箱内物品互相翻动、碰撞而受到损坏。

第三节 货物包装标志

凡在货物表面、包装表面、专门的号牌或供贴用的标签上,用颜料、烙印或其他方法记载的任何有一定含意的图形、文字和数字统称为标志(Mark)。货物在运输过程中必须具有正确的标志,这些标志起着重要的作用,主要作用有:便于识别和区分不同的货物;说明装运作业要求,以利于货物的装运、交接和保管,提示工作人员正确操作,从而保护货物的完整和人身及运输工具的安全。货物运输合同通常规定:对因货主提供的货物标志不清或不当而造成货物混票、货物错卸,则由此而造成的损失和产生的额外费用,承运人可以免责。

货物标志的种类,按表达形式分为图案标志、文字标志和图文组合标志。图案标志醒目易懂,对不同文字和不同语言的地区及国家,有其特殊的作用;文字标志应用字简短、口语化,表达清楚明了;图文组合标志兼有两者的优点。货物标志按其用途可分为运输标志、包装储运指示标志、危险性标志和原产国标志四种。

一、运输标志

运输标志(Carriage Mark)是为运输全过程中便于对货物的识别和辨认的需要而制作的。它便于运输部门工作人员在运输过程中,借助运输标志,将货件与票据相对照,认定收(发)货人,进行理货、装卸、交接、查核等,直至把货物正确运交收货人。它是防止错运、错转、错交以及产生无法交付货物的重要条件。在国际贸易中,运输标志也是核对单证、货物并使单货相符以利于加快货物运输的一个关键性问题。运输标志包括主标志和副标志。

1. 主标志(Main Mark)

主标志亦称基本标志或发货标志(Shipping Mark),俗称"唛头"。它可用图形及附加文字记号表示,也可以仅用文字记号表示。在国际贸易中,只需将主标志记载在合同、发票、提单、保险单、关单、检验证书及其他与贸易运输有关的单据上,收货人、发货人、承运人、保险人及海关、检验等部门根据文件的记载,即可在包装外形相似的众多货物中识别区分出相应的货物,顺利地进行交接或检查工作。在国际贸易中,主标志采用什么形式,大多数由出口公司决定并在合同中具体规定。

2. 副标志(Counter Mark)

副标志亦称附属标志、辅助标志。它是主标志的补充,用于表明货物的重量、尺码、运往地以及区分同一大批货物中的几个小批或不同的品质、等级、规格等。其内容一般包括目的港、货物的批号及件号、包件的尺码和重量等。货物副标志在装货单、提单、舱单等运输文件上可根据需要抄录全部或部分。外贸运输中的副标志一般包括以下三种。

1) 目的地标志(Destination Mark)

目的地标志又称港埠标志(Port Mark),表示货物运往的目的地。它不能使用简称、代号或缩写,而必须是完整的全名,否则会造成货物错运或使船舶在中途港口发生翻舱、倒载等事故。当运往某一目的地的货物有两条以上的运输线路可供选择时,还应标明选定的经由路线。当目的地在内陆时,应标明中转港口名称。对于过境货物,当过境后应运往的目的地尚未明确时,可表明过境以示还需继续转运。

2) 件号标志(Package Number Mark)

件号标志的作用是区分货组和明确各货组的货件数量。当一批货物投入运输时,应在货物的外包装上,将同一主标志的一批货物,逐件编印包件序数号码。包件号码的编制有以下三种情况:

(1) 按顺序号码逐件编印,不允许重号、错号或漏号。包件号码数字前面应加上"件号"或"箱号"(C/S No.)。

(2) 品质、规格及每件重量都相同的货物,为了减少按顺序逐件编号的麻烦,可将货物分成若干组。同组的一小批货物,可在每个包件上使用相同批组编号(Lot Number),组号的编制方法常是画一条斜线,将同一批组货物的每一件号码排在斜线左边,末件号码排在斜线右边(如 No.1/100,No.101/200,No.201/300),作为同批组货物全部包件的通用件号标志。

(3)需要拆装成若干箱才能便于装运的成套机械设备、仪器和其他外形不规则的产品(如自行车、缝纫机等),可将同一件机械设备或同一批组成套配装的若干箱号的包件号码编在同一批组作为套号(Set Number)。如同时发运的大型拆装机器,每套分装三箱时,其套号(件号)可编为:SET No.(1)-1/3、SET No.(1)-2/3、SET No.(1)-3/3。

3)货物重量和尺码标志(Weight and Measurement Mark)

货件尺寸是指包装件或裸装件的外部尺寸,应注明丈量单位。包装货件的重量应包括毛重(Gross Weight)、净重(Net Weight)、皮重(Tare Weight),同时应注明计量单位。货件重量尺寸标志所记载的内容是运输部门确定货件以重量计费或体积计费的依据,也是区分货件是否超重、超长以及考虑具体装载安排的重要依据。

二、包装储运指示标志

包装储运指示标志(Care Mark or Indicative Mark)简称指示标志。它根据货物特性,指示船、港货运工作人员按一定的要求操作和保管货物,以保护货物质量。在国际贸易运输中,货件一般不标明商品名称,即使有些货件标明商品名称,但货运作业人员不一定都具有足够的经验,所以给予一定的指示是十分重要的。指示标志一般包括以下三个方面的内容:

(1)装卸作业注意事项。如小心轻放(Handle with Care)、勿用手钩(Use no Hook)等。

(2)存放保管注意事项。如装于舱内(Keep in Hold)、勿放湿处(Do not Stow in Damp Place)等。

(3)开启包件注意事项。如此处打开(Open Here)、先开顶部(Remove Top First)等。

为便于辨认和醒目地显示指示的内容,指示标志应使用货物运往国家通用的文字;为解决辨认文字标志所存在的问题,在实践中逐步形成一种为各国普遍接收的图形标志。我国已颁布和施行了《包装储运图示标志》(GB 191—2000)的国家标准图案,见表2-1。在外贸进出口货物中,通常以通用的图案作指示标志。标志的尺寸见表2-2。

标志名称和图形　　　　　　　　　　　　　　　　　　表2-1

序号	标志名称	标志图形	含义	备注/示例
1	易碎物品	(高脚杯图形)	运输包装件内装易碎品,因此搬运时应小心轻放	使用示例:(箱体图形)

续上表

序号	标志名称	标志图形	含义	备注/示例
2	禁用手钩		搬运运输包装件时禁用手钩	
3	向上		表明运输包装件的正确位置是竖直向上的	使用示例：a) b) c)
4	怕晒		表明运输包装件不能直接照晒	
5	怕辐射		包装物品一旦受辐射便会完全变质或损坏	
6	怕雨		包装件怕雨淋	
7	重心		表明一个单元货物的重心	使用示例：本标志应标在实际的重心位置上

续上表

序号	标志名称	标志图形	含 义	备注/示例
8	禁止翻滚		不能翻滚运输包装	
9	此面禁用手推车		搬运货物时此面禁放手推车	
10	禁用叉车		不能用升降叉车搬运的包装件	
11	由此夹起		表明装运货物时夹钳放置的位置	
12	此处不能卡夹		表明装卸货物时此处不能用夹钳夹持	

续上表

序号	标志名称	标志图形	含义	备注/示例
13	堆码重量极限	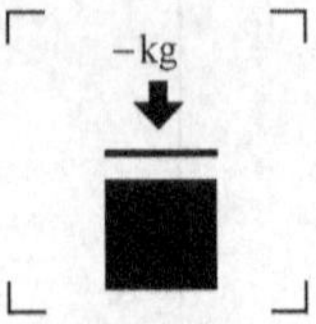 (图形：-kg，箭头向下指向方块)	表明该运输包装件所能承受的最大重量极限	
14	堆码层数极限	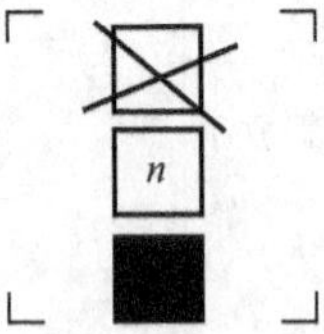 (图形：带叉方块上标 n)	相同包装的最大堆码层数，n 表示层数极限	
15	禁止堆码	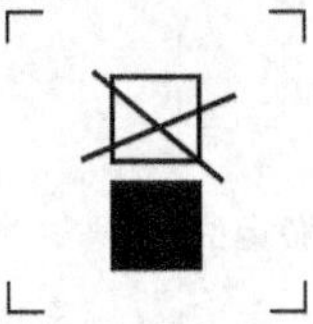 (图形：带叉方块)	该包装件不能堆码，并且其上也不能放置其他负载	
16	由此吊起	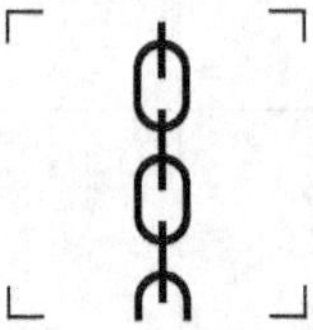 (图形：链条)	起吊货物时挂链条的位置	使用示例：(图示货物吊装) 本标志应标在实际的起吊位置上 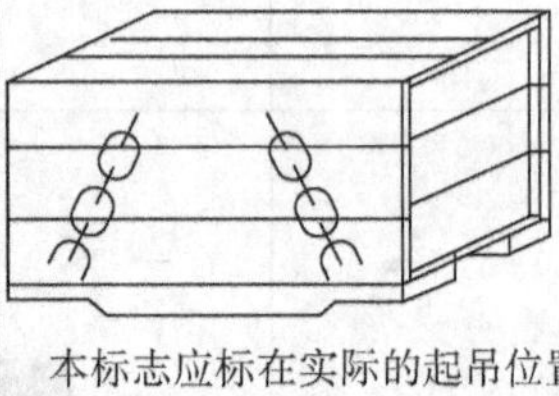
17	温度极限	 (图形：温度计)	表明运输包装件应该保持的温度极限	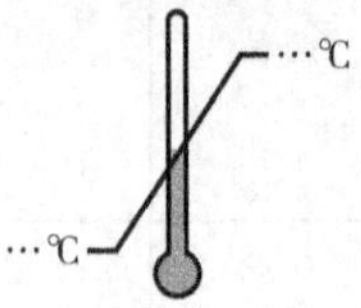 (a) 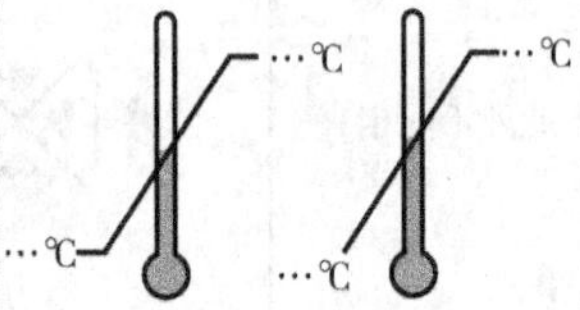 上限温度示例 (b) 温度范围示例

标志尺寸　　　　　表2-2

尺寸序号	长(mm)	宽(mm)	尺寸序号	长(mm)	宽(mm)
1	70	50	3	210	150
2	140	100	4	280	200

三、危险性标志

危险性标志(Dangerous Mark)又称警戒标志(Warning Mark)。它用于指示危险货物的危险特性与类别,通常以形象的图案及文字表示,但比指示标志更鲜明醒目。其作用是反映货物的主要危险性质,告诫人们在运输、装卸和储存保管过程中引起警惕,采取相应的防护措施,以保证货物、运输工具和人身的安全。危险性标志主要包括爆炸性标志、易燃烧性标志、毒害性标志、腐蚀性标志及放射性标志等,见表2-3。

主要危险货物标志　　　　　表2-3

续表

标志类别	标志图形
毒害性标志	符号(骷髅和交叉的骨头棒):黑色;底色:白色
放射性标志	符号(骷髅和交叉的骨头棒):黑色;底色:白色
腐蚀性标志	符号(液体从两个玻璃容器流出来侵蚀到手和金属上): 黑色底色:上半部白色,下半部黑色带白边

四、原产国标志

原产国标志(Original Mark)是国际贸易中一种特殊需要的标志,表明货物在某个国家生产制造。许多国家规定禁止无原产国标志的商品进口,大多数国家对不符合原产国标志规定的进口商品要处以罚款。国际贸易中必须有原产国标志的原因有以下几个方面。

(1)许多国家根据互惠原则或实行贸易歧视政策,对来自不同国家的进口货规定不同的关税税率。因此,为保护税收,要对货物的原产国实行严格的检查和控制。

(2)有些国家限制某些国家的商品进口,为防止被禁止进口国家的产品冒充其他国家产品进口,所以也需要货物明确表示原产国,以便进行严格检查。

（3）某些国家为维护其本国利益,利于国内产业的发展,防止进口货物与本国货混淆,也要求进口货物表示原产国。

正确制作货物标志是非常重要的。货物承运人对托运货物的标志有具体要求,既要求完整正确,又要求在目的地交货时仍能保持完整清晰。通常在运输合同中有这样的条款:"由于货物标志不清、消失等原因引起的货损事故,承运人不负责任。"然而,为保证运输安全和货运质量。货物承运人在遇有标志不清的货件时,应主动请货主及时按规定要求加以补正,否则可以拒装。运输部门应充分使用货物的标志,在货物装载工作中,必须严格按货物标志分隔货物、给货物以合适的舱位和采取必要的保护措施。港方在装卸、搬运和保管货物的作业中,必须严格按标志所指示的要求处理货物;否则,虽有一明确的标志,仍会发生严重的混票和货损等事故。

思考题

一、名词解释
1.包装
2.运输标志
3.危险货物标志
4.原产国标志

二、简答
1.货物包装在装卸搬运中的作用是什么?
2.货物包装在储存中的作用是什么?
3.运输标志包含哪些?

第三章　货物储存与保管

第一节　货物的储存

货物的储存是货物流通和运输中不可或缺的环节之一。储存是货物流通中的临时性停滞，储存发挥的是"蓄水池"的作用。储存中货物的质量对流通全程的影响至关重要，因此做好储存环节的货物质量保养也是非常重要的。货物在储存中势必会涉及保管与养护两个重要的环节，任何一个环节出现问题都会影响到货物的质量，甚至会引起危险。

一、货物储存的概念

货物储存是指货物离开生产过程但尚未进入消费过程的间隔时间内的停留，即货物在流通领域中暂时滞留的存放。货物储存是商品在流通过程中的一种存在状态，是货物流转中的一种作业方式。货物储存是调节市场供应，以保证商品流通和再生产过程的需要为限。货物储存通过自身不断循环，充分发挥协调商品产、销矛盾的功能，而成为促进商品流通以致整个社会再生产的不可缺少的重要条件。货物在储存过程中，由于货物的成分、结构、性质的差异，受到外界因素的影响，会发生各种各样的变化，使货物的数量和质量受到损失。因此，针对货物的不同特性，研究和探索各类货物在不同环境条件下质量变化的规律，采取相应的技术手段和方法控制不利因素，保护货物的质量，减少货物的损耗，创造优良的储运条件，是货物养护工作主要的目的和任务。

二、货物储存的作用

1. 仓储是现代物流不可缺少的重要环节

从供应链的角度，物流过程可以看作是由一系列的"供给"和"需求"组成，当供给和需求节奏不一致，也就是两个过程不能够很好地衔接，出现生产的产品不能即时消费或者存在需求却没有产品满足，在这个时候，就需要建立产品的储备，将不能即时消费的产品储存起来以备满足后来的需求。

2. 仓储能对货物进入下一个环节前的质量起保证作用

在货物仓储环节对产品质量进行检验能够有效地防止伪劣产品流入市场，保护了消费者权益，也在一定程度上保护了生产厂家的信誉。通过仓储来保证产品质量主要有两个环节：一是在货物入库时进行质量检验，看货物是否符合仓储要求，严禁不合格产品混入库场；二是在货物的储存期间内，要尽量使产品不发生物理和化学变化，尽量减少库存货物的损失。

3. 仓储是保证社会再生产过程顺利进行的必要条件

货物的仓储过程不仅是商品流通过程顺利进行的必要保证，也是社会在生产过程得以进行的保证。

4. 仓储是加快商品流通,节约流通费用的重要手段

虽然货物在仓库中进行储存时是处于静止的状态,会带来时间成本和财务成本的增加,但事实上从整体而言,它不仅不会带来时间的损耗和财务成本的增加,相反它能够帮助加快流通,并且节约运营成本。在前面讲仓储的必要性的时候,已经谈到过仓储能够有效地降低运输和生产成本,从而带来总成本的降低。

5. 仓储能够为货物进入市场做好准备

仓储能够在货物进入市场前完成整理、包装、质检、分拣等程序,这样就可以缩短后续环节的工作时间,加快货物的流通速度。

三、仓库在货物运输中的功能

1. 储存和保管功能

仓库具有一定的空间,用于储存物品并根据储存物品的特性配备相应的设备,以保持储存物品完好性。例如:储存挥发性溶剂的仓库,必须设有通风设备,以防止空气中挥发性物质含量过高而引起爆炸。储存精密仪器的仓库,需防潮、防尘、恒温,因此应设立空调、恒温等设备。在仓库作业时,还有一个基本要求,就是防止搬运和堆放时碰坏、压坏物品。从而要求搬运器具和操作方法的不断改进和完善,使仓库真正起到储存和保管的作用。

2. 调节供需的功能

创造物质的时间效用是物流的两大基本职能之一,物流的这一职能是由物流系统的仓库来完成的。现代化大生产的形式多种多样,从生产和消费的连续来看,每种产品都有不同的特点,有些产品的生产是均衡的,而消费是不均衡的,还有一些产品生产是不均衡的,而消费却是均衡不断地进行的。要使生产和消费协调起来,这就需要仓库来起"蓄水池"的调节作用。

3. 调节货物运输能力

各种运输工具的运输能力是不一样的。船舶的运输能力很大,海运船一般是万吨级,内河船舶也有几百吨至几千吨的。火车的运输能力较小,每节车皮能装运 30~60t,一列火车的运量最多大几千吨。汽车的运输能力很小,一般每辆车装 4~10t。它们之间的运输衔接是很困难的。这种运输能力的差异,也是通过仓库进行调节和衔接的。

4. 流通配送加工的功能

现代仓库的功能已处在由保管型向流通型转变的过程之中,即仓库由储存、保管货物的中心向流通、销售的中心转变。仓库不仅要有储存、保管货物的设备,而且还要增加分拣、配套、捆绑、流通加工、信息处理等设置。这样,既扩大了仓库的经营范围,提高了物质的综合利用率,又方便了消费,提高了服务质量。

5. 信息传递功能

伴随着以上功能的改变,导致了仓库对信息传递的要求。在处理仓库活动有关的各项事务时,需要依靠计算机和互联网,通过电子数据交换(EDI)和条形码技术来提高仓储物品信息的传输速度,及时而准确地了解仓储信息,如仓库利用水平、进出库的频率、仓库的运输情况、顾客的需求以及仓库人员的配置等。

四、仓库的分类和性质

1. 按仓库用途来分类

按照在商品流通过程中所起的作用,仓库可以分为以下几种:

(1) 采购供应仓库。采购供应仓库主要用于集中储存从生产部门收购的和供国际进出口的商品,一般这一类的仓库库场设在商品生产比较集中的大、中城市或商品运输枢纽的所在地。

(2) 批发仓库。批发仓库主要是用于储存从采购供应库场调进或在当地收购的商品,这一类仓库一般贴近商品销售市场,规模同采购供应仓库相比一般要小一些,既从事批发供货,也从事拆零供货业务。

(3) 零售仓库。零售仓库主要用于为商业零售业做短期储货,一般是提供店面销售,零售仓库的规模较小,所储存物资周转快。

(4) 储备仓库。储备仓库一般由国家设置,以保管国家应急的储备物资和战备物资。货物在这类仓库中储存时间一般比较长,并且储存的物资会定期更新,以保证物资的质量。

(5) 中转仓库。中转仓库处于货物运输系统的中间环节,存放那些等待转运的货物,一般货物在此仅作临时停放,这一类仓库一般设置在公路、铁路的场站和水路运输的港口码头附近,以方便货物在此等待装运。

(6) 加工仓库。一般具有产品加工能力的仓库被称为加工仓库。

(7) 保税仓库。保税仓库是指为国际贸易的需要,设置在一国国土之上,但在海关关境以外的仓库。外国企业的货物可以免税进出这类仓库而办理海关申报手续,而且经过批准后,可以在保税仓库内对货物进行加工、存储等作业。

2. 按保管货物的特性分类

(1) 原材料仓库。原材料仓库是用来储存生产所用的原材料的,这类仓库一般比较大。

(2) 产品仓库。产品仓库的作用是存放已经完成的产品,但这些产品还没有进入流通区域,这种仓库一般是附属于产品生产工厂。

(3) 冷藏仓库。冷藏仓库是用来储藏那些需要进行冷藏储存的货物,一般多是农副产品、药品等对于储存温度有要求的物品。

(4) 恒温仓库。恒温仓库和冷藏仓库一样,也是用来储存对于储藏温度有要求的产品。

(5) 危险品仓库。从字面上就比较容易理解,危险品仓库是用于储存危险品的。由于危险品可能对于人体以及环境造成危险,因此在此类物品的储存方面一般会有特定的要求,例如许多化学用品就是危险品,它们的储存都有专门的条例。

(6) 水面仓库。像圆木、竹排等能够在水面上漂浮的物品来说,可以储存在水面仓库中。

3. 按照场库的构造来分类

(1) 单层仓库。单层仓库是最常见的,也是使用最广泛的一种仓库建筑类型,这种仓库只有一层,当然也就不需要设置楼梯,它的主要特点如下所述:

① 单层仓库设计简单,所需投资较少。

② 由于仓库只有一层,因此在仓库内搬运、装卸货物比较方便。

③ 各种附属设备(例如通风设备、供水、供电等)的安装、使用和维护都比较方便。

④由于只有一层,仓库全部的地面承压能力都比较强。

(2)多层仓库。有单层仓库,必然对应有多层仓库。多层仓库一般占地面积较小,它一般建在人口稠密、土地使用价格较高的地区。由于是多层结构,因此货物一般是使用垂直输送设备来搬运货物。总结起来,多层仓库有以下几个特点:

①多层仓库可适用于各种不同的使用要求,例如可以将办公室和库房分处两层,在整个仓库布局方面比较灵活。

②分层结构将库房和其他部门自然地进行隔离,有利于库房的安全和防火。

③多层仓库作业需要的垂直运输重物技术已经日趋成熟。

④多层仓库一般建在靠近市区的地方,因为它的占地面积较小,建筑成本可以控制在有效范围内,所以多层仓库一般用来储存城市日常用的高附加值的小型商品。使用多层仓库,存在的问题在于建筑和使用中的维护费用较大,一般商品的存放成本较高。

(3)立体仓库。立体仓库又被称为高架仓库,它也是一种单层仓库,但同一般的单层仓库的不同在于它利用高层货架来储存货物,而不是简单地将货物堆积在库房地面上,在立体仓库中,由于货架一般比较高,所以货物的存取需要采用与之配套的机械化、自动化设备,一般在存取设备自动化程度较高时,也将这样的仓库称为自动化仓库。

(4)筒仓。筒仓就是用于存放散装的小颗粒或粉末状货物的封闭式仓库,这种仓库一般被置于高架上,例如经常用来存储粮食、水泥和化肥等。

(5)露天堆场。露天堆场是用于在露天堆放货物的场所,一般堆放大宗原材料或者不怕受潮的货物。

4.按建筑材料的不同分类

根据仓库使用的建筑材料的不同,可以将仓库分为:钢筋混凝土仓库、钢质仓库、砖石仓库等。

5.按仓库所处位置分类

根据仓库所处的地理位置,可以分为码头仓库、内陆仓库等,这是根据仓库的地理位置赋予仓库的特性来进行的分类。

6.按仓库的管理体制分类

根据仓库隶属关系的不同,可以分为自用仓库和公用仓库。

(1)自用仓库:一般自用仓库称为第一或二方物流仓库,自用仓库就是指某个企业建立的供自己使用的仓库,这种仓库一般由企业自己进行管理。

(2)公用仓库:公用仓库被称为第三方物流仓库,这是一种专业从事仓储经营管理的、面向社会的、独立于其他企业的仓库。

第二节 货物的堆码苫垫

货物验收入库后,根据仓库储存规划确定货位后,即应进行堆码(堆垛)、苫垫。妥善的堆码苫垫是保证入库货物质清量准的必不可少的措施,是关系到保管保养好坏的一项重要工作,也是做好货物管理的一个重要环节。

一、货物堆码的基本方法

商品堆码又称"商品堆垛",是仓储商品堆存的形式和方法,有利于作业人员和建筑物的安全,有利于收发货的存取和库存养护的操作,也有利于提高仓库利用率。根据货物的基本性能、外形等不同,主要可分为以下几种堆码方法。

1. 重叠式堆码

按入库货物数量,视单位仓容定额,确定堆高层数,确定底层的垛脚件数,然后逐层向上重叠加高。上一层每件货物应直接安放在下一层每件货物上面并对齐整。硬质整齐的货物包装、正方形的包装和占用面积较大的钢板等可用此法。此法是机械化作业的主要垛形之一。为保证货垛稳定,在一定层数后,可改变方向继续向上,如堆码板材时,可逢十行交错,以便记数,如图3-1所示。

2. 纵横交错式

每层货物都改变方向向上堆放。适用于管材、捆装、长箱装货物。该方法较为稳定,但操作不便,如图3-2所示。

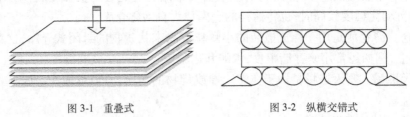

图3-1　重叠式　　　　　　　　图3-2　纵横交错式

3. 仰俯相间式

对上下两面有大小差别或凹凸的货物,如槽钢、钢轨、箩筐等,将货放仰放一层,再反一面俯放一层,仰俯相间相扣。该垛极为稳定,但操作不便,如图3-3所示。

4. 压缝式

将底层并排摆放,上层放在下层的两件货物之间。如果每层货物都不改变方向,则形成梯形形状;如果每层都改变方向,则类似于纵横交错式,如图3-4所示。因上下层件数的关系分为"2顶1""3顶2""4顶1""5顶3"等。

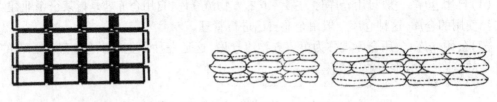

图3-3　仰俯相间式　　　　　　　图3-4　压缝式

5. 通风式

货物在堆码时,每件相邻的货物之间都留有空隙,以便通风。层与层之间采用压缝式或者纵横交错式,如图3-5所示。此法适用于需要较大通风量的货物堆垛。

6. 栽柱式

码放货物前在货垛两侧栽上木桩或者钢棒,形如U形货架,然后将货物平码在桩柱之间,几层后用铁丝将相对两边的柱拴连,再往上摆放货物,形如 H 形货架。此法适用于棒材、管材等长条状货物,操作较为方便,如图 3-6 所示。

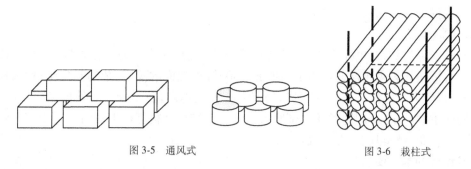

图 3-5　通风式　　　　　　　　　图 3-6　栽柱式

7.衬垫式

码垛时,隔层或隔几层铺放衬垫物,衬垫物平整牢靠后,再往上码。适用于不规则且较重的货物,如无包装电机、水泵等。

8.直立式

直立式是货物保持垂直方向码放的方法,适用于不能侧压的货物,如玻璃、油毡、油桶、塑料桶等。

9.宝塔式

宝塔式与压缝式堆垛类似,但压缝式堆垛是在两件物体之间压缝上码,宝塔式堆垛则在四件物体之中心上码逐层缩小,例如电线电缆。

10.托盘堆码

托盘堆码的特点是货物直接在托盘上存放。货物从装卸、搬运入库,直到出库运输,始终不离开托盘,这就可以大大提高机械作业的效率,减少搬倒次数。

二、堆码设计

1.货物堆码的"五距"

货物堆码的"五距"是指墙距、柱距、顶距、垛距和灯距,即货垛不能倚墙靠柱,相互间不能挤轧得太紧,不能与屋顶和照明设备相连无间,必须保留适当的距离。

(1)墙距。墙距分为外墙距和内墙距。外墙距是指库房墙壁外无其他建筑物时货垛与墙壁间的必要距离,一般保留 0.3~0.5m 的间距;内墙距是指库房墙壁外无其他建筑物时货垛与墙壁间的必要距离,一般保持 0.1~0.2m 的间距,主要防止墙壁的潮气对货物的影响,便于开关库窗、检点货物、通风散潮等。

(2)柱距。柱距是指货垛与库房立柱间保留的必要距离。一般为 0.1~0.3m,主要是防止立柱潮气影响货物以及保护建筑物安全。

(3)顶距。顶距是指货垛顶部与库房顶部最低建筑构造物间保留的必要距离。一般平房仓库为 0.2~0.5m,人字顶库房以屋架下弦底为货垛的可堆高度,多层建筑库房顶层不得低于 0.5m,底层与中间层为 0.2~0.5m,留出顶距能起到通风散潮、查漏接漏、隔热散热、便于消防、便于装卸操作等作用。

(4)垛距。垛距是指货垛间的必要距离。主要起通风、散热和方便进出等作用,通常以支道作为垛距。

(5)灯距。灯距是指货垛顶部与照明灯之间的必要距离。主要起防止火灾的作用,灯距严格规定不得少于0.5m。

2.垛基的设计

垛基是货垛的基础,也称为垫垛,是指在货物堆垛前,在预定的货位地面位置上,使用衬垫材料进行铺垫。其主要目的是为了使地面平整;隔离地面的潮湿、杂物和尘土;形成垛底通风层,便于货垛通风排湿;使货物的泄漏物留存在衬垫物内,便于收集和处理;通过强度较大的衬垫物使重物的压力分散,避免损害地坪。常见的衬垫材料有枕木、钢轨、货板架、木板、钢板、花岗石、帆布、芦苇片、水泥块等。

垛基设计的基本要求有:

(1)所选用的衬垫物不会影响拟存货物的品质。堆放货物时,要选择坚固耐压的衬垫物。

(2)堆场在使用前,必须平整夯实,露天堆场要布置畅通的排水系统,衬垫物要铺平放正,保持同一方向。

(3)衬垫物不能露在货垛外面,以防雨水顺着衬垫物浸湿货物。

(4)垛基要保持良好的通风和防潮,垛基应有一定的离地高度,一般情况下,露天不低于30cm,库房内不低于20cm。

3.垛形设计

垛形是指货物在库场码放的外部轮廓形状。垛形的确定根据货物的特性、保管的需要,能方便、迅速地实现作业,并充分利用仓容的原则。仓库常见的垛形有以下几种:

(1)平台垛。平台垛是先在底层以同一方向平铺摆放一层货物,然后垂直继续向上堆积,每层货物的件数、方向相同,垛顶呈现平面,垛形为长方体。当然,在实际堆垛时并不是采用层层加码的方式,往往是从一端开始,逐步后移。

(2)起脊垛。起脊垛实质上是平台垛的变形,先按平台垛的方法码垛到一定的高度,以卡缝的方式逐层收小,将顶部尖成屋脊形。起脊垛是用于堆场场地堆货的主要垛型,货垛表面的防雨遮盖从中间起向下倾斜,便于雨水排泄,防止水湿货物。有些仓库由于陈旧或建筑简陋有漏水现象,仓内的怕水货物也采用起脊垛堆垛并遮盖。

(3)立体梯形垛。立体梯形垛是在最底层以同一方向排放货物的基础上,向上逐层同方向减数压缝堆码,整个货垛呈下大上小的立体梯形形状。立体梯形垛极为稳固,可以堆放得较高,仓容利用率较高。主要用于包装松软的袋装货物、桶装、筐装、卷形、捆包货物。立体梯形垛可与平台垛结合使用,即底部数层采用平台垛方式,到一定高度后采用立体梯形垛。

(4)行列垛。行列垛是将每票货物按件排成行或列排放,每行或列一层或数层高,垛形呈现长条形。

(5)井形垛。井形垛是在以一个方向铺放一层货物后,再以垂直方向铺放第二层货物,这样逐层交错堆放,货物横竖隔层交错逐层堆放,垛顶成平面。井形垛垛形稳固,但层边货物容易滚落,需要捆绑或收进。主要用于长形的钢材、钢管及木材等货物。

(6)梅花形垛。将每一排(列)货物排成单排(列),第二排(列)货物每件都依次紧靠在第一排(列)的两件之间卡位,以后每排(列)依次卡缝排放,形成梅花形垛。该垛形货物摆放紧凑,能充分利用货物之间的空隙,提高仓容利用率。对于能够多层堆码的货物,堆放在第二层以上时,应将每层货物压放在下层的三件货物中间,四边各收半件,形成立体梅花形垛。该垛形主要适用于需要直立存放的大桶装货物。

三、货物堆码的原则

在货物堆码作业过程中应坚持"合理、牢固、定量、整齐、节约、方便"的原则。

(1)合理。即根据物资的性质、形状、规格、质量等因素设计货垛,使货物不受损伤。批次、货主不同的货物应分开堆码,留足墙距、柱距、顶距、灯距、垛距。堆码合理,要大不压小,重不压轻。

(2)牢固。指物资堆放的货垛形状稳定牢固,不偏不斜,不歪不倒,不压坏底层物资和地坪。

(3)定量。根据仓储条件和物资特点确定货垛所存数量和每层数量,对堆码货垛或货垛的每层都定量记数,标记明显,便于清点和发货。

(4)整齐。即垛形有一定的规格,各垛排列整齐有序;包装标志一律朝外,大小不一或长短不齐的物资应一头向外排齐。

(5)节约。即在物资堆码过程中一次堆码成形以节约人力、物力和财力;物资的堆码应节省仓位,有利于提高仓容利用率。

(6)方便。即物资的堆码应方便装卸搬运作业,方便维护保养,方便物资检查、盘点及防火安全等。

四、货物的衬垫

货物的衬垫可保护货物不被压坏、汗湿,防止货物移动,保持货物通风,保持船板、甲板受力集中。

1.衬垫的作用

(1)使货物不被污水沟中的脏水、其他货物渗漏的液体、舱内壁板的汗水等水浸湿。

(2)保持舱内空气流通,防止货物受热变质。

(3)防止货物倒塌和移动,保护货物和船体不被损坏。

(4)分散货物的压力,保护货物和船舶甲板不致受力集中而受损。

2.衬垫的方法

不同的货物有不同的放置位置,使用的衬垫方法也不尽相同。

(1)舱底及各层甲板衬垫。在底舱及各层甲板装载包、捆货物和怕潮货物时,一般可铺垫木板一二层。如铺一层,要横向铺,即左右向铺垫;如铺两层,下层要横向铺,上层要纵向铺,即首尾向铺垫。对易发热、腐坏的货物,最好在木板上面加一层席子或帆布。舱口边缘、横梁下面铺几层席子或帆布,防止汗湿货物。

(2)舱壁及舷壁衬垫。舱壁及舷壁一般可用席子、草片、帆布、木板来衬垫,以防汗湿货物,保护壁板。垫垛要根据货物的性质、堆放场所的设备条件来决定其使用生物物料和方法。

(3) 露天货场的货垛垫底。先用平整地面,周围挖沟排水,采用枕木、石块、水泥墩作为垫底材料;底层库房的货垛垫底,一般使用垫板垫架、稻糠等物料。垫底物料的排列,要注意将空隙对准走道和门轴,以利通风散潮。垫垛的高度取决于货物的性质和地坪的潮湿程度,不同的库场一般都制定了专门的垫垛要求。露天货场垫垛高度一般在30~50cm,库场内的垫垛高度一般在20~30cm。

五、货物的苫盖

"苫盖"是指对堆码成垛的商品进行盖垛,是商品货垛的遮盖物,在露天货场可保护堆码的商品避免受到日晒雨淋和风露冰雪的侵蚀;在库房或货棚内,可为堆码的商品遮光防尘,隔离潮气。

露天堆放的货物苫盖要求做到:刮风揭不开,下雨淋不着,垛顶有斜度,货垛要牢固整齐。

苫盖是要根据货物性能、季节、风向、垛型等采取适宜的方法。在雷雨季节,对怕湿的货物、重大件货物应尤其注意苫盖,起脊垛型便于苫盖。苫盖常用的物料有:帆布、油布、芦席、油毡、塑料薄膜、铁皮、草帘等。

苫盖时应注意的问题有:苫盖前要检查所选择的苫盖材料跟货物的性质是否相抵触(如腐蚀品、氧化剂等危险品就不能用篷布苫盖),苫盖材料是否完好无破损,苫盖时要注意捆绑牢固,不露不漏,确保货物完好;雨雪停止后,要及时排水,防止雨水渗入垛内损害货物。

六、货物的隔票与分票

隔票是指在货物装船时,对不同装货单号(提单号)、不同卸货港、不同收货人的货物做好有效的分隔工作。隔票具有防止货物混票,保护货物质量,便于卸货港卸货和交接的重要作用。隔票的方法主要有:对同一包装、不同收货人或不同卸货港的货物,在一个舱内装载可以利用另一票货种、规格、包装明显不同的货物对两票货物进行隔票;箱装、袋装货物可用绳网、草片隔票。为简便起见,箱装货物也可用广告色画线条的方法隔票;钢板、钢管、钢轨、木材等可用不同颜色的油漆进行隔票。钢轨和木材也可以在每票货物装完后铺几道旧钢缆进行隔票;桶装货物可用木板、草片等材料进行隔票;散装货物隔票前应先平舱后再铺席子、帆布等隔票材料,注意搭边处要相互压住,四周边角塞紧后再装第二票货物。

分票是理货员的一项基本工作。分票就是依据出口装货单或进口装货单分清货物的主标志和归属,分清混票和隔票不清货物的运输标志和归属。

对于不同卸货港的货物,同包装不同收货人的货物,转船货物和过境货物,要分隔清楚,防止隔票不完全、界线不清楚、串货和混装现象。混票即不同票的货物混装在一起,不能按票正常卸货。

装卸港的理货员应认真负责地监督和指导装卸工组装舱积载及铺垫隔票,按票装船,一票一清,零星小票货集中堆放,同包装不同标志大票货和不同目的港的货物分隔清楚,按卸货港顺序装船,先卸的后装、后卸的先装。

第三节 货物的保管

一、货物的日常保管

货物在储存期间可能发生各种质量变化现象,如破碎、锈蚀、老化、腐烂等,其根本的原因在于货物本身的成分与性质有差异,加上外界环境的各种因素的影响。为了实现货物的安全储存,在储存货物的质量管理中,要树立"预防为主"的指导思想,采取有效的综合措施,把能够影响货物质量的各种外界因素,尽可能地排除或控制在最低的限度之外。

在保管时,应对所储存商品的质量进行保养和维护,贯彻"以防为主,防治结合"的方针,以保证商品的绝对安全。商品养护的主要措施是控制库房的温湿度,根据所储商品对温湿度的要求,严格控制库房内的温湿度。同时,还要保持仓库内外的清洁卫生,控制灰尘、杂草等不良周围环境影响商品质量。彻底消毒灭菌,堵塞洞隙,防止虫蚁滋生,杜绝鼠患。另外,做好库存商品的检查工作,对日常储存货物的质量检查也是极为重要的。最后,注意搬运、堆码等技术操作安全,防止倒塌、破损、泄漏,防止发生人为事故。因此,为保证货物质量,在货物储存与保管中,要注意做好货物入库、在库、出库三个基本环节的工作。

1. 货物入库前的查验工作

货物入库时的查验,主要是核对单证和货物在货物名称、品种、规格、数量等方面是否一致;同时还要查验货物的质量与数量是否完整,因为货物在入库前一般经过一段时间的运输、装卸,有可能已对货物的质量产生影响;另外,还应该检查货物的包装与标志是否符合要求,对承运前货物的验收更应侧重这方面的检查。对出现问题的货物,不得入库,要及时采取补救措施,并立即在货单上写明,以便查明原因,分清责任,妥善处理。

具体来说,货物入库验收的基本环节和要求如下:

(1)验收准备环节。要根据将入库货物的性质、包装、数量,来确定合适的堆存场所、垛型、苫垫材料、装卸工具、机械;准备好相应的计量和验收工具,如磅秤、流量计、卡尺等;确定保管方法;特殊货物要准备必需的防护用品与措施,如危险货物、进口货物应通知商检、动检、卫检等相关部门共同验收。

(2)认真核对凭证。在保管环节应核对的凭证一般有:存货单位提供的入库通知单、订货合同;供货单位提供的产品质量证明书或合格证书、装箱单等;运输部门提供的运单等。若在运输过程中或入库前,货物发生损失,必须补充记录,明确责任。

(3)验收环节。货物入库前的验收包括质量验收、数量验收、重量验收和包装标志验收等方面。货物质量验收一般通过对包装的验收来完成,对于包装损坏的,如变形、破损、潮湿、污渍等,要及时剔出,按规定单独堆存,并填好入库验收单,作为入库的凭证;要仔细核对货物的件数和重量。对于件杂货物,验收时要全部逐件点清;成套设备类,必须逐件查清,包括主机附件和随机工具;对于散装货物,须全部按重量查收。

2. 选择适宜的堆存场所

在选择堆存场所的时候要遵循"三一致"原则:货物性质一致、养护方法一致、消防方法一致。

不同的货物性质不同,对堆存的场所要求也有所不同。要根据货物的不同性质选择适宜的场所,以保证货物的质量。如:吸湿性的、怕晒的、怕热的、怕雨淋的、清洁货、易锈蚀的、易霉变的、易潮解的一般要在库场内存放;污秽货物除水泥外,可以堆放在露天堆场;对于易腐货物在炎热季节要堆放在冷藏库内;贵重货物要放在上锁的保险仓库内;危险化学品要按照有关规定放在专门的危险品库内。同时,对于性质相互抵触的货物,也要根据要求堆放在相邻或不同的库场内。

3. 合理的堆垛

根据不同货物的包装类型、大小、种类、数量、堆放场所等选择合适的垛型,也是影响货物质量的主要因素。如:露天堆存的货物最适宜的是起脊垛,便于苫盖和排泄雨水。

二、货物的在库管理

货物的在库管理是货物保管的中心环节,货物质量管理的好坏,与在库的保管水平有着直接的影响。

1. 做好在库货物的质量检查

对在库场内堆存的货物,建立一整套完善的检查制度是尤为重要的。检查的重点一般在货物的温度、水分、气味、包装等。只有加强检查才能及时发现和处理问题,避免发生大的货损货差事故。同时,还应实施安全检查,对库房的消防设备状态、仪表设备的运行情况、电源线路的使用状况以及卫生情况进行及时的检查,真正做到"预防为主,防治结合"。

2. 加强温湿度的控制

环境的温湿度是影响储存货物质量的主要因素,它影响的方法与渠道也是多方面的。

库场内温度过高,会加速货物的汽化速度,使水分散失,造成重量损耗,质量下降,促进货物的呼吸作用以及微生物和害虫的繁殖,引起腐烂、变质等变化;液体货物因体积膨胀而溢出,使得本身质量下降、数量减少,还可能污染别的货物;加速货物氧化和其他化学反应,引起货物变质,甚至引发危险事故。库场内的温度过低,某些货物也会发生变质现象,如:水果的冷害、冻害;塑料、橡胶等高分子物质的发脆、开裂;煤炭的冻结等。温度的骤然升降对货物也是有影响的,如玻璃的破碎、冷藏货物的质量下降甚至变质等。

库场内的湿度对货物也是有较大影响的。湿度过大,会使吸湿性货物吸收大量水气而增加水分,造成潮解、溶化、变质等;为货物的呼吸作用、微生物和虫害的繁殖提供了条件;促进了货物与水发生化学反应;还能使库房"出汗"和结露,造成货物汗损。另一方面,湿度较低,对某些货物也会产生不良影响。如新鲜水果的枯萎、木材及其制品的开裂等。

所以,要根据空气温湿度的变化,结合货物性质对温湿度的要求,来合理调节,加强控制,进而保证货物的质量。

3. 加强环境卫生的管理

环境卫生状况也是影响库存货物质量的重要因素。环境卫生状况差,会使货物污损、滋生细菌,从而影响货物质量。所以,应定期清扫库场内外,彻底铲除库房周围的杂草和垃圾,在必要时采取杀鼠灭菌、消毒等措施,保证货物质量。

三、货物的出库

在准备货物出库时,提货手续须齐备,要认真核查业务部门开具的提货单;对将要交付的货物,应仔细核对名称、规格、数量等与出库凭证是否相符,查看包装是否完整、标志清晰程度、货物质量是否完好。必须当面对货物件数、残损进行点交点接,当发现货物件数与提货凭证件数不一致或有残损时,要分清责任,应持提货凭证到货运科与负责理赔人员查清原因。属于船方责任造成的,应通过船舶或货物代理人办理索赔;属于港方责任造成的,由货运科理赔人员出具货运记录与货主互相签认。库场理货员在交付货物时,凡一票货物提清者,必须当场与提货人员办理交接手续,收回提货凭证。如一票货物分批提取,对出库的同种货物,要符合先进先出、接近失效期先出、易坏先出的"三先出"原则。库场理货员必须在提货凭证上注明提货日期、提货件数,并与提货人共同签字,仍将原提货凭证交提货人留存,待一票货提清后将提货凭证收回。

四、各类货物的储存保管

1. 普通货物的储存

普通货物是指储存过程中性质比较稳定,且对储存环境和条件没有特殊要求的所有货物的总称,如日用百货品、五金交电产品、各种纺织品等。

普通货物一般储存在普通封闭式库房中,这类货物的储存应注意:

(1)严格验收入库货物,主要检验货物的包装和质量是否发生变化。

(2)根据性能及货物储存时间的不同,合理安排储存场所。

(3)妥善进行货物的苫垫和堆码。地潮对货垛底层的货物质量影响很大,特别是在梅雨季节,地潮上升。如货垛底部无隔垫通气层,地潮很难排出。就会侵入货物,造成货物的吸潮、霉变或生锈,因此要考虑库房的地潮情况,做好下垫隔潮工作。

2. 货物防霉腐的储存方法

货物的成分结构和环境因素,是霉腐微生物生长繁殖的营养来源和前提条件。因此,货物的防霉腐工作,必须根据微生物的生理特性而采取适宜的措施。首先立足于改善货物组成、结构和储运的环境条件,使它不利于微生物的生理活动,从而达到抑制或杀灭微生物的目的。具体方法如下所述。

(1)气相防霉腐法。气相防霉腐法是通过药剂挥发出的气体渗透到货物中,杀死霉菌或抑制其生长繁殖的方法。这种方法效果较好,应用面广。常用的气相防霉腐剂有环氧乙烯、甲醛和多聚甲醛等,主要用于皮革制品等日用工业品的防霉。应注意的是,气相防霉腐剂应与密封仓库、大型塑料膜罩或其他密封包装配合使用才能获得理想效果。另外,使用中要注意安全,严防毒气对人体的伤害。

(2)干燥防霉腐法。干燥防霉腐法是通过各种措施降低货物的含水率,使其水分含量在安全储运水分含量之下,抑制霉腐微生物的生命活动。这种方法可较长时间地保持货物质量,且货物成分的化学变化也较小。干燥防霉腐法分为自然干燥法和人工干燥法两种。自然干燥法是利用自然界的能量,如日晒、风吹、阴晾等方法,使货物干燥。该法经济方便,广泛应用于原粮、干果、干菜、水产海味干制品和某些粉类制品。人工干燥法是在人工控制环境条件下对货物进行脱水干燥的方法。比较常用的方法有热风干燥、喷雾干燥、真空干燥、冷冻干燥及远红外和微波干燥等。该法要用到一定的设备、技术,故费用较高,耗能也较大。

(3)辐射防霉腐法。辐射防霉腐法是利用穿透力极强的放射元素(钴-60)产生的射线(γ

射线)辐射状照射货物使其防霉的方法。γ射线是一种波长极短的电磁波,能穿透数英尺厚的固体物,使货物中的微生物、害虫中的各种成分电离化,酶的活性被破坏,从而达到杀灭它们的目的。针对不同货物的特性和各种储存目的,辐射防霉腐法使用的射线剂量有所区别,一般分为小剂量照射、中剂量照射和大剂量照射。经辐射处理过的食品的卫生安全问题一直是人们争论的焦点。1980年12月,国际辐射食品专家联合委员会表示,凡经剂量在10J/kg以下射线照射的食品,均无毒、无害、安全,不需要进行毒理试验。但辐射储存的食品,色泽变暗,有轻微异味,酶和维生素等活性成分受到破坏,食品成分之间相互影响等,这些问题有待于进一步研究解决。

3.金属货物制品的防锈蚀

金属及金属制品的锈蚀按锈蚀过程的机理可分为两类:一类是金属与腐蚀介质直接作用而发生的腐蚀,称为化学腐蚀;另一类是金属同周围的电解质溶液相接触产生电化学作用而腐蚀,称为电化学腐蚀。常见的防锈蚀方法如下所述:

(1)涂油防锈。涂油防锈是在金属制品的表面上涂刷一层油脂薄膜,使金属表面在一定程度上与大气中的氧、水分子以及其他有害物质隔离,从而防止或减缓金属制品生锈。涂油防锈法简便,效果也较好。常用的防锈油脂除防锈油外,还有凡士林油、机油等,其中以防锈油较为理想。

(2)气相防锈。气相防锈是利用挥发性缓锈剂,在金属制品周围挥发出缓蚀气体来阻隔腐蚀介质,以达到防锈的目的。这种方法对复杂、有凹凸缝隙的货物尤为适用。在使用时,气相防锈剂挥发使内包装纸形成气相防锈纸;也可将其粉末撒在金属制品上或装入包装袋内;还可将其溶液喷涂在金属表面。使用气相防锈剂后一定要注意密封。

(3)可剥性塑料封存防锈。可剥性塑料封存防锈是指用树脂为基础原料,加入矿物油、增塑剂、缓蚀剂、稳定剂以及防霉剂等,经加热溶解后制成的塑料液喷涂于金属制品表面,能形成可以剥脱的一层特殊塑料薄膜,这种薄膜组织致密,能阻隔腐蚀介质对金属制品的腐蚀,从而达到防锈的目的。可剥性塑料按其组成和性质的不同,可分为热熔型和溶剂型两种。前者防锈效果好,后者使用较方便。使用时要注意防日晒,防止塑料薄膜受碰撞划伤,避免重压私结,更不能接触有机溶剂。

4.危险货物的安全储存

危险货物的种类很多,性质也比较复杂,分别具有不同程度的爆炸、易燃、自燃、腐蚀和放射性等危险特征。当它们受到较剧烈的振动、撞击、摩擦或接触火源、热源,受日光曝晒,雨淋水浸,温湿度变化的影响以及与性质相抵触的货物相接触时,会引起爆炸,燃烧,人身中毒、灼伤等灾害事故。为此,危险货物的安全储存必须做好以下三个方面的工作:

(1)妥善进行保管养护。危险货物库房应具有阴凉、干燥、通风的条件,并严格按照货物各自的性能及类别分专库存放。堆垛之间的主要通道要按防火规定留足距离。严格进行温湿度管理,易燃危险品的温度要严格控制在燃烧点以下;对钠、钾、电石等遇水易燃货物要严格控制湿度。此外,要按规定做好在库危险货物的检查。

(2)切实采取安全措施。危险货物入库,首先要注意不得将性质相抵和灭火方法不同的化学危险品同库存放,并注意各库不得超量储存。仓库要加强警卫,严格出入库制度。库区严禁烟火,杜绝一切可能发生火灾的因素。不准在库房内或露天垛附近进行试验、打包和其他可能引起火灾的操作。包装容器要严密、完整无损。放射性库房要坚固严密。仓库应当根据消防条例和危险品的性质,配备消防设备、防爆设备以及通信、报警装置等。

（3）严格遵守操作规范。危险品的搬运装卸要轻拿轻放,严禁振动、撞击、摩擦、翻滚、拖拉、重压或倾倒,以免发生燃爆、泄漏事故。在操作中,应按货物性质和操作要求,穿戴相应合适的防护服具,严防人体受到危险货物的毒害、腐蚀和辐射。

思考题

1. 货物储存的原因,作用是什么？
2. 货物堆码的基本方法是什么？请举例说明。

第四章 普通类货物运输

第一节 金属及其制品类货物

一、金属的分类

1. 钢

钢是对含碳量质量百分比在 0.02%~2.06% 的铁碳合金的统称。钢的化学成分可以有很大变化,只含碳元素的钢称为碳素钢(碳钢)或普通钢;在实际生产中,往往根据用途的不同含有不同的合金元素,比如锰、镍、钒等,如图 4-1 所示。如今,钢以其低廉的价格、可靠的性能成为世界上使用最多的材料之一,是建筑业、制造业和人们日常生活中不可或缺的成分。可以说钢是现代社会的物质基础。

图 4-1 钢材

钢以铁为主要元素,含碳量一般在 2% 以下并含有其他元素的材料。其中,一般是指除铬钢外的其他钢种,部分铬钢的含碳量允许大于 2%。含碳量大于 2% 的铁合金是铸铁。其他国际标准如 ISO 4948 或 EN 10020 中对钢的定义也与此类似。

严格地说,钢是含碳量在 0.0218%~2.06% 的铁碳合金。我们通常将其与铁合称为钢铁,为了保证其韧性和塑性,含碳量一般不超过 1.7%。钢的主要元素除铁、碳外,还有硅、锰、硫、磷等。其他成分是为了使钢材性能有所区别。

钢可以分成碳钢和合金钢两种。

(1) 碳钢。碳钢也叫碳素钢,又可称为普通钢,指含碳量 $W_C < 2.11\%$ 的铁碳合金。碳钢除含碳外一般还含有少量的硅、锰、硫、磷。按含碳量可以把碳钢分为低碳钢($W_C \leq 0.25\%$)、中碳钢($W_C = 0.25\% \sim 0.6\%$)和高碳钢($W_C > 0.6\%$)。一般碳钢中,含碳量较高,则硬度越大,强度也越高,但塑性较低。

(2)合金钢。合金钢是在碳钢里有目的地加入了镍、铬、钼、钨、钛等金属而制成的钢。在普通碳素钢基础上添加适量的一种或多种合金元素而构成的铁碳合金。根据添加元素的不同,采取适当的加工工艺,可获得高强度、高韧性、耐磨、耐腐蚀、耐低温、耐高温、无磁性等特殊性能。

合金钢种类很多,通常按合金元素含量多少分为低合金钢(含量<5%)、中合金钢(含量5%~10%)、高合金钢(含量>10%);按质量分为优质合金钢、特质合金钢;按特性和用途又分为合金结构钢、不锈钢、耐酸钢、耐磨钢、耐热钢、合金工具钢、滚动轴承钢、合金弹簧钢和特殊性能钢(如软磁钢、永磁钢、无磁钢)。

2.铝

铝是一种银白色轻金属,有延展性,常制成棒状、片状、箔状、粉状、带状和丝状,在潮湿空气中能形成一层防止金属腐蚀的氧化膜。铝粉和铝箔在空气中加热能猛烈燃烧并发出眩目的白色火焰。易溶于稀硫酸、硝酸、盐酸、氢氧化钠和氢氧化钾溶液,难溶于水。相对密度2.70,熔点660℃,沸点2327℃。铝元素在地壳中的含量仅次于氧和硅,居第三位,是地壳中含量最丰富的金属元素。航空、建筑、汽车三大重要工业的发展,要求材料特性具有铝及其合金的独特性质,这就大大有利于这种新金属铝的生产和应用,应用极为广泛。如图4-2所示。

图4-2 铝

纯铝是一种银白色的固体。因为铝的化学性质非常活泼,所以不能游离于自然界中,在空气中能迅速氧化而生成一层氧化膜,这层氧化铝薄膜可以起到一定的保护作用,防止铝进一步被侵蚀,因此,铝含量在98%以上就可以称为纯铝。纯铝的质地较轻,仅为铜的三分之一;导热、导电性能较好,常用作拉丝,来代替铜线作电线。纯铝的硬度和强度较低,不耐磨压,容易被强酸碱腐蚀破坏。含铝量在98%以下并且杂质含量超过2%以上的叫作生铝,生铝质硬脆,不耐碰击。

铝合金的密度和纯铝相似,但铝合金强度比较高,接近或超过优质钢,塑性好,可加工成各种型材,具有优良的导电性、导热性和抗蚀性,工业上广泛使用,使用量仅次于钢。一些铝合金可以采用热处理获得良好的机械性能,物理性能和抗腐蚀性能。2008年北京奥运会火炬"祥云"就是由铝合金制作的。

3.铜

铜是与人类关系非常密切的有色金属,被广泛地应用于电气、轻工、机械制造、建筑工业、国防工业等领域,在中国有色金属材料的消费中仅次于铝。铜是一种红色金属,同时也是一种绿色金属。说它是绿色金属,主要是因为它熔点较低,容易再熔化、再冶炼,因而回收利用相当便宜。如图4-3所示。

图4-3 铜

铜可用于制造多种合金,铜的重要合金有以下几种:

(1)黄铜。黄铜是铜与锌的合金,因色黄而得名。黄铜的机械性能和耐磨性能都很好,可用于制造精密仪器、船舶的零件、枪炮的弹壳等。

(2)青铜。铜与锡的合金叫青铜,因色青而得名。在古代为常用合金(如中国的青铜时代)。青铜一般具有较好的耐腐蚀性、耐磨性、铸造性和优良的机械性能。用于制造精密轴承、高压轴承、船舶上抗海水腐蚀的机械零件以及各种板材、管材、棒材等。

(3)白铜。白铜是铜与镍的合金,其色泽和银一样,银光闪闪,不易生锈。常用于制造硬币、电器、仪表和装饰品。

4. 金属制品的种类

金属制品的种类很多,运输量较大的有各种钢材、铸铁和日用金属制品等。

(1)钢材:普通钢可以分为型钢(圆钢、方刚、槽钢、角钢等)、板型钢(厚钢板、薄钢板,又叫卷钢)、钢管、钢丝(盘圆)等。

(2)铸铁是主要由铁、碳和硅组成的合金的总称。在这些合金中,含碳量超过在共晶温度时能保留在奥氏体固溶体中的量。

(3)日用金属制品:建筑用小五金(钉子、合页、插销、拉手、锁等)、日用刀具和手工具、日用金属器皿等。

二、金属及其制品的性质与特点

金属及其制品的种类繁多、性质差异很大,在此仅加以简单归纳。

1. 金属相对密度大,积载因数小

金属一般相对密度都比较大,除了铝相对较轻之外,一般属于重货,所以积载时应与轻货搭配,装载在船舱底部或底舱。对于体积长大的,满足要求的可以装载在舱面上。装载时要注意底部的衬垫,防止船舶的局部损伤;要注意捆绑加固,防止金属制品的移动。卷钢一般采用压缝法堆垛,两端对着船舷;钢管、槽钢等长大件,在舱内应顺船首尾方向堆放,若采用井形垛,横向的两端要衬垫好,防止碰伤船体。装卸时要操作平稳,注意安全,避免违章作业。

2. 较强的锈蚀性

大部分金属都不耐酸碱腐蚀,在潮湿的空气中也容易腐蚀。

金属的锈蚀主要是由化学变化和电化学变化引起的。化学锈蚀,是金属及其制品在干燥或潮湿的空气中,受到氧气等氧化物的直接作用,在金属表面形成氧化物而导致的破坏现象。电学锈蚀,是金属及其制品在潮湿的空气条件下,由于水蒸气凝聚在金属表面形成水膜,空气中的氮、氧、二氧化碳、氨气、氯化氢等结合,形成了电解质溶剂,进而在水膜与金属表面形成了电极差,电子就会通过金属向阴极流动,导致金属表面被破坏。

3. 易变形

金属相对比较坚固,不大容易受到外力作用而发生变形。但金属制品的形状、成分、环境因素的综合作用,使得某些金属容易变形。碳素钢在低温条件下会变脆,受到外力作用很容易变碎;纯铝制品质地较软,容易受到硬质残屑和外力撞击而出现变形;卷钢开卷等都属于变形,都会对这些金属的质量产生影响。

4. 其他特性

青铜在潮湿和低温条件下,容易生锈,并且会像瘟疫一样在铜制品中蔓延,俗称"青铜病";涂有防锈油的小五金在温度较高时会渗油,污染其他货物;建筑用的钢皮、钢丝等金属制品忌油等。

金属及其制品的性质是多方面的,影响其质量的因素也是多方面的,必须结合具体的金属种类、包装、标志以及气候条件、航程、船舶、库场等综合因素加以考虑。

三、金属及其制品的储存与运输

1. 对金属及其制品合理包装

为保证金属及其制品在运输与储存过程中的安全,应进行合理地包装,由于金属及其制品的特殊性,其包装方法如下。

金属的包装:金属大多铸成锭块进行运输,也有制成圆条状、板状或粉状运输的。金属锭多为裸装或捆扎包装,特种生铁锭使用木箱或金属桶装运,高纯度的铝锭也装入箱内运输,金属条(板)以捆束、捆扎包装,金属粉装入严密的金属桶内。

金属制品的包装:型钢大多以裸装或简易捆束为单位运输;厚钢板不加包装,有的以卷筒状(称卷钢)运输;直径较小的金属管不加包装,以捆束为单位,直径大的金属管裸装运输;钢丝通常是盘成圈状,俗称盘圆,以扎为单位运输。日用小五金制品通常用油纸或纸盒互相隔开,装入木箱内运输;日用金属器皿外包装为纸箱或木箱;铸铁制品外捆草绳进行运输。

2. 对金属及其制品的保管

金属及制品在保管过程中,主要应该注意避免钢材受机械性损伤,防止产生锈蚀现象。因此要采取相应的报关措施来加以预防。

钢材锈蚀所带来的危害和造成的损失是相当严重的。目前,除了国家储备仓库和少数现代化仓库以外,钢材的存储条件一般都不太好,而且相当多的钢材没有包装,又常露天存放,经受风吹雨淋和尘埃的侵蚀,因此很容易锈蚀。锈蚀不仅会破坏钢材及其制成品的表面和外形,而且会降低使用性能。例如当钢件锈蚀深度约为1%时,强度则降低5%~10%。因此,加强对钢材的保管养护,积极采取措施防止钢材在保管期间的锈蚀,不但能减少因锈蚀而造成的损耗,节约钢材,而且能保证产品质量。

3. 金属及其制品的运输

(1) 避免船舶重心过低引起急剧摇摆。金属及其制品大多数较重且又是长大件货物,应选用结构坚固和舱口尺寸大的船舶装运。金属的积载因数小,如只装金属货易引起亏舱,倘若都装于底舱,会造成船舶重心过低而引起急剧摇摆,对人、货、船体结构和航海仪器均不利。所以,装载时应与轻泡货物合理搭配,以求得到适当的稳性并充分利用舱容。

(2)避免船体变形与局部损伤。各舱的货重分配基本均匀;如金属货装舱重量分配不均匀,会影响船体结构强度。如船首尾舱装载过多会引起船体中拱、中舱装载过多会发生中垂变形,应按舱容比考虑分配各舱的装载重量,允许有±10%的调整量。为使船纵向各部分的负荷均衡,在中舱应多装载些货物,首尾舱少装些,以取得船舶重力和浮力的相应平衡。同时,还应考虑对吃水差的调整和装卸速度的平衡。

(3)保证各部位受载不超过额定负荷量。金属装载时不可超过内底板和各层的单位负荷量,重量不能太集中于某一部分,尤其舱口梁以及其他强度较弱的开口结构附近,要留有足够的安全余地,以免发生甲板被压塌、断裂等事故。为减轻局部负荷量,对重件应采用方木厚板铺垫,以扩大受压面积。

(4)保证运输途中货物不发生移位。金属货易于滑动,如在航行中发生随船体摇动而移动,会造成撞裂船体或使船舶倾覆的危险,所以,在装货时必须特别注意做好在舱内和甲板上的防移措施。装载的货物要堆码紧密整齐,用衬垫物、木楔等垫牢卡稳,在上面压装其他货物。金属货上不加装其他货时,应用绳索绑扎牢固。必要时可设置止动板、隔壁、支柱等防移装置。钢轨、槽钢、角钢、钢管等长大件,在舱内应顺着船首尾方向堆放,若采用格子垛形,横向的两端应衬垫好,以防碰伤船体。卷钢易于滚动,应特别注意堆积的稳固,采用横放,两端向着两舷,用骑缝方法堆高,做好衬垫加固工作。钢轨应采取平扣(又称仰俯交错)方法堆码,这样使货物不易移动又不会受压变形。

第二节 食品类货物

一、茶叶类

茶叶在我国有着悠久的历史,我国是世界上最早利用茶叶的国家。茶叶是我国最重要的经济作物之一,也是我国传统的出口商品。茶叶的成分主要有咖啡因、芳香油、水、蛋白质、差甘宁、维生素、矿物质、糖、色素等,可以增进人体健康。

1.茶叶的种类

(1)茶叶根据加工过程中的发酵程度不同可分为绿茶、红茶、乌龙茶、花茶、白茶等。

红茶属全发酵茶,其主要的品质特征是干茶颗粒紧结重实,色泽乌黑油润,汤色红浓,底叶红匀,香气馥郁,滋味醇厚。按照其加工的方法与出品的茶形,一般又可分为三大类:小红中茶、工夫红茶和红碎茶。常见的有祁红、滇红、英红等。

绿茶属不发酵茶,其有三绿特征:干茶绿、汤色绿、叶底绿。汤色清澈明亮,香气清爽,收敛性强。根据干燥方法分为炒青茶、烘青茶、晒青茶三类。如龙井、碧螺春、君山银针、云雾等。

乌龙茶属半发酵茶。其品质特征是:茶条卷曲,沉重匀整,色泽砂绿,整体形状似螺旋体。汤色金黄浓艳,叶底有绿叶红镶边,有天然馥郁的兰花香,滋味醇厚甘鲜。如铁观音、水仙、乌龙等。

花茶是中国特有的一类再加工茶,是采用窨制工艺制作而成的茶叶。外形条索紧结匀整,色泽尚润;香气浓郁,具有明显的鲜花香气,汤色浅黄明亮,叶底细嫩匀亮。常喝鲜花茶可调节神经,促进新陈代谢。如茉莉花茶、桂花茶、玉兰花茶等。

白茶属微发酵茶,是汉族茶农创制的传统名茶。白茶成茶满披白毫、汤色清淡、味鲜醇、有毫香。

(2)按照采摘季节不同,分为春茶、夏茶、秋茶。

2. 茶叶的性质

(1)怕污染性。茶叶在运输过程中,对卫生要求非常高,要求包装材料和堆放场所清洁、干燥、无异味,不能与污秽货物和有异味货物同堆放在一个库场或船舱内。

(2)吸湿性。茶叶的多孔性结构和亲水基团的存在,使得茶叶具有较强的吸湿性。当茶叶吸收水分超过12%时,就会变软,香气褪减,如不及时采取措施就会发霉变质,严重影响茶叶的食用质量。茶叶存放的场所,相对湿度要求不超过80%,包装要严密、不透气。

(3)吸附性。茶叶的多孔性结构和果胶质的存在还使其具有较强吸附的能力,尤其是对于异味表现尤为突出。茶叶吸附异味后会降低茶叶原有的香气,严重的会彻底丧失使用价值。

(4)怕热怕晒性。干燥的茶叶受热受晒后,会散发水分,使茶叶干燥易碎、香气下降,改变茶叶颜色。时间证明,温度每升高10℃,茶叶色泽的褐变速度会增加3~5,如果茶叶在10℃以下环境存放,可以较好地抑制茶叶的褐变过程。因此,存放茶叶的适宜温度一般为15℃,并且要避光放置。

(5)陈化性。茶叶的质量一般会随着存放时间的加长而逐渐下降,特别是在不适宜的存放条件下,会出现色泽灰暗、香气变淡甚至消失有异味、汤色浑浊等现象,这种变化就称为茶叶的陈化。茶叶陈化是一种氧化,与外界的温湿度、阳光照射、空气中的氧气、包装密度程度差等都有关系,所以应该重视茶叶的保管。

3. 茶叶的运输与保管

(1)与忌装货隔离。茶叶积载须远离有气味的或潮湿的货物以及一切有碍食用卫生的货物。如椰干、糖、姜黄、桂皮、各种油(尤其是香料油)、化肥、皮张等货物,不能与茶叶在同一货舱积载。异味货、散湿货还不能在与茶叶舱有通风筒相连的货舱积载。茶叶串味是常见的货损事故,应引起注意。

(2)装载场所适货并做好衬垫。茶叶在运输中应在舱内积载,货舱应清洁、干燥、无异味。舱内水管无渗漏,排水系统畅通,舱盖板应严密完好。船舱舱盖漏入海水是造成茶叶货损的原因之一。装过有气味的货物或毒害品的船舱,必须经过彻底洗舱、除味、消毒后方能装载茶叶。同时舱壁四周护货板要齐全并衬垫洁净的麻袋片,以防汗水浸湿。整舱铺垫干席,衬垫材料应清洁、干燥、无异味。

(3)远离热源,控制温湿度。茶叶不宜积载机炉舱、厨房等热源附近的舱内,以防温度过高引起茶叶质量下降。温度不超过15℃,相对湿度不超过70%。

(4)正确堆装和装卸。茶叶属轻泡货,不可重压,尤其是袋装茶叶,受重压容易致碎,影响质量。茶叶宜与重货类配搭积载,以充分利用舱容及重量。装卸中应避免遭受剧烈撞击,不能抛、掷、扔,不能使用手钩作业,以免损坏包装。

二、食糖

食糖是重要的生活资料,是糖果、饮料、罐头等的原料,也是人类必需的三大营养元素之一,是人体能量的直接提供者。食糖的主要成分是蔗糖,含有还原糖、水分、灰分等。

1.食糖的分类

按照原料分:制糖的原料主要有甘蔗和甜菜两种。其中,最主要的是甘蔗,占到了80%左右。

按制糖方式分:机制糖,如白砂糖、绵白糖、冰糖、方糖等;土制糖,如红粉糖、片糖、砖糖等。

按经营方式分:白糖,如白砂糖(其中又分粗砂、中砂、细砂糖)、绵白糖。红糖,如赤砂糖、原糖、红糖片等。青糖,又称黄糖,手工生产。冰糖,用砂糖溶化成液体,经过烧制,捞净杂质,然后放在桶中结晶而成。方糖,用砂糖加水润湿后,用压块机压成正方形块,再送至干燥机中烘干而成。

2.食糖的性质

(1)吸湿性。蔗糖在常温下较稳定,吸湿性不大,但还原糖具有很大的吸湿性。食糖吸食后易潮解溶化,甚至淌出糖浆,容易污染别的货物。存放食糖的库场,湿度一般不超过75%,温度一般不超过30%。

(2)易溶于水。食糖的溶解度较大,在室温下,一分水能溶解三分的蔗糖,并且还会随着温度的升高而增大。这势必加大了食糖的淌浆。

(3)结块性。食糖的结块原因有三:重压久压、受热或受冻结块、干燥结块。食糖结块后给装卸带来困难,还容易导致包装破裂。

(4)吸味性和散发异味性。食糖是最重要的食品原料,感染异味会严重降低质量。粗制的甘蔗或多或少留有甘蔗本身的清香味,也容易感染别的货物。

(5)怕污染性。食糖被污染会严重降低食用价值,所以不能与其他的污秽货物、液体货物装载在一处。

(6)易燃性。食糖性的燃点是400℃,一般不易燃烧。但蔗糖在潮湿闷热的条件下,经过化学分解会发酵生成酒精;粗糖往往采用麻袋作包装,一旦遇到火星就会引起燃烧,实践中多次发生此类故事。所以,食糖装卸、保管、运输时要严防各种火种。

3.食糖的运输与保管

(1)选择合适有储存场所。保管食糖的仓库应清洁干燥、避日晒,雨季舱内可采用吸潮剂、吸湿机或用塑料薄膜密封糖堆防潮。糖垛大有利防潮,但不宜过高,以免下层的食糖受压结块。临时露天保管,应选地势高、干燥的地面,并妥善垫盖。食糖应分票堆存,禁止与忌装货物堆装在一起。仓库内要防止鼠咬糖袋,以免传染病菌,污染食糖。

(2)运输时,货舱要适货。船舱运输食糖时,货舱要求清洁、干燥、没有异味,舱内隔垫良好,污水沟畅通,必要时应设置木通风器或在舱底撒木屑等吸潮物。

(3)正确地积载隔离,远离热源。积载时食糖不能装载在机舱、厨房附近的热源部位或潮湿地方。食糖不能与扬尘货、散湿货、散味货、流质货和有害有毒货同舱装运。粗糖不能与吸味货、吸湿货、清洁货同舱装运。如粗、精同舱,精糖应放在粗糖上面。

三、肠衣

肠衣是香肠或腊肠外面的一层薄的衣膜,由新鲜的猪、羊、牛小肠通过刮制加工,除去脂肪杂质所剩下的一层透明的衣膜。由于其皮质坚韧、润滑、柔软、有弹性,所以是食品加工香肠、灌肠的主要原料之一。

1.肠衣分类
1)按原料来源种类分
(1)猪肠衣:以猪的小肠、大肠头、膀胱为主要原料制成。
(2)羊肠衣:以绵羊、山羊的小肠为主要原料制成。
(3)牛肠衣:以牛的小肠、大肠和膀胱为主要原料制成。
2)按成品种类分
(1)盐渍肠衣:将新鲜的猪、羊、牛的肠子内的油脂杂质刮去,剩下的薄膜用盐腌渍,即为盐渍肠衣,是含有盐水的湿货。
(2)干制肠衣:将猪、羊、牛的肠子或膀胱刮去油脂杂质后吹鼓起,置于日光下晒干而成。

2.肠衣的性质
1)盐渍肠衣
(1)怕热性:盐渍肠衣含有较多的盐卤,浸入盐卤内的肠衣不易变质。如受热或日光曝晒使盐卤水分迅速蒸发而造成缺卤,使肠衣腐烂发臭。
(2)污染性:由木桶或塑料桶盛装的盐渍肠衣遇到运输包装损坏易发生盐卤渗漏,不仅肠衣本身变质,而且能污染其他货物,能使金属制品生锈腐蚀。
2)干制肠衣
(1)怕湿性:干制肠衣最怕潮湿,尤其是受雨淋或水湿。一旦遇潮湿就易于分解霉变。
(2)怕异味:干制肠衣容易受异味感染而影响食用,尤其不能与有强烈气味的货物同装一舱。如精萘(卫生球)、皮张、鱼粉、橡胶等货物。

3.肠衣的运输与保管
(1)盐渍肠衣都采用木桶或塑料桶来做运输包装。木桶的材料通常是柞木、柏木、荷木等。塑料桶必须坚固。干制肠衣采用木箱包装,捆包包装。
(2)积载时,盐渍肠衣宜装载在前舱后壁或后舱后壁等较低的货位,以免桶渗漏污染其他货物。干制肠衣应积载在清洁、干燥部位,装载后货顶应铺盖席子以防汗水湿损。注意肠衣与忌装货物的配装。
(3)装卸时,要轻拿轻放,不得摔、滚、撞击,雨雪天不得进行装卸。盐渍肠衣卸货前应先通风后作业,卸货后应冲洗舱位。
(4)盐渍肠衣不宜长时间堆放在露天场地,尤其不能在日光下暴晒,仓库的保管要注意防高温和通风。干制肠衣库存时,必须与有强烈气味、易生虫的货物隔离堆存,要注意防潮湿。

第三节 建材及化学肥料类

一、水泥

水泥是粉状水硬性无机胶凝材料,其加水搅拌后成浆体,能在空气中硬化或者在水中更好地硬化,并能把砂、石等材料牢固地胶结在一起。早期石灰与火山灰的混合物与现代的石灰火山灰水泥很相似,用它胶结碎石制成的混凝土,硬化后不但强度较高,而且还能抵抗淡水或含盐水的侵蚀。长期以来,它作为一种重要的胶凝材料,广泛应用于土木建筑、水利、国防等工程。

1.水泥的分类

(1)水泥按用途分为:普通水泥、白色水泥、快硬水泥、高级水泥、加气水泥、耐火水泥、大坝水泥及其他水泥。

(2)水泥按化学成分分为:硅酸盐水泥(应用最广)、通用水泥、特种硅酸盐水泥;铝酸盐水泥,耐火铝酸盐水泥、建筑用铝酸盐水泥;硫铝酸盐水泥,普通硫铝酸盐水泥、高铁硫铝酸盐水泥 。

2.水泥的包装

水泥既可采用散装方式也可采用包装方式运输。水泥的散装运输可采用专用散装车、散装船或散装集装箱,如图4-4所示。为节约包装材料,国家积极鼓励水泥的散装运输。

图4-4 水泥的包装

我国现在通常使用的水泥包装有多层纸袋、覆膜塑料编织袋、复合袋和木桶等。前两类包装占整体市场份额90%左右,其余为各类复合包装袋和木桶。木桶包装主要用于向极地及寒冷地区装运水泥。

水泥包装既是产品包装,又是运输包装。制袋技术看似简单,实则复杂。第一,要求在灌装时包装不能破损;第二,要求包装材料不能对水泥质量产生不良影响;第三,还要解决好包装袋防潮和透气性能相互矛盾的问题,因为如果防潮性能好则不易透气,而过于透气就起不到防潮的作用。

3.水泥的保管

在储存水泥时,一定要注意防潮、防水。水泥受潮后要结块,降低强度,甚至不能使用。因此,对袋装水泥,不要弄破纸袋,运输时要加覆盖物防雨。储存水泥的仓库,应保持干燥,屋顶和外墙不得漏水;地面垫板离地不小于300mm,水泥垛四周离墙不小于300mm,堆垛高度一般不应超过10袋;不同品种、不同强度等级和不同出厂日期的水泥应分别堆放,不得混杂,并应有明显标志,要先到先用。临时露天存放的水泥应采取防雨措施,将底板垫高,并用油毡、油布或油纸等铺垫防潮。水泥存放期不宜过长,在一般条件下,存放3个月后的水泥强度降低 10%~20%,时间越长,强度降低越大。所以,水泥存放超过 3 个月,使用时必须做试验,并按试验测定的强度等级使用。

4. 水泥的运输

1) 散装水泥的运输

运输散装水泥,要用专用车辆或船只。储存散装水泥,地面要抹水泥砂浆面,不得混有杂物,最好使用灌仓。不同品种、不同强度等级和不同出厂日期的水泥应分开储放。

水泥遇潮湿容易结块板,因此请密切注意天气变化,及时关舱防止货物雨湿,严禁雨中作业。装卸货中,如果甲板上或舱口上有散落水泥窖应及时清除。装货时要尽量装平,防止出现山头。

2) 包装水泥的运输

水泥在货舱内或在仓库内的堆装高度有所限制,纸袋包装的水泥的堆积高度一般不超过 2m(平堆 13~15 层),桶装水泥,一般堆高不超过 9 层。袋装水泥的积载因数为 0.90~1.52m^3/t,桶装水泥的积载因数为 1.05~1.29m^3/t,但由于堆高受限制,所以船运时亏舱损失较大。为了减少亏舱损失,大宗袋装水泥普遍装在船舶间舱。

为保证水泥的运输质量,除必须符合上述装运条件和遵循基本的配装积载要求外,还须注意以下诸多方面的问题:袋装水泥应得到充分冷却后才能装船,否则因水泥温度较高,会使货舱(在外界温度较低时)出汗而造成水泥湿损。应充分注意水泥包装的脆弱性。由于水泥灌包时温度还较高,包装纸受烤会影响纸质的坚韧性,所以搬运堆装时严禁抛掷、拖曳,且堆装必须平整,以防破包。

二、玻璃及其制品

玻璃在常温下是一种透明的固体,在熔融时形成连续网络结构,冷却过程中黏度逐渐增大硬化而不结晶的硅酸盐类非金属材料。普通玻璃的主要成分是二氧化硅。广泛应用于建筑物,用来隔风透光,属于混合物。另有混入了某些金属的氧化物或者盐类而显现出颜色的有色玻璃和通过特殊方法制得的钢化玻璃等。有时把一些透明的塑料(如聚甲基丙烯酸甲酯)也称作有机玻璃。玻璃是一种具有许多优良性能的材料,广泛用于日常生活、建筑、科研、工业、农业、交通和国防等方面。

1. 玻璃及其制品的种类

玻璃的种类很多,由于所用原料不同,制造出来的玻璃成分、性质、用途也不同,大体上可分为以下几种。

1) 钠玻璃(即普通玻璃)

钠玻璃在建筑、日常生活中使用最为广泛。钠玻璃化学稳定性较低,易受化学药品的侵蚀。机械强度和热稳定性较差,受骤冷骤热时,易引起破碎。多用于窗玻璃、包装用瓶及一般日常器皿。其中以平板玻璃运量较大。

2) 钾玻璃(硬玻璃)

钾玻璃质地较硬,有较好的光泽,热稳定性和化学稳定性较钠玻璃为高。主要用于制造质量较好的日用器皿和化学仪器。

3) 铅玻璃(光学玻璃、火石玻璃)

铅玻璃具有较强的光泽和折光性,抗酸性弱,硬度较小,易于进行装饰加工,最适合制造光学仪器、艺术品和优质日用器皿。

4) 硼硅玻璃

硼硅玻璃具有很高的热稳定性和化学稳定性,并有较好的机械强度、光泽和绝缘性,适于制造优质的化学仪器和耐热钢化器皿。

5) 石英玻璃

石英玻璃具有极高的耐酸性和良好的热稳定性,透紫外线强,电工、电子、光学技术部门等尖端技术部门都用得到它,但成本高,耐碱性差。

6) 铝硅玻璃

铝硅玻璃具有极强的热稳定性和化学稳定性及很好的机械强度。多用于制造火焰直接加热的烹饪器皿。

7) 微晶玻璃

微晶玻璃经加入金、银、铜的盐类作晶核形成剂,用短波射线及热处理等方法制得,由微细的晶体组成,具有优良的机械性能和极高的热稳定性,耐腐蚀。用作航空玻璃、实验器皿、电磁灶等。

8) 日用玻璃制品

(1) 日用玻璃器皿:有玻璃杯、盘、瓶、缸、花瓶等多种。

(2) 保温瓶:保温瓶瓶胆为双层的玻璃瓶,保温瓶有普通型和气压型,有大口瓶和旅行用水瓶等。

(3) 镜及礼屏、艺术品等。

9) 建筑用玻璃制品

(1) 平板玻璃:用于门窗、玻璃板和黑板等,规格按厚度和尺寸长短可分为多种。

(2) 其他特殊性能的板玻璃:有磨砂、压花、夹丝、夹层、钢化玻璃等多种。

10) 技术用玻璃制品

(1) 电器玻璃制品:有电灯泡、灯罩、日光灯管、霓虹灯管等。

(2) 医药玻璃制品:有注射器、安瓿瓶、测温计等。

(3) 光学实验仪器:有凹凸透镜、反光镜、试管、烧瓶、量杯等。

(4) 玻璃纤维制品:玻璃纤维是由熔融玻璃液拉成或吹成的,可以任意弯曲的纤维。有玻璃纤维纱、玻璃纤维布、玻璃纤维带、玻璃纤维套管等。可作绝缘、隔热、通信、防火、吸声等用品及作橡胶、玻璃钢的增强材料。

2. 玻璃及其制品的性质

1) 易碎性(也称脆性)

玻璃的脆性就是冲击强度,当受到的冲击力超过其强度极限时就会立即破裂。玻璃具有较大的脆性,不耐碰击,是玻璃及其制品易于破损的主要原因。玻璃内若存在着不均匀的应力或有波纹、砂粒、气泡等,均会降低其冲击强度。玻璃属于易碎品。

2) 耐碱性差

玻璃是一种化学性质比较稳定的物质,它耐酸能力较强,除氢氟酸能使玻璃溶解外,一般的酸不会对玻璃发生强烈的作用。碱对玻璃的作用超过一般的酸对玻璃的作用,在温度越高时,碱对玻璃的破坏作用就越大。如果玻璃长时间接触碱溶液,它会逐渐被腐蚀。

3)热稳定性差

玻璃经受急剧的温度变化而不致破裂的性能,称为玻璃的热稳定性或耐温急变性。玻璃是热的不良导体,在温度急变时,玻璃内外层总有温度差存在而引起胀缩不一致现象,使玻璃内部产生不同程度的应变,在伴生的应力作用下引起玻璃的破裂。所以,玻璃的热稳定性差,不耐急热,更不耐急冷。玻璃成分及厚度的不一致,砂粒、气泡等缺陷的存在,会因膨胀系数大小不同、应力不均匀等原因而更易破碎。

4)风化性

玻璃长时间处于潮湿空气中,会由于空气中的水分和二氧化碳的作用,使表面产生白色薄膜或斑点,降低它的透明程度,这种现象称为玻璃的风化。

玻璃风化的原因是,玻璃表面的附着水可使玻璃中的可溶性成分(硅酸钠)水解,水解产生的硅胶体与苛性钠又可与空气中的二氧化碳相作用,其结果使玻璃表面产生白色的碳酸钠结晶。成箱的平板玻璃一旦发生风化,除出现白色薄膜外,还可能会使各片玻璃互相黏合(这种黏合使它们完全成为废品),玻璃在潮湿环境中最容易发生风化,因此,在运输和保管过程中,应避免玻璃长久地处于潮湿环境中。

3.玻璃及其制品的包装

玻璃制品的合理包装,对防止其损坏具有重要作用。对种类不同的玻璃制品应采用不同的包装方法。

1)平板玻璃的运输包装

平板玻璃运输包装通常使用干燥、结实的木条箱,将一定数量的板玻璃竖立在木条箱中,每箱玻璃包装数量有统一规定。在水运生产中,这类运输包装在运输装卸时稍有不慎就易造成破碎。目前,已逐步发展用玻璃专用铁箱和集装箱装运。

2)玻璃器皿的运输包装

玻璃器皿的外包装一般都用木箱或瓦楞纸箱。将一定数量的玻璃器皿装入纸板盒内,器皿间应用纸片或其他有弹性的材料隔开;高级的玻璃器皿应用软纸逐个包好再装入纸盒,外包装箱内必须用稻草、纸屑或木屑等作填充物,使制品在其中固定不摇动,以免震碎,如图4-5所示。

图4-5 玻璃的包装

玻璃制品在运输包装的箱子上需印上包装储运指示标志,如"小心轻放""向上""防湿"等,以确保安全。

4. 玻璃及其制品的运输与保管

1) 正确配装(防振、防挤、防压)

配舱时应远离振动大的机舱,最宜配在舱口附近,避免拖拉造成破碎。装舱时玻璃应直立放,不能平躺放,箱的两端应按船舶首尾方向放置,箱与箱要紧紧靠拢,外用板条连贯钉固,再用绳子加绑,空隙处用草片或合适货物塞满,以免航行中摆动倒塌。装舱时基础平整稳固,不得装在会下沉的货物上面,勿受重压,箭头朝上,玻璃一般只装一个高。

2) 正确地积载与隔离

玻璃不得与容易散湿返潮的货物(肥皂、果菜、食糖等)配装在一起,也不得与酸(HF)、碱、盐类(纯碱、水泥、化肥等化学物品)及油类配装在一起,玻璃纤维制品不得与食品类混装一起,以免影响食用。

3) 正确地装卸(防摔、防撞击)

装卸时应轻搬放正,避免碰撞,机械作业要稳铲、稳吊、稳放,避免机械金属部位、钢丝绳等直接接触玻璃,不能使用滑槽、皮带机进行作业。

4) 堆层不能过高

按品种、规格做好分隔工作。库存堆码时不能过高,玻璃制品堆码高度一般在 2.5m,纸箱保温瓶堆 6~7 个箱高,堆垛必须稳固,骑缝交叉,防止倒垛。

三、化学肥料

化学肥料是用煤、焦炭、石油、天然气以及水、矿石等作原料,经过化学工业合成或机械加工方法而制成。由于化学肥料养分含量高,肥效发挥快,便于储运与施用,用途比较广泛,因此,化学肥料是重要的农业生产资料。近年来,我国的化肥工业有了很大的发展,农业对化学肥料的需要量也日益增多,各种化肥的进口运量也较大。

1. 化学肥料的分类

根据化学性质,可将化学肥料分为:

(1) 生理酸性肥料。在化学肥料的水溶液中牧草吸收肥料的阳离子过多,剩余的阴离子生成相应的酸类,使溶液变酸,大多数的铵盐和钾盐都属于这类肥料。

(2) 生理碱性肥料。如果牧草吸收利用的阴离子比吸收利用的阳离子快时,土壤溶液中阳离子过剩,生成相应的碱性化合物,使溶液变成碱性,如硝酸钙、硝酸镁等都属于碱性肥料。

(3) 生理中性肥料。牧草吸收阴离子与吸收阳离子的速度大致相等,土壤溶液呈中性反应,如硝酸钾、硝酸铵、尿素等。根据养分的成分可将化学肥料分为:氮肥、磷肥、钾肥、复合肥、微量元素等。

2. 化学肥料的性质

(1) 吸湿性与水溶性。大部分化肥都具有吸湿性,而吸湿的程度随环境的温度、湿度、化肥的品种不同而不同,在一般情况下,高温且高湿,吸湿性就大。有些化肥吸湿后结块,特别是硝酸铵化肥吸湿结块性尤强。有的化肥(如碳酸氢铵、过磷酸钙、石灰氮、磷酸铵、硫磷铵)吸湿后引起分解、化合等反应而损失有效成分,降低质量。大多数化肥易溶于水,吸湿后会溶化。有的化肥(如硫酸铵、石灰氮、过磷酸钙)吸湿后会增强腐蚀性和体积膨胀,造成包装损坏。

(2)结块性。化肥尤其是散装化肥容易因受潮、水湿变干或受重压、热融等原因而结成大块,甚至在散装化肥船舱内结块形成难卸的"石山"。袋装化肥往往因储存时间过长而造成干燥结块和压实结块。化肥结块不仅造成减重、降质,而且给运输、装卸带来困难。

(3)燃烧、爆炸性。化肥中的硝酸铵、硝酸钾、硝酸钠等同属危险品中的氧化剂,具有助燃性、爆炸性。石灰氮具有遇水燃烧性,液氨具有受热或冲击爆炸性。但它们的燃烧、爆炸是有条件的,如硝酸盐类在受到高温或遇强烈撞击或与金属粉末、可燃物、强酸等接触,才能引起燃烧或爆炸。石灰氮化肥在吸湿或水湿后产生的乙炔气,遇火星才会燃爆。液氨在受高温、猛烈撞击或漏气接触氯气、火星才会引起爆炸。

(4)毒性。有些化肥具有毒害性。如石灰氮化肥具有毒性且粉末容易飞扬,吸入呼吸器官、消化器官或接触皮肤过久,或飞入眼睛都能引起危害。铵态化肥挥发出的氨也有一定的毒害性,氨尤其能刺激呼吸道、眼睛。

(5)腐蚀性。凡有酸性或碱性的化肥,均有一定程度的腐蚀性。酸性或碱性越强,腐蚀性越大。对人的肌肤、包装物、金属、有机物等均能造成伤害和破坏作用。腐蚀作用不仅是直接接触时发生,其挥发出来的气体(如氨、游离酸)同样具有破坏力,且危害范围大,必须注意防范。

(6)分解、挥发性。化肥中的磷肥、钾肥和部分氮肥性质较稳定,但有部分氮肥稳定性差,容易分解、挥发,如碳酸氢铵、氨水在常温下就能分解、挥发出氨。铵态化肥受热、遇碱均能发生分解,挥发出氨,硝态化肥(如硝酸铵、硝酸钙)在受热后能分解,甚至引起爆炸。石灰氮吸湿或遇水会分解出易燃爆的乙炔气体等。化肥分解、挥发时,不仅造成肥效损失,还会引起燃爆、毒害、腐蚀事故等。

(7)散发异味性。有的化肥有强烈的异味,如碳酸氢铵、氨水、石灰氮等化肥。尤其铵态化肥分解、挥发出氨气时,异味更强烈。

3.化学肥料的运输与保管

1)化学肥料的保管

(1)防潮湿。碳酸氢铵易吸湿,造成氮挥发损失;硝酸铵吸湿性很强,易结块、潮解;石灰氮和过磷酸钙吸湿后易结块,影响施用效果。因此,这些化肥应存放在干燥、阴凉处,尤其碳酸氢铵储存时包装要密封牢固,避免与空气接触。

(2)防挥发。氨水、碳酸氢铵极易挥发,储存时要密封。氮素化肥、过磷酸钙严禁与碱性物质(石灰、草木灰等)混合堆放,以防氮素化肥挥发损失和降低磷肥的肥效。

(3)防受热。温度愈高,化肥的潮解挥发和结块愈严重(稳定性愈差),因此储存房屋的温度应保持在30℃以下。硝酸铵、硝酸钾等有助燃性,储存时不能和易燃物如煤油、汽油、秸秆、木屑等堆放在一起,以免引起火灾。

(4)防腐蚀。过磷酸钙有腐蚀性,应防止与皮肤、金属器具接触;氨水对铜、铁有强烈腐蚀性,宜储存于陶瓷、塑料、木制容器中。

2)化学肥料的运输

(1)正确积载与隔离。化肥运输最好专船专舱装运。积载时必须防潮防热及垫舱,装运有燃爆性,易挥发的化肥,还应隔离火源、防震和防有害杂质混入。化肥不得与食品混装混存,以免引起食物串味或中毒;不能与金属及其制品同舱,以免锈蚀;也不能与散湿货、清洁货、吸味货配装。酸性化肥不能与碱性化肥及其他碱性货物(如石灰、纯碱等)混存,以免发生中和作用。铵态化肥与碱性货物也不能接触,否则会分解放出氨气,降低肥效。

(2)正确装卸,做好防护。装卸有毒性、腐蚀性化肥时,应注意人身安全,做到工前不喝酒,卸前先通风,作业时穿戴防护品,站在上风口操作,工作完毕及时洗手、脸等,避免灼伤和中毒事故发生。装卸时禁用手钩,不使用钢丝网络等损坏运输包装的吊货工具。对结块的硝酸铵不能用铁质工具粉碎,应用木质工具。对结成"山头"的散装尿素等非危险品的化肥可采用机械或膨胀破碎剂粉碎,作业时要防倒塌伤人。装卸时注意防雨防潮,作业完毕后要做好清扫工作。

(3)防止受潮。大多数化肥都易溶于水,也易吸湿结块。所以它应有完整并能防潮、防水的包装;用于堆装化肥的货舱(或仓库)以及所用的衬垫材料都必须干燥;装运化肥的货舱的舱盖板应完整和水密;污水沟应畅通;通过该舱内的管道应完好。此外,在船舶航行途中,应加强通风管理,严防因船体出汗而发生货损。

第四节　纺织品货物类

一、棉花

棉花是一种重要的纺织原材料,在所有的纺织原料中占到了60%左右。棉花是离瓣双子叶植物,喜热、好光、耐旱、忌渍,适宜在疏松深厚的土壤中种植。主要部分是纤维素层,成分是纤维素,一般含量在90%以上。其余是杂质,包括水分、油脂、蜡、蛋白质、果胶、灰分等。还含有小量的色素,色素易被氧化剂破坏。

棉花不仅是我国农产品中最大的经济作物,同时也是关系民生的特殊商品,涉及农业和纺织工业两大重要产业;棉花也是纺织工业的主要原料,是出口创汇的重要商品,是广大人民群众不可缺少的生活必需品,此外在国防、医药、汽车工业等方面也有重要的用途。棉花的生产、流通、加工和消费都与国民经济的发展息息相关,国家对棉花生产非常重视。

1.棉花的分类

1)按棉花的品种分类

(1)细绒棉:又称陆地棉。纤维线密度和长度中等,一般长度为25~35mm,线密度为2.12~1.56 dtex(4700~6400公支),强力在4.5cN左右。中国种植的棉花大多属于此类。

(2)长绒棉:又称海岛棉。纤维细而长,一般长度在33mm以上,线密度在1.54~1.18dtex(6500~8500公支),强力在4.5cN以上。它的品质优良,主要用于编制细于10tex的优等棉纱。中国种植较少,除新疆长绒棉以外,进口的主要有埃及棉、苏丹棉等。

2)按原棉的色泽分类

(1)白棉:正常成熟、正常吐絮的棉花,不管原棉的色泽呈洁白、乳白或淡黄色,都称白棉。棉纺厂使用的原棉,绝大部分为白棉。

(2)黄棉:棉花生长晚期,棉铃经霜冻伤后枯死,铃壳上的色素染到纤维上,使原棉颜色发黄,即黄棉。黄棉一般属低级棉,棉纺厂仅有少量应用。

(3)灰棉:生长在多雨地区的棉纤维,在生长发育过程中或吐絮后,如遇雨量多、日照少、温度低,纤维成熟就会受到影响,原棉呈现灰白色,这种原棉称为灰棉。灰棉强度低、质量差,棉纺厂很少使用。

(4)彩棉:彩棉是指天然具有色彩的棉花,是在原来的有色棉基础上,用远缘杂交、转基因等生物技术培育而成。天然彩色棉花仍然保持棉纤维原有的松软、舒适、透气等优点,制成的棉织品可减少少许印染工序和加工成本,能适量避免对环境的污染,但色相缺失,色牢度不够,仍在进行稳定遗传的观察之中。

3)按棉花的初加工分类

(1)锯齿棉:采用锯齿轧棉机加工得到的皮棉称锯齿棉。锯齿棉含杂、含短绒少,纤维长度较整齐,产量高。但纤维长度偏短,轧工疵点多。细绒棉大都采用锯齿轧棉。

(2)皮辊棉:采用皮辊棉机加工得到的皮棉称皮辊棉。皮辊棉含杂、含短绒多,纤维长度整齐度差,产量低。纤维长度较锯齿棉长,轧工疵点少,但有黄根。皮轧棉适宜长绒棉、低级棉等。

2.棉花的性质

(1)吸湿性。棉纤维中的纤维素含有大量亲水基团,且棉纤维具有中腔,在纤维层中有许多孔隙,因此,棉纤维具有较强的吸湿能力,这种能力与纤维的成熟度、环境的温度和湿度有密切的联系。在一定的温度下,空气湿度越大,吸湿量就越大,当相对湿度超过70%时,吸湿变化会更加显著。当棉花含水率在14%以上时,容易引起发热、霉烂,使棉花丧失光泽、染上黑斑,纤维强度降低,影响质量。

(2)沾附染尘性。棉花是绒毛性纤维,很容易沾染灰尘、油污,造成品质严重下降,并可能使棉花纺织性能受到影响。

(3)保温性。棉纤维是热的不良导体,有很好的保温性能,这也正是棉花的主要用途所在。因此,在运输中积留在棉堆中热量不易散出,很容易导致棉花自热或自燃,当棉花沾染了油污,则更为危险。

(4)易燃、自燃性。棉花是一种易燃物质,棉纤维表面的蜡质尤为易燃,微小的火星都会引起棉花着火。当棉花温度超过230℃时,可引起自燃。潮湿或含油的、焦的棉花及其他动植物纤维在《国际海运危险货物运输规则》中被列为易自燃物质。

(5)怕酸性。棉花纤维化学稳定性较好,耐碱不耐酸,在张力和碱液的作用下产生丝光效应,使强度增大,获得耐久的光泽。但无机酸对棉花的破坏力很强,无机酸能分解棉花纤维,使其水解,强度下降。当然,强酸对棉花的破坏力就更强了。

3.棉花的运输包装

棉花以捆包形式作为运输包装。不同国家和地区捆包的规格有所不同。

外包装用的材料有粗细麻布、白布或塑料布等。

棉包的外形有长方包(长120cm以上)、矮方包(长120cm以下)、长扁包(高宽比2:1左右)、矮扁包(宽大于高)、条包(高大于长)。

根据棉包的密度,可分为紧包(铁机包)和松包(木机包),如图4-6所示。

4.棉花的运输与保管

(1)防止棉花受水浸雨淋和污染。

(2)防火。

图4-6 棉花的包装

(3)不能与酸类、油脂、湿货、染料、易燃货等同舱装载。
(4)远离热源。
(5)货舱适货。
(6)装卸时禁止使用手钩。
(7)分清等级、批次。
(8)不宜露天堆放。

二、橡胶

橡胶是一种有弹性的聚合物。橡胶可以从一些植物的树汁中取得,也可以是人造的,两者皆有相当多的应用及产品,例如轮胎、垫圈等,遂成为重要经济作物。橡胶的种植主要集中在东南亚地区,如泰国、马来西亚、印度尼西亚。

1. 橡胶的分类

按照来源和用途分类,可分为天然橡胶和合成橡胶。合成橡胶又分为通用合成橡胶和特种合成橡胶。

(1)天然橡胶。天然橡胶主要来源于三叶橡胶树,当这种橡胶树的表皮被割开时,就会流出乳白色的汁液,称为胶乳,胶乳经凝聚、洗涤、成形、干燥即得天然橡胶,如图4-7所示。

图4-7 胶乳收集

(2)合成橡胶。合成橡胶是指任何人工制成的,用于弹性体的高分子材料。合成橡胶是人工合成的高弹性聚合物,以煤、石油、天然气为主要原料,所以价格也与三种主要原料的价格息息相关。品种很多,并可按需求之不同合成各种具有特殊性能的橡胶,因此目前世界上的合成橡胶总产量已远远超过天然橡胶。

2.天然橡胶的性质

1)溶解性

天然橡胶能溶于汽油、乙醚、苯、三氯甲烷(氯仿)、二硫化碳、松节油等。溶解时先经膨胀而后溶解成为溶液。此外,酸、碱、油类也会使橡胶产生表面起花斑、变黏、溶胀、失去弹性等受腐蚀现象。

2)易燃性

橡胶易于燃烧,因为橡胶(聚合物)受强热会分解为异戊二烯单体,异戊二烯是闪点很低的易燃液体,一旦着火就很难扑灭。

3)老化性

橡胶受到日晒、空气、高温的作用后,会逐渐发生硬化、变脆、表面龟裂或软化发黏等现象,失去弹性和强力,这种变质现象叫作老化。

橡胶发生老化的主要原因是橡胶烃分子在氧的作用下受到了破坏,氧化的结果使橡胶烃分子链断裂,分子结构被破坏。因此,所有增大氧活性的因素(如日光、高温、潮湿、空气等的影响或橡胶中含有锰、铜、铁、钴等金属盐类)都能加速老化过程。温度每增加10℃,橡胶的氧化速度可增加1.5倍,日光比加热作用破坏力更大。老化是由表及里的,橡胶与氧的接触面越大,氧扩散到橡胶内部的可能性越大。

4)腐败性

橡胶由于微生物的繁殖(在温度20~34℃和潮湿时繁殖最快)能引起腐败现象。橡胶腐败时,首先是表面发黏,继而发软并发出酸性的恶臭气味,最后便会发霉,橡胶上出现黑斑、橙黄斑或白斑。在腐败过程的同时,也会引起橡胶的老化。因此,凡腐败的橡胶不仅色泽变深变暗,同时,物理机械性能也要降低,甚至丧失。橡胶的腐败与橡胶中所含蛋白质、水分、树脂、糖类等成分有密切关系。含有蛋白质、水分较多的橡胶,就易于受微生物和酶的作用而发生腐败。

5)热变性

天然橡胶在5~35℃内能保持较好的弹性。受热易变形,受冷易变硬。在0℃时橡胶弹性大减,但随温度升高又可恢复弹性,当升高到50℃以上,表面就会变软发黏,易与金属、木材及其他物体(尤其是颗粒细小物)黏结。当受重压时也会相互黏结。这不仅造成卸货困难,包件变形,而且天然橡胶掺混杂质会降低或丧失使用价值。

6)散发异味性

天然橡胶本身有特殊气味。

3.天然橡胶的包装

现代的橡胶包装对原来的裸装做了很好的改进。先将原来的裸包用塑料薄膜密封,再将两个裸包件紧堆在成组构件内,形成一个成组货件。该成组构件由足够坚实的木框架构成。这种包装除能提高装卸作业效率外,还有利于胶包及其周围的其他货件的堆装,同时可避免发生橡胶受压黏结等事故,如图4-8所示。

我国橡胶包装的胶包用聚乙烯薄膜和聚丙烯编织袋双层包装。胶包重量和尺寸:每包净重 40kg±0.2kg;胶包长为 600mm±20mm,宽为 400mm±20mm,高为 200mm±20mm。国产标准橡胶使用"SCR"代号(其中 S 代表"标准",C 代表"中国",R 代表"橡胶",即标准中国橡胶),使之与国际常用的代号对应。六个级别的橡胶代号分别为 SCR CV(恒黏胶)、SCR L(浅色胶)、SCR 5(5 号胶)、SCR 10(10 号胶)、SCR 20(20 号胶)、SCR 50(50 号胶)。在每个胶包外袋最大一面用标志注明:标准橡胶级别代号、净重、生产厂名或厂代号、生产日期和生产许可证编号。

图 4-8　天然橡胶的包装

4.橡胶的运输与保管

1)橡胶的保管

橡胶的胶包储存要分种类和级别堆放,置于离地面高度 30cm 以上和距离墙壁 50cm 以上的木板上,堆放高度为 4~6 层,堆长不限;在各堆胶包之间留有通道,以便取出和运输;堆放胶包的仓库,要求通风良好、干燥、清洁、不漏雨。仓库气温不应超过 35℃,并尽量保持较低的相对湿度;胶包不得受阳光直射,不得与铜和锰的盐类或氧化物接触,不得与油类和易燃物品一起储放;胶包运输时须用干燥和清洁的车厢装运,盖好篷布,以防阳光照晒或雨水淋湿导致橡胶发霉变质。

2)橡胶的运输

(1)正确地积载与隔离,远离热源。积载时,要远离机舱、锅炉房,严禁装入深舱。装载在有地轴弄的底舱,应用木格衬隔,注意通风和防热。橡胶不能与可使其溶解的物质(如汽油、苯、松节油等)及含水率大、油脂类、酸碱类和颗粒细小易被沾附的货物(如煤、铜、铁屑等)混装一舱。橡胶有异味,也不宜与怕异味货物(如茶叶、烟叶、粮谷等)同装一舱。橡胶易燃,更不能与易燃性货物同装一舱。

(2)堆层不宜太高,一般上下不堆其他货物。在一般情况下,橡胶不堆装在其他货物上面,橡胶货堆上面也不堆装其他货物,如不得已而需将橡胶积载于其他货物上面或在橡胶上面装载其他货物,则处于下面的货堆的堆装必须平整,并须有有效的铺垫与上面的货物分隔。

(3)正确装卸,严防火种,注意通风。橡胶有弹性,装卸时不可从高处向下扔或滑落,以免伤人或落水。操作时严禁在现场吸烟和电焊,严防各种火源。浓缩胶乳腐败时能分解出有毒气体,装卸时应注意开舱通风。

(4)防止混票混货。装运时应按不同品种、等级、标志及收货单位分隔清楚,防止混票混货。进口天然橡胶时,要会同有关部门按票取出样品胶件。

三、生皮

生皮是从屠宰后的动物体上剥下的、未经鞣制成革的皮,指供制革用或制裘用的动物原料皮,是我国传统出口商品之一。制革原料皮用来制造皮革,主要是家畜皮,其中以牛皮、猪皮和羊皮为主。制裘原料皮是用来制造毛皮制品,将生皮制成毛皮时,需留下生皮上的毛。我国地域辽阔,毛皮种类繁多,资源丰富,生产历史悠久,行销世界上许多国家。

生皮通常分为制革原料皮和毛皮原料皮,新鲜生皮含有蛋白质、水分、类脂物和少量盐类。最重要的是蛋白质,其中含量最大的是胶原,其次是角蛋白等,它们是革和毛皮的基础物质。

1. 生皮分类

生皮通常分为制革原料皮和毛皮原料皮。

1)制革原料皮的种类

(1)按防腐方式可分为鲜皮、冻鲜皮、盐干皮和干皮等。

(2)按动物种类可分为牛皮、猪皮、羊皮、骡马皮和杂皮等,以及少量的鳄鱼皮、鲨鱼皮、蛇皮和蜥蜴皮等。

(3)按制革原料皮的用途可分为硬革皮和软革皮。

(4)此外,按皮张的大小、动物的性别和年龄、生产季节、产地、重量和质量等还可以细分。

2)毛皮原料皮的种类

毛皮种类繁多,主要分为四类:

(1)小毛细皮类:主要是指黄狼皮、紫貂皮(又名黑貂、赤貂皮)、扫雪皮(又名石貂皮)、水獭皮、灰鼠皮以及猸子、小灵猫、艾虎、竹鼠、花鼠等皮张。

(2)大毛细皮类:主要是狐狸皮(包括银狐皮、白狐皮、赤狐皮、倭刀狐皮等)、猞猁皮、麝鼠皮(又名青根貂皮、水老鼠皮)、水貂皮以及河狸皮、九江狸子皮、貂子皮等。

(3)粗毛皮类:主要是指豹皮、绵羊皮、羊羔皮以及狗皮、狼皮、旱獭皮、獾子皮、山羊皮等。

(4)杂毛皮类:主要是指猫皮、家兔皮、野兔皮等。

2. 生皮的成分和结构

形成生皮的组织有:上皮组织、结缔组织、肌肉组织、神经组织、脂肪组织和毛,它们构成不同的结构层。从外观上看,可分为皮板和毛被两大部分。皮板又分为三层,即表皮层、真皮层和皮下层。

表皮层位于最外层,由上皮细胞组成。由下至上可分为生发层(马氏层)、颗粒层、透明层和角质层,共四层。后三层基本上是无生命的死细胞。紧贴表皮层下面有一层很薄的基底膜,表皮层与基底膜在制革过程中均应除去。

真皮层位于基底膜之下,是皮板的主体部分。主要由结缔组织纤维,即胶原纤维、弹性纤维和网状纤维组成。

皮下层俗称肉层、脂层。是皮与动物体结合的过渡体。主要是由胶原纤维和弹性纤维所形成的疏松网状组织。皮下层中主要含有脂肪和肌肉，但猪皮的皮下层中几乎全部为脂肪，在制革过程中均需除去。

毛被生长在皮板上的毛的统称。一般哺乳动物的毛有锋毛、针毛和绒毛三种类型，均由角质化的细胞构成，化学成分为硬角蛋白。毛的结构沿毛的长度分为三部分：露在皮板外面的毛干、毛囊内的毛根和毛根下部的毛球，毛球底部是能繁殖的细胞。

3. 生皮的性质

1）怕潮湿

生皮因含有亲水性成分和皮纤维的毛细管作用，具有吸湿性。受潮湿尤其是水湿后会致细菌繁殖，腐蚀皮层组织，会发霉、发热、变色、脱毛、甚至腐烂。生皮防腐的方法有盐湿法、盐浸法、盐干法、干燥法和浸酸法等。

2）感染性

如生皮未经严格处理，在动物皮上，会经常存在着多达 20 种细菌。在温度 30~37℃ 时，生皮上细菌繁殖极快，使生皮成分中的蛋白质、脂肪分解腐败。有时生皮中可能有感染炭疽病而死的动物皮，主要出现在绵羊、山羊、牛等生皮上，炭疽病原菌和其他细菌有感染性，能传染人、畜。

3）怕热性

生皮受高温或日光曝晒后，皮板会过度干燥，发硬脆裂。

受潮的皮板遇热会腐烂发臭，强烈破坏毛和皮板的结合，降低原料皮的质量。

生皮运输最适宜的温度为 5~15℃，最适宜的相对湿度为 60%~70%。

4）散发异味性

生皮具有强烈的刺鼻气味。干皮为防虫蛀、鼠咬，常在生皮上撒有萘粉、滴滴涕、六六六等杀虫药剂，也同样会散发异味。

5）怕虫蛀、鼠咬

生皮因含有动物蛋白质和油脂成分，很容易被虫蛀或鼠咬，使生皮受损害。

4. 生皮的储存

刚从动物胴体上剥下的生皮带有多种微生物，加之鲜皮含水率约占总重量的一半以上，易腐败，而且鲜皮内含有溶酶体，剥下后最初几小时内易发生自溶作用。因此，鲜皮如不能立即投入生产，就必须进行有效的防腐保藏。

常采用的保藏方法有以下几种：

1）干燥保藏法

干燥保藏法是直接将鲜皮晾干或在高于室温的条件下干燥。干燥保藏法不适用于猪皮等含脂肪多的生皮。

2）盐腌保藏法

盐腌保藏法即用食盐腌制鲜皮。可分为撒盐法和盐水浸泡法。撒盐法是将食盐均匀地撒在鲜皮的肉面上，盐用量为皮重的 35%~50%；盐水浸泡法是将鲜皮放在 25% 的食盐水中浸泡 16~24h 后再撒盐保存。

3）盐干保藏法

盐干保藏法是指盐腌过的生皮再经干燥进行保藏。

4）浸酸保藏法

通常以皮重15%~20%的食盐和1.5%~2.0%的硫酸降低皮层的pH值。浸酸保藏法多用于绵羊皮经脱毛、浸灰、脱灰后的裸皮的保藏。

5）冷冻保藏法

冷冻保藏法是使鲜皮冻结的方法。冷冻保藏法会破坏生皮的组织结构，降低生皮的机械性能。

6）射线照射保藏法

射线照射保藏法是近年研究的有发展前途的新方法，尚未被普遍采用。

5.生皮的运输

1）检疫证书

生皮运输要有检疫证书。

2）远离热源

积载时，生皮应远离机舱和热源系统，不宜装入深舱。成捆的生皮除可装在下层舱外，还可装在二层舱或设有遮蔽的甲板上。

3）正确隔离

生皮不能与液体货物（如果汁、植物油、酸类等）、散发水分的货物混装，也不能与易感染异味的货物同装一舱。严禁与食品、药品、饲料等同库堆存，必要时应画出专用仓库或货位。

4）正确装卸

装卸时，雨雪天不能进行作业；搬运时，严禁摔、扔、拖、滑；禁止使用手钩，钩伤是造成生皮损伤事故的主要原因之一，作业时应穿戴防护手套、口罩、工作服，以防感染病毒；盐湿或盐浸生皮卸货前应先通风，卸毕后冲洗舱位；未经消毒处理的生皮，应视同毒害品要求进行装卸。

四、生丝

生丝是桑蚕茧缫丝后所得的产品。将优良蚕茧放入80℃热水的煮茧器中，使之软化膨松后，以扫绪器将数粒茧丝一起拉引出来连续缠绕于缫丝架，称为"缫丝"，由于此时茧丝尚含有约20%的丝胶成分，富于光泽的丝质被丝胶包覆在内，因此质感稍硬，呈半透明，为"生丝"，由于一粒蚕茧可以缫丝的丝质长度平均达600~800m，因此生丝为连续性纤维，极适合织布；生丝精练去胶质后，柔软且具有光泽，称为"熟丝"，如图4-9所示。

图4-9 生丝

生丝柔软滑爽,手感丰满,强伸度好,富有弹性,光泽柔和,吸湿性强,对人体无刺激性,是高级纺织材料,可以织制组织结构不同的各类丝织品,用作服装、室内用品、工艺品、装饰品等。生丝还具有很高的比强度、优良的电绝缘性、良好的绝热性和易燃但燃烧缓慢的特性,在工业、国防和医学方面都有重要用途,如制作绝缘材料、降落伞、人造血管等。

生丝在中国有悠久的历史,现代的产量占世界首位。世界生丝年产量约为 5 万吨,95%产于亚洲。中国生丝年产 2 万吨以上,约占世界总产量的 46%,出口量占世界生丝贸易总量的 80%以上。

1. 生丝的结构与特点

生丝是由数根茧丝相互抱合并由丝胶粘合而成的,含丝朊 80%左右,丝胶 20%左右。是多孔性纤维,空隙容量约占 35%,空隙最大直径可达 1μm。由于茧丝横截面呈三角形,且茧丝呈不规则的圆锥螺旋线排列,并以轻微的曲折状态固着于生丝中,因此生丝的横截面形状近似椭圆形。

外观性状:生丝的颜色因蚕茧品种而不同,常见的有白色和黄色。色素多含在丝胶内,脱胶后即成白色。生丝光泽柔和,手感滑爽,柔软而有弹性,相互摩擦会产生出一种特有的悦耳声响,称为丝鸣。

物理性质:生丝相对密度为 1.33~1.45,脱胶后相对密度为 1.25~1.30,与羊毛相似,较棉、麻小。生丝吸水量一般为 80%~90%,最高可达 101%,脱胶后吸水量减少。

化学性质:生丝易吸水,一般情况下丝胶膨润溶解,丝素只膨润而不溶于水。如果生丝在水中长时间煮沸,会引起轻度水解,失去光泽,损害柔软性和手感,在加压情况下,120℃经 12h 煮沸,丝素将溶失 1/3,180℃时将全部溶解。生丝对弱酸作用稳定,但在强酸的溶液中会水解,高温时作用加剧。生丝对碱的稳定性弱,在强碱作用下显著水解。弱碱对丝素作用较弱,但浓溶液会使丝素水解,高温时作用更强。

2. 生丝常见的性质

(1)吸湿性。生丝属于多孔性物质,蛋白质本身又含有亲水基团,所以生丝的吸湿性强,标准回潮率为 11%,最大回潮 36%~39%,而手感并不潮湿。生丝吸湿后,强度会下降,在适宜的温度条件下会发霉变质,严重影响生丝的质量。

(2)怕污染性。生丝是贵重的纺织原材料,被颜料、油脂及其他污染性货物污染后,会影响美观,降低使用价值,严重的会彻底丧失使用价值。

(3)怕酸碱和氧化剂、易被盐破坏性。生丝怕强碱溶液,会使生丝纤维溶解;生丝对酸比对碱要稳定一些,但强度较大的酸(浓硫酸、浓盐酸等)在低温条件下也能很快生丝纤维溶解,温度越高,表现得越强烈。

(4)氧化剂对生丝的破坏力更强,可导致生丝纤维彻底分解。生丝在 0.5%的食盐溶液中浸泡 15 个月,其组织结构就会很快被完全破坏。盐会使生丝纤维变脆、强度下降、光泽度下降。

(5)怕虫蛀。生丝纤维中因含有大量的蛋白质,因此极易受到虫害破坏,导致纤维使用价值和质量严重下降,为了防止虫蛀,可以在运输途中加入樟脑。

(6)怕晒。生丝怕日光照晒,尤其是日光中的紫外线对其的破坏是最大的。耐光性差,受日光照射容易脆化泛黄,强度降低,日晒 200 小时,强度损失约 50%。在天然纤维中生丝的耐光性是最差的。在长时间的日光照射或暴晒下,纤维会变黄、变暗、发脆,手感粗糙,强度下降。

3. 生丝的运输和保管

(1) 要求装运生丝的船舱清洁、干燥、无虫害。

(2) 承运时检查包装,凡捆包污秽的、有油污斑点的或有浸湿痕迹的不得装运。

(3) 积载时,一般装在贵重品舱内。

(4) 生丝不能与毛皮、油脂、污染物、染料、酸碱、粮谷、液体等货物同装一舱,以免感染异味、受潮、污染、腐蚀、虫蛀等。生丝中常放有樟脑,也不能与茶叶、食品等怕异味的货物同舱积载。

(5) 装运、保管中必须注意舱(或库)内的温、湿度条件。

(6) 装卸时,工具不能沾有酸碱等异物。

思考题

1. 金属及其制品在运输过程中哪些环节可能会出现货损货差?如何预防?
2. 金属制品锈蚀的原因有哪些?如何预防?
3. 糖类储存的注意事项有哪些?
4. 运输过程中如何保证茶叶的质量?
5. 肠衣的堆存需要注意哪些事项?
6. 如何防止橡胶老化,保证橡胶质量?
7. 化学肥料仓储要注意哪些安全事项?
8. 根据棉花的性质,棉花仓储的注意事项有哪些?

第五章 特殊货物运输

第一节 重大件货物

一、重大件货物的概念

重大件货物是指在运输过程中,如单件重量过重,以致不能使用一般的起货设备进行装卸,或单件尺度过长、过高、过宽,以致在装载方面受到一定限制,称为笨重或长大货物,又称重大件货物,如钢轨、机车、高压容器等。

在货物运输中,分出长大、笨重货的意义在于:计费方面区别于普通杂货,以便抵偿额外的劳务费用;装载方面有特殊的要求,须给予专门的注意,以确保船、车辆、货物安全。

1. 水上运输重大件货物标准

《国内水路货物运输规则》第五十一条规定:单件货物重量或者长度超过下列标准的,应当按照笨重、长大货物运输:

(1)沿海:重量5t,长度12m。

(2)长江、黑龙江干线:重量3t,长度10m。

各省(自治区、直辖市)交通主管部门对本省内运输的笨重、长大货物标准可以另行规定,并报国务院交通主管部门备案。

按国际标准,重大件货物是指单件重量超过40t的为超重货;单件长度超过12m的为超长货;而单件高度或宽度超过3m的为超高(宽)货。具体如表5-1所示。

笨重、长大货物标准　　　　　　　　　表5-1

项　目	重量(t)	长度(m)	宽或高(m)
国际标准	40	12	3
我国远洋	5	9	3
我国沿海	3	12	—
长江、黑龙江干线	3	10	—

"超长货物"是指一件货物的长度超过12m。按照交通运输部的有关规定,"超长货物"可分为三个档次:①超12~16m;②超13~20m;③超20m以上。

在水路运输中,现除有利用普通杂货船装运的传统方式外,已有专门用于装运重件的船舶和专门的货驳,适应大批重件货物和大型组合设备、构件运输(包括拖航和分节顶航)。

普通杂货船一般配备20~75t范围的重型起货船吊,专门用于装运重大件货物的船舶常配备200~300t重型起货船吊外,还具有较宽敞的甲板面积和较大的甲板强度,以及较大的舱口尺寸等特点。此外,相应的装卸港口还备有大起重量的浮吊。

2.公路运输重大件货物标准

大型物件按其外形尺寸和重量(包括包装和支撑架)分成四级,凡达到每级下列标准之一者,均为大型物件。

1)一级大型物件的标准

长度大于14m(含14m)小于20m;宽度大于3.5m(含3.5m)小于4.5m;高度大于3m(含3m)小于3.8m;重量大于20t(含20t)小于100t。

2)二级大型物件的标准

长度大于20m(含20m)小于30m;宽度大于4.5m(含4.5m)小于5.5m;高度大于3.8m(含3.8m)小于4.4m;重量大于100t(含100t)小于200t。

3)三级大型物件的标准

长度大于30m(含30m)小于40m;宽度大于5.5m(含5.5m)小于6m;高度大于4.4m(含4.4m)小于5m;重量大于200t(含200t)小于300t。

4)四级大型物件的标准

长度在40m及以上;宽度在6m及以上;高度在5m及以上;重量在300t及以上。

二、重大件货物的分类

1.按运输中有无包装分类

重大件货物按运输中有无包装分类,可分为包装重件和裸装重件。

1)包装重件

包装重件指加有包装,外形整齐的重件货物,如机床和大多数机械设备等。包装重件常采用木板围框型包装,这种包装底部有厚实的粗方木,坚固的底部是保证货件具有足够强度的重要物件,在货物装卸搬运作业中应确实使这些部位着力,否则会造成包装破损、货件摔落等事故。

2)裸装重件

裸装重件指不加包装、畸形的重件货物,如机车、舟艇、重型机械、重炮、坦克、工厂装备组合构件等。裸装重件外形很不规则,装运时常需拆除部分外部构件,以避免这些构件受损和提高装载舱容或空间的利用程度。这些所拆卸的构件应另加包装,妥善保管。

2.按货物本身的特点分类

1)钢铁制品类

钢铁制品类如钢板、型钢和卷钢等。一般单件重量大多在20t以下,少数可达35t,多数无包装,通常在库外场地堆存,可装载在船舱内,如图5-1所示。

图5-1 钢铁制品

2) 运输机械类

运输机械类如机车车头、车厢、大型平板车等。单件重量平均重达 20~30t，最大者为重 120t 的机车头，一般无包装，通常安排在库外场地存放，也可在船舱内装载，庞大者只限船舱面积载，如图 5-2 所示。

图 5-2　运输机械类

3) 成套设备类

成套设备类如炼钢用炉、发电机、蒸馏塔等成套设备。单件重量大多在 10t 以下，也有少数重量可超过 200t，多数用大木箱包装，体积较大者在库外场地存放，需妥善加盖帆布。有的设备可以配装在船舱内，有的只限舱面积载，如图 5-3 所示。

图 5-3　成套设备类

4) 其他货物类

其他货物类如桥梁、驳船、高速快艇、集装箱等。集装箱在普通杂货船装运时也属于重大件货物。由于此类货件大多形状不规则，单件重量、长度和体积较大，一般只能在库外场地存放和在舱面积载，如图 5-4 所示。

三、重大件货物的特性

1. 笨重长大性

绝大多数重大货件货物由金属构成，其重要的特性就是笨重，不仅重量大，而且体积庞大，运输装卸困难大，稍有不慎，就会危及船、货，甚至人身的安全。重大件还有惯性大的特点,操作时要特别注意在起吊、加速和使用制动过程中货物所产生的动负荷,以及在装卸过程中货物的颤抖、摆动所引起的巨大冲击负荷。

图 5-4　其他货物类

2. 局部的脆弱性

重大货件作业时,要特别注意货件局部部位的脆弱性,如重型汽车的车灯、驾驶室等。在装卸作业前,必须认真查看"重大件货物清单",弄清实际货件的重量、尺寸和特性,以便做好充分的准备工作,谨慎作业。

3. 完整的成套性

相当多的重大货件货物属于成套装备的一部分,一般有主构件和装配件之分,这些货件都具有成套性。运输、装卸中应严防这种成套装备中的个别货件损坏或丢失。

四、重件货物的积载与装卸

1. 重件货物的积载

利用船舶载运重大件货物,应根据重大件货物特点选择适宜的船舶。所谓"适宜",即利用该船载运时能保证船、货安全,同时能较好地发挥该船的载货能力。在具体的航次中,重大件货载确定以后,由船舶大副作出细致的积载计划(该计划交船长审核),同时应根据计划,发动船员拟订具体的装载操作方案。

制订积载计划要点如下:

(1) 根据起重能力和舱位将货物按重量和尺寸归类。

(2) 正确选择货位。强度、稳性、吃水差、舱口尺寸、重吊就位、驾驶员视线、人行、消防、舱面需征得货主同意等。

(3) 标出具体位置和尺寸。

(4) 核算装载部位的局部强度,进行有效的铺垫。

(5) 计算装卸过程中船舶横倾角(一般小于 10°)。

(6) 考虑必要的加固方法。

2. 重件货物的装卸

重大件货物装船必须根据制定的方案进行,大副应亲临现场指挥。整个作业除由有经验的装卸工组(包括熟练的起重司机和起重工人)承担外,通常应使船员给以密切配合,并由他们负责绑扎等加固工作。在货种特殊、作业难度较大时,货主也须派人员到作业现场。相对而言,重大件货物卸船就较容易,但通常也须上述人员参加。

重大件货物装卸主要包括装卸前的准备工作和装卸操作两个方面。

1)装卸前的准备工作
(1)为避免装卸时船舶发生过大的横倾,应事先计算船舶起吊时船舶的横倾角,准备横倾角的调整(如压载水)。
(2)对装卸工具进行检查、试吊,确保其处于安全状态。
(3)清理装卸作业现场周边妨碍物,做好铺垫或增设支柱。
(4)船舶保持正浮,降低船舶重心,减小船岸高度差等。
2)装卸操作
(1)装卸作业应安排在白天进行,避免因光线原因影响作业人员的视线。
(2)当船舶横向有较大倾斜时或遇有大风浪时,应停止作业。
(3)装卸起吊作业过程中,严禁将重大件货物从船体的上层建筑上越过。
(4)装卸起吊时,注意作业节奏,严禁起重机快速作业和突然停顿。
(5)起吊时,货钩与货件重心应在同一垂直线上,正确起吊。
(6)及时加固、绑扎、铺盖(甲板上),防止货物移动。
(7)装卸完成后,完成重大件货物的部件的交接与存放。

第二节 活的动植物

在运输中,凡需要不断照料、维持其生命而不致造成死亡的动植物,称为活的动植物(或称为有生动物植物),如:牲畜、家禽、蜜蜂、鱼苗、树苗、盆景、花卉等具有生命和新陈代谢活动的货物。为维持其生命活动,对其运输、装卸和保管有特殊要求。

一、活的动植物货物的特性

(1)有生动植物货物是具有生命力的货物,必须在运输、保管中提供维持其生命力所必需的条件。如阳光、淡水、饲料、适宜的环境条件和活动场所等。
(2)有生动植物货物在运输过程中个别会出现动物的减重、植物的枯萎和凋零现象。
(3)有可能感染和传播病害,甚至发生死亡,动植物的病害对人员的健康有着一定的危害。运输需要持有检疫证明书。
(4)各种有生动植物货物各自有不同的生理特性,在运输过程中,需对装载场所、检疫卫生、饲养管理等采取特殊措施。为此,国内《水路货物运输规则》作出相应的规定:托运人托运活动物、有生植物时,应当与承运人约定运到期限和运输要求。除另有约定外,运输过程中需要饲养、照料的活动物、有生植物,托运人应当向承运人申报并随船押运。

二、活动植物货物的运输

1.运输时对运输设施的要求

运输牛、马、猪、羊等牲畜的船舶应设置关圈的栏、畜厩、围圈,其尺寸大小应符合既不影响正常活动和安全,又能充分利用船舶载质量的原则。家禽及猪仔、家兔等小动物,装在筐、笼等容器内运输;大型动物、毒蛇猛兽等必须有特种运输包装,以保证绝对安全;运输活鱼应解决供氧问题,如配备水泵、氧气瓶、空气压缩机等,才可接受承运。

2.卫生检疫的要求

防止有生动植物货物在运输过程中发生疾病和死亡以及病害的传染,最重要的措施是严格遵循检疫和卫生的规定。托运的有生动植物货物,须事先经过疫病检查或采取预防传染病的卫生措施,凭有效期内的检疫证明书才能承运。国内运输动植物的检疫按国内有关动植物检疫的规定办理,外贸进出口动植物的检疫按国务院发布的《中华人民共和国进出口动植物检疫条例》的规定执行。

3. 运输过程中照料要求

在运输和保管过程中,做好饲养和管理工作。托运人应根据承运有生动植物货物的数量派出适当人数及有经验的押运人员随船照料,并应准备足够的饲料、淡水和铺垫料。押运人员在对有生动植物货物的喂食、浇水、清洁粪便及照管中,若发现有患病或死亡时,应及时报告船港方,以便进行及时适当的处理。远距离运送时还必须配备兽医等人员。

4. 装卸要求

在装卸有生动植物货物时,应根据各自的不同生理特性采取相应的措施。注意稳起稳吊、轻搬轻放,防止挤压、落水等损失。装卸作业应避免交叉操作,装卸时间应安排在早晚低温时进行,最后装最后卸。有生动植物货物一般不存放港口库场,应组织现装现提。作业中应注意人员的安全防护,装卸完毕船舱、甲板、库场需冲洗干净,必要时消毒处理。

5. 其他方面

鲜活的动植物货物不能和有毒或能对其造成伤害的物质装在同一箱。装运过有病动植物或毒物的货舱,在下次装运鲜活动植物货物前,必须经过彻底的消毒和卫生打扫。鲜活动植物在运输过程中,在港区,禁止向船舷外乱扔动物的粪便和使用过的衬垫之类的脏物;在内河禁止向河内抛弃死畜;在海上,抛弃死畜时,最好加系重物。

第三节 冷藏货物

冷藏货物是指放在常温以下温度保管、运输的货物。较为常见的是各种易腐货物,如水果、蔬菜、肉类、蛋类、鱼虾等水产品类。

一、易腐货物腐败的原因

引起易腐货物腐败的原因主要有三点,即微生物作用、呼吸作用和化学作用。水果、蔬菜、肉类、蛋类、鱼虾等水产品类货物在常温下容易腐烂变质,最直接的原因是微生物的作用。一方面,这些货物含大量的蛋白质、脂肪、碳水化合物(如淀粉)等营养元素,同时还含较多的水分(如肉中水分含量一般可以达到70%~80%,蛋类的含水率也超过70%),再加上常温条件,都给微生物的生存繁殖提供了条件。另外,有些货物自身的呼吸作用(如蔬菜)、虫害等也加速了腐败的过程。货物体内酶的催化作用也对腐败提供了条件,如果蔬类货物的后熟,肉类的僵直、自溶等。

1. 微生物作用

微生物对食品的破坏,是它分泌出有害的物质水解酶破坏食品的细胞壁、透入细胞内部、将细胞中复杂的有机物水解,供其生活、滋长、繁殖。如蛋白质转化为硫化氢、氨等难闻气体和有毒物质;脂肪转化为甘油、脂酸,脂酸再转化为醛、酮、酸类,发出难闻的气味,失去食用价值。

影响微生物活动的因素有温度、含水率、食品的酸碱度、光线等。

2. 呼吸作用

水果、蔬菜采摘下来后,虽然不再生长,但仍然有生命活动,其表现就是呼吸作用。水果、蔬菜的呼吸实质是由酶介入的一种缓慢的氧化过程,它使复杂的有机物分解为比较简单的物质,消耗体内养分并放出能量,致使食品腐烂。

呼吸有两种:有氧呼吸和缺氧呼吸。缺氧呼吸更易使易腐货物腐败。影响呼吸作用的因素主要有温度、空气成分、食品品种、水分含量、机械创伤、微生物侵染等。

3. 化学作用

食品碰伤后,内部组织即暴露于空气中,使食品中的某些成分被氧化,致使变色、变味、腐败;同时,由于碰伤使呼吸强度加强,给微生物的生长繁殖创造有利条件,将加速食品腐烂。

二、易腐货物的保藏条件

采用冷藏方法保藏易腐货物时,温度是主要条件,但绝不等于只要控制好温度就行了。事实上,除温度外,保管环境湿度的高低,通风情况和卫生条件的好坏,也都对食品的质量有直接的影响。而且,它们之间相互矛盾,又相互统一。因此,应在了解其内部规律的基础上,妥善处理好其间的相互关系,才能保证易腐货物的质量。以下分别讨论各项保藏条件对易腐货物质量的影响程度。

1. 温度条件

就限制微生物繁殖角度考虑,冷藏温度越低越好,但是,对有些食品来说,因冷冻后会使其细胞膜遭到破坏,且不能再恢复至原状,故又不能说温度越低越好。例如,果、菜的保藏温度过低时,会因冻结而破坏其呼吸机能,失去抗病性,使其组织结构遭到破坏,降低其耐藏性;使色香味起变化,当解冻时就会迅速腐烂。又如,鲜蛋的保藏温度过低会导致蛋壳破裂而造成货损,也易使微生物侵入。因此,一定的食物品种均有不同的适宜低温,故对不同的食品应分别采取"冷却"、"冷冻"和"速冻"等不同的冷处理方法。

除要求一定的保藏环境温度外,还要求保持温度的稳定,因为温度忽高忽低,不但使微生物有隙可乘,还会引起冻结食品内部重新结晶、冰晶进一步扩大,导致食品失去原有的鲜味和营养价值。

微生物的生存需要的温度条件在25~35℃,温度在0~5℃时,微生物的生命活动基本停止;当温度降到-18℃以下时,微生物的生命活动就会完全停止,一些低温微生物还会被杀死。同时,温度也会影响酶的作用。当温度在0℃时,酶的活性也基本停止了。所以,冷藏是控制货物腐烂的比较有效的措施。冷藏货物的温度条件一般分为冷却和冷冻两种。冷却是把货物的温度降到0~5℃,使得货物细胞膜内水分达到尚未结冰的程度。而冷冻是把货物放在0℃以下,大多数在-180~20℃,使货物中的水分结冰,便于货物在较长时间内保管而不致腐烂。常见货物的适宜保存温度如表5-2所示。

常见货物的适宜保存温度 表5-2

名　　称	冷冻或冷藏温度(℃)	保存期限
苹果	-1~1	2~7个月
蛋类	-3.3~3.5	6个月
鱼	-18~-12	12个月
肉	-20~-18	12个月

2.湿度条件

环境的湿度对易腐货物的运输、保管也有直接的影响。湿度过小,会增加食品的干耗;破坏果、菜的正常呼吸;破坏维生素和其他营养物质;削弱食品的抗病能力。湿度过大,则促进微生物的迅速生长繁殖和增强货物的呼吸氧化作用,加速货物的腐败变质。因此,湿度过大或过小都不利于保持货物的质量。常见水果、蔬菜的适宜温度、湿度条件如表5-3所示。

常见水果、蔬菜的适宜温度、湿度条件　　　　表5-3

水 果 名 称	适宜温度(℃)	适宜湿度(%)	冷害温度(℃)
苹果	-1~4	90~95	-2
葡萄	-1	90~95	-2.1
香蕉	0~3	85~90	-1.7
草莓	0	90~95	-0.8
菠萝	7	85~90	-1
橙子	0~9	85~90	-0.8
黄瓜	10~12	90~95	-0.8
辣椒	9~12	85~90	-1

3.通风条件

有些"冷却"的食品如水果和蔬菜,在储运过程中会不断挥发出水分和二氧化碳等气体。为了保持舱内适宜的相对湿度和CO_2含量(果、菜的CO_2最高含量为2%,这个限度也可保证工作人员进舱操作的安全),在储运"冷却"的食品时还需要用通风机对舱室进行循环通风和换气通风。但是,通风对温、湿度都有直接影响,如外界气温较高,则通风后的舱内温、湿度也提高。果、菜食品宜在夜间通风方能起到降温作用。还要适当掌握通风时间,时间过短不起作用,时间过长又会对舱内的温、湿度及货物质量产生不利的影响。当储运已经"冷冻"的食品时,因温度很低,微生物活动已受到很大的抑制,因此也可不必换气。常见果蔬类的氧气含量范围如表5-4所示。

常见果蔬类的氧气含量范围　　　　表5-4

种　类	氧气浓度(%)	二氧化碳浓度(%)
苹果	1.5~3	1~4
西红柿	2~4	2~5
香蕉	2~4	4~5
胡萝卜	2~4	2
辣椒	2~5	2~5
黄瓜	2~5	2~5

4.环境卫生条件

易腐货物大多数是食品,在装运保管过程中,保持环境的清洁卫生十分重要。如因环境卫生条件差,即使其他保藏条件都很好,食品也易腐败变质。食品受到尘土杂质有害、有毒等物质污染也直接影响外观和质量,甚至完全失去食用价值。因此,易腐货物在整个运输环节中必须十分注意清洁卫生。

三、冷藏货物的运输与保管

利用一般货船运输易腐货物时,要求与发货人商定运到期限和其他运输条件后,方可承运。一经接受承运,应调配适载的船舶,并按优先配船、优先挂拖、优先过闸的原则组织运输,力争做到随到随靠,随卸随提,以确保运到期限,适应易腐货物要求快运的特点。对批量较大的运输,货主可派员随船押运,协同船方做好运输途中的货物安全质量的监理工作。

船舶运输冷藏货物要遵循以下原则。

1. 装舱准备工作

装载冷藏货前必须进行检查、清扫和必要的修复工作。货舱要求清洁、无异味,舱内污染严重时,必须用清水冲洗,并进行换气通风,使其干燥,必要时还需进行脱臭消毒。脱臭可用臭氧(O_3)、粗茶熏蒸,洒醋酸水以及用其他脱臭剂除味。在装载冷藏货前必须对制冷机进行试车、检验,对冷藏舱、衬垫物料及隔票物等进行预冷。预冷达到的温度根据发货人的书面要求而确定,一般与保藏温度相同或稍低于保藏温度。如冷冻货为-18℃以下,冷却货为0℃左右。预冷时对冷藏舱的排水孔及空气孔进行认真检查,清除垃圾,以防堵塞。

2. 装舱

1) 装舱时间

冷藏货物应尽量在气温较低的早晚进行装舱,避免在炎热的中午或雨天进行。夜间作业对货物质量的鉴别会带来困难,应特别注意。装货前应及时与货主、船方取得联系,互相配合,尽快完成装船作业。

2) 验收货物

冷藏货物的货损往往是由于冷藏货在装舱时新鲜度已降低,包装不符合要求而造成。因此,在装货时谨慎检查货物质量是极为重要的。商检部门提供的质量证书是货物质量的主要凭证。如发现不符合质量要求或包装有缺陷的货物,应由发货人进行调换、修理,否则,应加以批注,甚至予以拒装。为了保证装舱货物质量,应要求发货人在码头附近设置冷库或用冷藏车装运。除船上监装外,常会同商检部门一起监装,事后应取得监装证书。

3) 积载货物

(1)冷藏舱预冷要充分,使冷气能浸透舱内所有设备和衬垫物料,并使舱内各部分的温度均匀一致。

(2)冷藏货与舱壁间需留出适当的供冷风流通用的孔道,货物堆码应整齐、稳固,货件间应以木条衬隔,衬垫木板或方木的方向要与气流一致,以确保冷气畅通。

(3)冷藏货物与蒸发器、进排气孔应离开适当距离,以免堵死冷气通路或致使部分货物由于过冷而干缩。

(4)积载冷藏货由于需要留出通风孔道,所以亏舱率较大,制订配积载计划时应予以注意,比一般货物大10%~20%。

(5)同舱装载不同的冷藏货物时,应注意鱼腥类与肉类分舱积载。运往信仰伊斯兰教国家的牛羊肉不与猪肉混装。蛋类不与肉类、鱼类、果菜类同舱,以免串味。冷藏温度要求不同的果菜品种亦不能同舱。

(6)装货过程中,应停止往舱内打冷气,避免结霜。

(7)理货在绘制实载船图时,冷藏舱应划实线或双实线,以区别于其他杂货和有利于正确收费。

3.运输途中保管和卸货时注意事项

(1)注意保持冷藏温度的稳定性,防止温度波动。

(2)有计划地进行通风换气,定时观测和记录温度、相对湿度以及二氧化碳含量。

(3)合理安排装卸作业流程,尽量缩短冷藏货物在作业现场停留时间,快速作业。

(4)开舱选择在低温时间进行,肉类、水果等必须经检疫检查,并做好货物包装、质量验收工作。

第四节 木 材

木材是一种具有多种用途的物质,它和它的加工制品具有抗压、抗拉、弯曲变形等许多可贵的特性,因而被广泛应用于工农业生产和人们日常生活领域,如用于建筑、采矿、铁路、车辆、船舶和制造农具、家庭生活用品、包装箱及乐器等。

在国际贸易运输中,数量较多的是高贵材种的原木和各种初加工的成材(方木、板材等)。

一、木材的分类

1.按树种分类

1)针叶树

针叶树(软木材),如杉木、红松、白松、黄花松等,树叶细长,大部分为常绿树。其树干直而高大,纹理顺直,木质较软,易加工,故又称软木材。其表观密度小,强度较高,胀缩变形小,是建筑工程中的主要用材。

主要用途:建筑工程,木制包装,桥梁,家具,造船,电杆,坑木,枕木,桩木,机械模型等。

2)阔叶树

阔叶树(硬木材),如桦、榆、水曲柳等,树叶宽大呈片状,大多数为落叶树。树干通直部分较短,木材较硬,加工比较困难,故又称为硬(杂)木材。其表观密度较大,易胀缩、翘曲、开裂,常用作室内装饰、次要承重构件、胶合板等。

主要用途:建筑工程,木材包装,机械制造,造船,车辆,桥梁,枕木,家具,坑木及胶合板等。

2.木材按用途和加工分类

1)原条

原条是指已经去皮、根、树梢的,但尚未按一定尺寸加工成规定的材类。

主要用途:建筑工程的脚手架,建筑用材,家具装潢等。

2)原木

原木是由原条按一定尺寸加工成规定直径和长度的木材。又分为直接使用原木和加工用原木。直接使用原木用于屋架、檩条、椽木、木桩、电杆等;加工用原木用于锯制普通锯材、制作胶合板等。

主要用途：直接使用的原木，用于建筑工程（如屋梁、檩、椽等）、桩木、电杆、坑木等；加工原木，用于胶合板、造船、车辆、机械模型及一般加工用材等。

3）板枋材

板枋材是指已经加工锯解成材的木料。凡宽度为厚度 3 倍或 3 倍以上的，称为板材；不足 3 倍的称为枋材。普通锯材的长度：针叶树 1~8m，阔叶树 1~6m。长度进级：东北地区 2m 以上按 0.5m 进级，不足 2m 的按 0.2m 进级；其他地区按 0.2m 进级。

主要用途：建筑工程、桥梁、木制包装、家具、装饰等。

二、木材的主要特性

1. 吸湿性

木材为吸湿性材料，在空气或水中有吸收水分的性能。它的含水率常常是不固定的，随外界空气湿度条件的改变而改变。木材干燥时，它的尺寸和体积会缩小，称为干缩；相反，在吸收水分后会引起尺寸和体积的膨胀，称为湿胀。木材常因体积变化而引起变形，急剧干燥的木材由于收缩不均匀会产生翘曲、扭曲或开裂，胶合板等制材在受潮受热后会产生脱胶以致不能使用。湿材、生材因含水率较高，易于散湿。

2. 可燃性

木材的主要成分是纤维素是天然高分子有机化合物，其中 50%为纤维素，所以木材是一种可燃性材料。其中，已进行干燥处理和含树脂较多的木材更容易燃烧。另外，木材或木质原料在高温下受适量汽化剂的作用转变为可燃性气体，常用的汽化剂是空气、氧气或水蒸气。生成的气体产物含有一氧化碳、氢、甲烷等，称为煤气；残留的是无机物。

3. 散发异味性

由于木材中含有各种挥发性油、树脂、树胶、芳香油及其他物质，所以随树种的不同，产生了各种不同的味道，特别是新砍伐的木材较浓。如松木含有清香的松脂味；柏木、侧柏、圆柏等有柏木香气；雪松有辛辣味；杨木具有青草味；椴木有腻子气味。

4. 表面受污性

木材表面会出现青斑或腐朽迹象，这种污迹被称为木疵。木材表面产生污迹的主要原因是细菌活动，其次是受环境大气中污染粉尘（如煤粉、其他腐蚀性粉尘）影响。生长期的树木或采伐后的原木，或已加工成半成品的成材，如处在适合细菌活动的条件下，都会在表面部位发生木质腐朽性的污损，如它们处在污染性粉尘较多的环境条件下，则其表面会发生沾染性污损。木材，尤其是名贵木材，无论遭受何类污损，都会影响加工制品的质量。

5. 易翘裂性

原木或成材在干燥过程中，会因各部位收缩不均匀而发生翘曲和开裂现象，其中，板材在干燥过程或受外力影响时最易发生翘曲。

6. 呼吸性

木材，尤其是刚砍伐的原木，其表面生长着许多的植物及微生物，它们在运输过程中，与其他生物有机体一样具有呼吸作用，在酶的影响下能吸氧和呼出二氧化碳，致使船舱内缺氧，人如这时进入舱内会窒息而死。

三、木材的运输与保管

1. 木材运输的主要方式

1）船舶装运

目前,运输木材的船舶主要有木材专用船和普通杂货船。

木材专用船为便于装卸和堆放,货舱要求长而大,舱容和舱口较大,舱内无支柱,甲板强度要求高;为防止甲板木材滚落舷外,规定两舷设支柱,而且支柱也较高,大型船在船舷两侧一般设置不低于10m的舷墙;为不影响货物堆放和装卸,起货机均安装在桅楼平台上;有专用的木材载重线标志,干舷比一般货船要小,如图5-5所示。

图5-5 木材运输船

2）木排拖运

木排拖运是运输原木最经济的方法,如图5-6所示。因为木排运输编排组合与拆散费用低,运量大,同时不占用船舶吨位,节省运力,所以木排拖运在江、海、河中普遍采用。但是木排拖运也受条件限制,如海上拖带常受气候和季节的限制,遇有暴风天气易发生危险,造成重大损失;内河虽风浪小,可木排尺度也常受航道、水闸、桥孔等条件限制。因此,木排运输属特种货物运输。

图5-6 木排拖运

2.木材的运输与保管

1)舱内装载

贵重木材、重质木材、优质材、干燥材和胶合板材等必须装载在舱内。注意以下几点:降低船舶重心;保持干燥、远离热源;注意货舱通风条件;与忌装货物隔离;适当的绑扎加固;舱盖要水密。

2)甲板装载

国际海事组织(IMO)在1972年颁布了《舱面装载木材的船舶安全法规》。根据甲板受力情况控制装载量,可在舱内临时增加支柱。在舷墙处加设用于围栏木材的立柱。铺垫坚固粗实的垫木,有效地分散荷重,同时也利于排水。

木材甲板装载时,应控制木材的堆积高度:一般夏季以不影响驾驶员视野为准,冬季则不得超过船舶最大宽度的三分之一。

经验公式:

$$h = 0.75(B-H) \quad (主甲板)$$

$$h' = 0.75(B-H) - h_{td} \quad (非主甲板)$$

式中:B——船舶宽度(m);

H——船舶龙骨至主甲板距离(m);

h_{td}——船舶舱甲板间高度(m)。

其他同时还要注意的事项:防火、防湿、通风后卸货、绑扎加固、受力均匀等。

3)保管木材的注意事项

(1)场地要求地势高、干燥、通风。

(2)防雨淋、水湿,湿度大的木材防曝晒。

(3)发生变色、生青斑时,应进行翻垛、通风晾晒。

(4)涂木焦油、煤焦油防止木材菌蚀腐朽;在木材横截面涂石灰水、食盐或木胶混合液,防止裂痕。

(5)叠堆时,要注意衬垫、堆放平整,可选井字垛或三角垛,细小圆木采取两面立支柱的方法围堆成垛。

(6)原木还可在水上储木场存放。

4)船舶装运木材发生事故的主要原因

(1)甲板装载超负荷,造成船体损坏和船舶重心偏高。

(2)绑扎加固不良,货物发生移动,影响船舶稳性。

(3)货舱盖不水密,造成货舱内木材大量水湿。

(4)舱内货物积载不当,货物重量分布不均匀,影响船舶平衡性。

(5)安全措施不力或不当,引起其他损失。

思考题

1.重大件货物的特性有哪些?

2. 重大件货物的特殊性表现在哪些方面？
3. 有生动植物货物与运输有关的特性有哪些？
4. 有生动植物货物运输中应提供什么条件？
5. 易腐蚀货物如何合理储存以保证其质量特性？
6. 易腐货物腐败的原因是什么？
7. 木材在运输中应注意哪些问题？

第六章　散装类货物运输

散装货物(Bulk Cargo)是指未加任何包装,直接付运至销售的货物,同时货物的装卸需要有相应的码头装卸设备,有的还需要特殊的运输工具。按货物的状态分,可分为散装固体货物和散装液体货物。

散装固体货物是指由粉末、颗粒、球状、块状等构成的不加包装而直接装运的货物,如粮谷、矿石、煤炭、水泥、化肥、饲料等。固体散装货物运输一般具有运输批量大、货源稳定、大多单一货种并采用专用船舶整船单向运输的特点。散装液体货物是指以液体状运输和储存的货物,主要货品为石油及成品油、液化气及液体化学品。

货物实现散装货物运输,需要生产、装载、运输、卸载、储存和使用等几个主要环节的设备配套和工作协调。对于颗粒状、粉末状货物,装载设备一般有机械、风动和气力装载设备三种。运输工具应有较好的密封性和较大的载质量,车辆还要求自重轻、重心位置低、便于装卸。专用车、船在一定范围内要有通用性。在适当条件下也可采用集装箱(袋)运输。卸载设备用于专用车辆的,一般有重力式、机械、风动和气力四种卸料装置;用于专用船舶的,则视船舶结构,分别采用较高压力的压缩空气吹卸和低压大风量的空气吹卸。储存设备为储存库。散装水泥的储存库(或中转库)有永久性(适用于常年用户)和流动性(适用于流动性的工地)两种;散装粮食的储存库一般为永久性或半永久性的,有立(圆)筒库、机械化房式仓等,都设有入库房设备和卸料设备。

开展散装运输的优势主要有:

(1)减少工序,实现装卸、搬运机械化,改善劳动条件,提高劳动生产率。

(2)节省包装材料。如包装1t水泥,约需6kg的包装纸,而制造这些纸需要红白松优质木材约0.033m。散装后即可节约大量木材。粮食散装,比袋装可以节约大量麻、棉等包装材料。

(3)节省费用,降低成本。如每吨水泥的包装费约占水泥生产成本的1/5、销售价格的1/6。节省包装费用,就可显著降低生产成本。

(4)减少损失,保证质量。如袋装水泥,从生产到使用,一般要经过生产—装载—运输—卸载—储存—使用等几次作业,纸袋破损率一般为10%左右,有时高达30%,水泥损失量一般为2.5%~5.0%。散装水泥用密封容器运输,损失量可减少到0.5%。同时,袋装水泥在储存过程中容易发生质变,特别是强度等级高的水泥,袋装储存半年后,强度平均降低约20%,而散装水泥密封储存,不易受潮、变质。粮食散装运输,在设备配套的情况下,损失和污染也较少。

第一节　散装固体类货物

一、粮谷类

1.谷物的种类与成分

1)谷物的种类

谷物种类繁多,但基本上可分为谷类、豆类和油料类。谷类的主要品种有稻谷、小麦、大麦、元麦、黑麦、荞麦、玉米、高粱、粟米等。豆类的主要品种有大豆、蚕豆、豌豆、绿豆、赤豆等。油料类的主要品种有芝麻、花生、油菜籽、棉籽、向日葵等。水运中运量较大的有稻谷、小麦、玉米以及成品粮中的大米等。

2）谷物的成分

谷物的品种很多，化学成分也很复杂，主要是由淀粉、糖分、蛋白质、脂肪、水分、纤维素和矿物质组成，另外还含少量的酶、维生素、色素等物质。当然，不同的品种其各种成分的含量是有差异的。未精制的谷物（全谷物）含有大量的维生素、膳食矿物质、糖类、脂肪、油脂以及蛋白质，但是在精制的过程中会去除糠和谷物胚芽，留下的胚乳中只含有糖类，缺乏其他的营养物质。在一些发展中国家，日常食物主要是以大米、小麦、玉米、小米为主；在发达国家，谷物消耗量较少，但仍然是食物中不可少的一部分。

2. 粮谷的性质

1）呼吸性

谷物是处于休眠状态的活的有机体，靠呼吸作用获得能量以维持生命。这种呼吸过程极为复杂，在有氧和缺氧条件下都能进行，前者为有氧呼吸，后者为缺氧呼吸。

影响粮谷呼吸的主要因素有含水率、温度、空气成分、籽粒状态等。谷物呼吸过程中产生热量和水分，除了有利于微生物生长外，反应本身也会消耗和破坏谷物的有机成分（特别是缺氧条件下的呼吸），使谷物品质降低，甚至变质。谷物的呼吸作用越强，营养成分消耗得越多，谷物的含水率和温度是决定其呼吸强度的主要因素。在一定范围内，呼吸强度随含水率的增大和温度的升高而增大，其中，含水率对任何谷物来说都是最主要的因素。也就是说，任何谷物最终发生变质事故的主要原因是由于含水率超过了一定限度。

为保证谷物的运输安全，在运输前要求控制谷物的含水率标准，并在运输途中采取正确的通风措施，确保谷物的运输质量。

2）自热性（发热性）

谷物在储运中，货堆温度不正常上升的现象，称为谷物发热。谷物发热的主要原因是谷物内生物体（包括谷物本身、微生物、害虫）进行呼吸作用产生热量积聚的结果。如果谷物货堆内热量产生比散失快时，货堆温度就会升高，同时，温度的增高又为生物体的旺盛呼吸创造了条件，这样就会产生谷物货堆自身促进发热的现象。谷物发热的最高温度可达65℃。

3）吸湿散湿性

谷物在舱内有吸收水分与散发水分的能力，因为谷物是多孔性胶体物质，从内到外分布着许多毛细管，联结谷物颗粒内的细胞和组织；另外，成分中的糖类和蛋白质等亲水物质与水有很强的亲和力。当外界湿度大时，谷物会吸收水分使本身含水率、重量增加，会增强呼吸强度，有利于微生物的生长繁殖，引起谷物发霉变质；当外界湿度小时，谷物向四周散发水分。

4）吸附性

谷物易感染或吸附异味和有害气体的特性，而且一经感染后就很难去掉，会影响食用，甚至不能食用。

5）易受虫害和霉变性

谷物中含有很多微生物，微生物的种类主要有细菌、霉菌、酵母菌。谷物含有丰富的营养物质，在适宜的温度和含水率条件下，由于霉菌繁殖分泌，有大量的酶，可为细菌和酵母菌的生长创造条件,以致造成谷物发霉变质。微生物一般在谷物超过安全水分,温度为25~35℃时生长最快,低温、干燥环境对微生物有抑制作用。

谷物很容易感染害虫。害虫不仅蛀食谷物,引起重量损失和品质降低,而且害虫在取食、呼吸、排泄和变态等生命活动中,散发热量和水分,促使结露、生芽、霉变,所产生的分泌物、粪便、尸体、皮屑等还会污染谷物。粮虫的繁殖与温度(适宜温度为18~32℃,某些粮虫可在低于15℃或高于40℃条件下活动)、水(潮湿条件)、空气成分(因其呼吸需氧)、粮谷谷粒完整度(组织完整者不易受侵害)等因素有关。

6) 下沉性(空隙性)

下沉性是指块粒状物质在外力影响下,能将其堆装体积缩小(在堆装高度上表现为下沉)的性质。

影响下沉性的因素有颗粒大小、颗粒形状、积载因数、表面状态、含水率等。

粮谷具有这一特性的根本原因是块粒状物体之间存在着一定的空隙。物体间空隙的大小常用孔隙率(度)表示,其表达式为:

$$C = [(V-V_1)/V] \times 100\%$$

式中:C——孔隙率;

V——块粒物体散堆的体积;

V_1——散堆块粒物体的实际体积。

散堆谷物具有下沉性,对于船舶装运时的航行安全有一定的影响。如满舱装载的谷物在船舶航行时货物会下沉,结果会在谷物表面出现相当大的空间(散堆谷物下沉约能产生原货堆体积2%的空间),为谷物表面滑动创造了条件,对航行有一定的危险。

7) 散落性(流动性)

散装谷物的散落性(流动性)是指谷物(或非黏性固体散货)在外力作用下,能够自动松散流动的特性。

影响散落性的因素主要有颗粒大小、形状、表面状态、含水率、杂质含量等。粮谷属于散落性较大的货物,这一特性使它在散运时能有很高的装卸效率;判断货运安全(储运稳定性,如散落性小,说明水分多,易生霉结块等);确定自流设备角度的依据;影响粮堆与舱壁的压力(散落性大,倾压则大)。但对于航运安全却有所危害,如粮面滑动会导致船舶倾侧等。

衡量谷物散落性指标为静止角,或称休止角、自然倾斜角、摩擦角,即粮谷由高处自然散落,在平面上会形成圆锥体,该锥体的圆锥面与底面的夹角即为静堆积角。静止角越小,散落性越大。谷物的静止角一般为35°~37°,干燥时静止角变小,为20°~30°,几种常见谷物的静止角如表6-1所示。

几种常见谷物的静止角　　　　　　　　　　　　表6-1

谷物种类	静止角(°)	谷物种类	静止角(°)
小麦	23~28	蚕豆	33~43
大麦	23~28	小豆	29
玉米	30~40	大米	23~35
稻谷	34~35	豆粕	25~45
大豆	24~32	花生粕	25~45

3.几种主要粮谷的保管要求

1)稻谷

稻谷的颖壳较坚硬,对籽粒起保护作用,能在一定程度上抵抗虫害及外界温、湿度的影响,因此,稻谷比一般成品粮好保管。但是稻谷易生芽,不耐高温,需要特别注意。

大多数稻谷(如籼稻)无后熟期,在收获时就已生理成熟,具有发芽能力。同时稻谷萌芽所需的吸水量低。稻谷不耐高温,过夏的稻谷容易陈化,烈日下暴晒的稻谷或暴晒后骤然遇冷的稻谷,容易出现"爆腰"现象。新稻谷入仓后不久,如遇气温下降,往往在粮堆表面结露,使表层粮食水分增高,不利储藏,应及时降低表层储粮水分。

由于新稻谷呼吸旺盛,粮温和水分较高,为保证稻谷质量,应对入库稻谷适时通风,降温降水。特别一到秋凉,粮堆内外温差大,这时更应加强通风,结合深翻粮面,散发粮堆湿热,以防结露。有条件的可以采用机械通风。充分利用冬季寒冷干燥的天气,进行通风,使粮温降低到10℃以下,水分降低到安全标准以内,在春季气温上升前进行压盖低温密闭。

2)小麦

小麦种皮较薄,组织结构疏松,吸湿能力较强,具有较强的耐热性。据试验,水分在17%时的小麦,在温度不超过46℃时进行干燥;或水分在13%以下时,曝晒温度不超过54℃,酶活性不会降低,发芽力仍然得到保持。磨成的小麦粉工艺品质不但不降低,反而有所改善,做成馒头松软膨大,这就为小麦采用高温干燥或高温杀虫提供了依据。

小麦在保管时最大的优点是具有较好的耐储性。完成后熟的小麦,呼吸作用微弱,比其他谷类粮食都低。正常小麦,水分在标准以内(12.5%),在常温下一般储存3~5年或低温(15℃)储藏5~8年,其食用品质无明显变化。

同时,小麦是抗虫性差、染虫率较高的粮种。除少数豆类专食性虫种外,小麦几乎能被所有的储粮害虫侵染,其中以玉米象、麦蛾等危害最严重。小麦成熟、收获、入库正是夏季,正值害虫繁育、发生阶段,入库后气温高,若遇阴雨,就造成非常适宜害虫发生的条件,因此,小麦保管时要特别注意防虫害。目前,小麦的储藏方法主要有以下几种:

(1)热入仓密闭储藏。小麦趁热入仓密闭储藏,是我国传统的储麦方法。通过日晒,可降低小麦含水率,同时在暴晒和入仓密闭过程中可以收到高温杀虫制菌的效果。对于新收获的小麦能促进后熟作用的完成。由于害虫的灭绝,小麦含水率和带菌量的降低,呼吸强度大大减弱,可使小麦长期安全储藏。另外,热入仓密闭储藏所使用的仓房、器材、用具等均需事先杀虫。

(2)低温密闭储藏。小麦虽能耐高温,但在高温下持续长时间储藏也会降低小麦品质。因此,可将小麦在秋凉以后进行自然通风或机械通风充分散热,并在春暖前进行压盖密闭以保持低温状态。低温储藏是小麦长期安全储藏的基本方法。小麦保持一定的低温,对于延长种子寿命、保持品质有一定的好处。

小麦还可以在冷冻的条件下,保持良好的品质,如干燥的小麦在-5℃的低温条件下储藏,有利于生命力的增强。因此,利用冬季严寒低温,进行翻仓、除杂、冷冻,将麦温降到0℃左右,而后趁冷密闭,对于消灭麦堆中的越冬害虫有较好的效果。低温密闭可以长期储藏,但要严防与湿热气流接触,以免造成麦堆表层结露。

3)玉米

玉米原始水分大,成熟度不均匀,这是由于同一果穗的顶部与基部授粉时间不同,致使顶部籽粒成熟度不够。成熟度不均匀的玉米，不利于安全储藏。

玉米的胚大，呼吸旺盛。玉米的胚几乎占玉米籽粒总体积的1/3，占籽粒重量的10%~12%。玉米的胚含有30%以上的蛋白质和较多的可溶性糖，所以吸湿性强，呼吸旺盛。据试验，正常玉米的呼吸强度要比正常小麦的呼吸强度大8~11倍。玉米的吸收和散发水分主要通过胚部进行。

玉米胚部含脂肪多，容易酸败。玉米胚部含有整粒中77%~89%的脂肪，所以胚部的脂肪酸值始终高于胚乳，酸败也首先从胚部开始。玉米胚部的带菌量大，容易霉变。玉米胚部营养丰富，微生物附着量较多。据测定，玉米经过一段储藏后，其带菌量比其他禾谷类粮食高得多。玉米胚部是虫、霉首先为害的部位，胚部吸湿后，在适宜的温度下，霉菌即大量繁殖，开始霉变。

玉米安全储藏的关键是提高入库质量，降低粮食水分。玉米入仓时要做到按含水率不同、按等级不同分开储藏，为安全储藏打下初步基础。水分含量高的玉米入库前应进行烘干。

低温密闭：根据玉米的储藏特性，适合低温、干燥储藏。其方法有两种，一种是干燥密闭，另一种是低温冷冻密闭。其做法是利用冬季寒冷干燥的天气，摊凉降温，粮温可降到-10℃以下，然后过筛清霜、清杂，趁低温晴天入仓密闭储藏。

玉米果穗储藏：玉米不脱粒，果穗储藏是一种比较成熟的经验。由于果穗堆内孔隙度大（可达51.7%），通风条件好，又值低温季节，因此，尽管高水分玉米果穗呼吸强度仍然很大，也能保持热能代谢平衡，堆温变化较小。在冬春季节长期通风条件下，玉米得以逐步干燥。当水分降到14.5%~15%时，即可脱粒转入粒藏。

玉米果穗储藏，籽粒胚部埋藏在果穗穗轴内，对虫霉侵害有一定的保护作用。此外，穗轴内的养分在初期仍可继续输送到籽粒内，增加籽粒的养分。

4）大豆

大豆粒圆，种皮光滑，籽粒坚硬，抗虫、霉能力较强，但破损的大豆易于变质。大豆籽粒中含有丰富的蛋白质和脂肪，在空气湿度大时容易吸湿，经夏季高温影响后，易变色变味，严重的发生浸油，同时，高温高湿还易使大豆发芽率升高。在相对湿度为70%以下，大豆的吸湿性弱于玉米和小麦，但在相对湿度为90%时，大豆的平衡水分则大于玉米和小麦，因此，储藏大豆要特别做好防潮工作。大豆水分超过13%以上时，随着温度的升高，首先豆粒发软，然后在两子叶靠胚部位的色泽变红，俗称"红眼"，以后豆粒内部红色加深并逐渐扩大，俗称"赤变"，严重时，子叶蜡状透明，有浸油脱皮现象。

大豆保管时，应充分干燥，大豆脱粒后要抓紧整晒，降低水分。需要长期储藏的大豆水分不得超过12.5%，含水率再高，就容易霉变。适时通风，新入库的大豆籽粒间水分不均匀，加之后熟作用，呼吸旺盛，大豆堆内湿热积聚较多，同时正值气温下降季节，极易产生结露现象。因此，大豆入库3~4周，应及时通风，散湿散热，以增强大豆的耐藏性。在严冬季节将大豆进行冷冻，采用低温密闭储藏，既可以隔绝外界温湿度的影响和害虫感染，又能防止浸油、赤变，有利于保持大豆的品质。

4.粮谷类货物的运输

装运散装谷物的船舶，不论是满载或部分装载，经过一段时间航行后，舱内由于谷物下沉，必定存在空舱容积和出现谷物自由流动面。在这种情况下，当船舶横摇时，散装谷物的表面就会随之发生滑动,从而产生与自由液面相类似的,对船舶稳性的严重影响。

为了保障船舶航行安全,针对船舶装运散装谷物的特点,《1974年国际海上人命安全公约》(SOLAS 1974),对一切装运散装谷物的船舶(包括专用船和普通杂货船)提出了完整稳性要求,包括:谷物移动而产生的横倾角不大于12°;在静稳性曲线图上,到达倾侧力臂曲线与复原力臂曲线的纵坐标最大差值的横倾角或40°角或"进水角"时(取其小者),该两曲线之间的净面积或剩余面积在一切装载情况下应不小于0.075m/rad。谷物移动所产生的倾侧力矩减小到保证航行安全的程度。此外,船舶装载散粮,根据装货港缔约国政府要求,船长应该根据有关的认可资料,证明该船在任何航程的各阶段均能满足上述要求的稳性标准,因此,装载后应确保船舶在启航前处以正浮状态。

1)粮谷运输的几种装载方式

(1)经平舱的满载舱:指经充分平舱后,使甲板和舱口盖下方的所有空间装满至可能的最大程度的任何货舱。

(2)未经平舱的满载舱:指使舱口范围内装满至可能的最大程度,但在舱口以外,专用舱在舱的两端可免于平舱。

(3)部分装载舱(又称松动舱):指经合理平舱,将谷物自由表面整平,但未达到上述两种满载舱状态的任何货舱。

(4)共同(通)装载舱:多用途船或一般干货船装载散装谷物时,在底层货舱舱盖不关闭的情况下,将底层货舱及其上面的甲板间舱作为一个舱进行装载的货舱。

2)粮谷运输中设置防移装置及采取止移措施

散装谷物海上运输多数采用专用散粮船,此外仍利用普通杂货船。不论采用何种船舶装运散粮,船舶在整个航程中都应满足《SOLAS 1974》规定的完整稳性要求。如果船舶装载散装谷物后不能符合完整稳性要求,则可以在装载谷物的一个或几个舱内设置相应的防移装置,或采取一定的止移措施,达到减少或消除舱内谷物移动而产生的危险,以满足《SOLAS 1974》规定的确保船舶安全航行所必需的稳性要求。通常,专用船的舱口围板较高,且因没有翼舱而使货舱上部宽度减小,所以经常能满足完整稳性要求。

(1)粮谷运输中设置防移装置。

①谷物补给装置。

装运散装谷物的船舶货舱,由于装载时受条件限制以及船舶航行颠簸、摇摆时谷物下沉,总会存在一定的空当。为了使主要货舱内形成的空当,能不断地由散装谷物填满,散装谷物的船可以设置必要的补给装置,它包括添注漏斗和围阱。

添注漏斗一般安装在船舶二层甲板的两舷上,补给底舱的空当,如图6-1所示。围阱主要安装在主舱口上,使甲板间舱内的谷物减少移动,如图6-2所示。添注漏斗和围阱不一定同时设置,可根据需要选用。二者通常用于装运散粮的多用途船舶。

②谷物止移装置。

除少数船舶在货舱纵中线的舱口以外部位设置固定的纵向隔壁外,大多数装运散粮的止移装置是可拆卸的。主要的谷物止移装置是止移(动)板。

止移板是在舱内纵向垂直放置的木质或钢质板壁。木质的厚度应不小于50mm。所有止移板的端部应插入插槽内并具有75mm的最小支撑长度。为了在舱内架设止移板,舱底设有专门的立柱插座。立柱是垂直设置的,用以支持止移板的重要构件。立柱两端插入插座内至少 75mm,跨度一般为 2.5~4.0m。撑柱与水平线之间的夹角不超过45°。

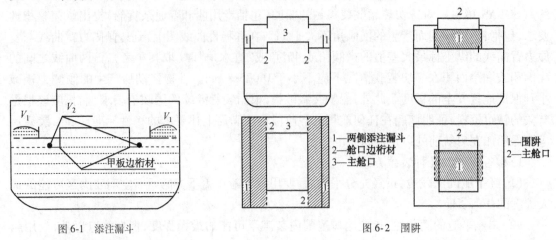

图 6-1 添注漏斗　　　　　　　　图 6-2 围阱

③谷物表面的固定装置。

谷物表面的固定装置一般有两种:一种是利用粗帆布、木板、钢丝绳及花兰螺丝等用具作覆盖及绑扎处理,以此固定谷物表面;另一种是利用袋装谷物或其他适宜的货物压在散装谷物货堆的表面,以此固定谷物表面。

④舱口盖的固定装置。

当船舶底舱内装满散装谷物,而上面的甲板间舱没有装载散装谷物或其他货物时,为防止货舱内的谷物在航行过程中通过舱口盖移到甲板间舱内,必须采取相应的措施。通常,应根据主管机关同意的方式,在舱口盖上加压一定的重量或装设某种固定装置,使舱口盖得以固定。

(2)各种装载状况的止移措施。

①满载舱的止移措施。

满载舱时的止移措施包括设置纵向隔壁、设置托盘和设置散装谷物捆包等方法,如图 6-3、图 6-4 所示。

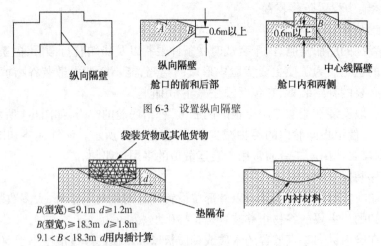

图 6-4 设置托盘和设置散装谷物捆包

②部分装载舱止移措施。

散装谷物非装满整个货舱时,即为部分装载舱,其止移措施主要是固定散装谷物表面。具体可采用设置纵向隔壁、散装谷物表面上堆装货物、系索或钢丝网固定谷面等方法,如图6-5所示。

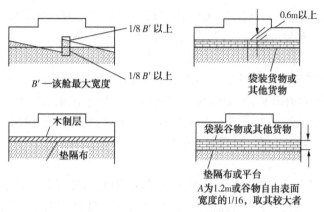

图6-5　部分装载舱止移措施

3)粮谷类货物的运输的其他注意事项

(1)装货前应全面检查货舱及设备,并使之处于适用状态。货舱和衬垫必须保证清洁、干燥、无虫害、无异味、严密,若货舱装运过有毒、有害、有异味和扬尘性货物或被虫害感染的谷物,必须清扫洗舱或经药剂熏蒸,向装货港有关部门申请验舱,只有当检验合格并取得验舱证书后,才允许装运。疏通舱内污水沟,以保持其畅通,对货舱污水泵和通风设备作全面检查并试运行,保证其运行状况良好。

(2)合理编制积载计划,备妥止移装置(如必要时),填写散装谷物稳性计算表,接受港方的检验与核查。

(3)非整船装运谷物时,严禁与易散发水分货物、易散发热量货物、有异味货物、污秽货物、有毒货物以及影响谷物质量的其他货物混装。

(4)运输前,加强对谷物质量的检查,防止接受含水率超标、发热、霉变、有虫害的谷物,以免扩大损失。

(5)航行途中应定时测量谷物的温度,并根据外界条件,进行正确通风,散发热量和防止出汗。

二、矿石类

矿石是指可从中提取有用组分或其本身具有某种可被利用的性能的矿物集合体,可分为金属矿物和非金属矿物。矿石中有用成分(元素或矿物)的单位含量称为矿石品位,金、铂等贵金属矿石用克/吨表示,其他矿石常用百分数表示。常用矿石品位来衡量矿石的价值,但同样有效成分矿石中脉石(矿石中的无用矿物或有用成分含量甚微而不能利用的矿物)的成分和有害杂质的多少也影响矿石价值。

1.矿石类货物的性质

1)相对密度大

无论哪一种矿石的相对密度都大于1,因而其积载因数都比较小。若按相对密度将矿物分级,则可分为:轻矿石相对密度在2.5以下;中等矿石相对密度在2.5~4.0;重矿石相对密度4.0以上。运输中把矿石称为重货,当利用杂货船装运矿石时,若各舱所装重量分配不当,容易破坏船体强度,对航行不利。若是少量运输,在积载时常用作压舱货。

2) 易蒸发水分

开采出来的矿石中含有不同程度的水分,经精选的矿石含的水分更多。在空气的相对湿度较低时,这些水分易蒸发,所以矿石不能与怕湿货混装在一舱。

3) 渗水性

一些经加工的精选矿粉(水洗矿粉)中含有较多的水分,航行中受外力作用(如船舶摇摆),矿粉中的水分会渗离出来,在舱内形成水泥浆。这些水泥浆能随船舶倾侧而流动,有可能造成翻船事故,严重威胁航行安全。当矿物中含水率达9%时,所渗出的水就有移动的可能;含水率达12%时,就会造成大量泥浆水的移动。

4) 易扬尘污染

在运输中,矿石常保存着开采时带有的泥土杂质,随着水分的蒸发,泥土和杂质常破裂脱落,在装卸过程中极易飞扬,所以,运输中矿石被列为污染性粗劣货物,不能与清洁怕污染的货物混装一舱。

5) 自燃性和自热性

自燃性是指矿石受热后可燃烧的性质。自然界中具有自燃性的矿物不多,其中如自然硫等一般具有自燃性。自热性是指矿物被氧化后发生化学变化产生自热的现象。自然界中具有自热性的矿物则较多,如黄铁矿、白铁矿、黄铜矿等硫化物矿物以及部分氧化物矿物均具有自热性。如含水率在4%~5%的精选铜矿粉等较易发热,温度可达80℃。

6) 自然倾角较大

矿石的自然倾角比较大,一般为30°~50°,说明流动性较小,在一定的底面积上可以堆得较高。整船或大量装运矿石时,常利用这一特性堆装成锥形,以提高船舶重心。

7) 其他危害性

金属矿石能散发它所吸附的挥发性气体(较常见的是甲烷、乙烷、一氧化碳、二氧化碳和二氧化硫的混合物,具有毒性并可燃烧)。运输中,货舱内积聚这些气体危害性很大。

有些矿物,如铀矿、钍矿石等具有放射性,因而对人体有害。运输时要按规定作为危险货物处理或作必要防护。

2. 矿石运输的几种装载方式

1) 矿石整船装运

装卸矿石时,必须注意船体受力情况,尤其是大型和超级散货船在装载时不要让每一个货舱都装得满满的;装载时必须均匀配载,让货舱内的铁矿砂非常均匀地分布到船体每一根龙骨和每一块钢板上,而不是有轻有重,避免船体在铁矿砂重压下变形,以确保在航运途中船舶的总强度保持平衡。

为了保证船舶有较好的抗浪性能,船舶首尾舱装载时应尽可能使矿堆重心移向船中部,如首舱矿石应适当地堆向后舱壁,尾舱矿石应适当地堆向前舱壁,以利船舶各部位重力与浮力的均衡,并减少转动惯量,使船首顶浪时不致潜入水中,船尾不致过久地下倾,影响推进。

2) 部分装载矿石

除应确保船体安全及航行安全外,针对矿石的具体性质尚有如下具体的要求:

(1) 矿石应与怕潮货、怕扬尘货分舱装运,其他一切能够混合或掺杂到矿石货堆中去的散装货物,也不可与矿石同装一舱。

(2) 不同种类的矿石不可同装一舱,甚至也不许用衬垫物隔离装载,而应分舱装运。有资料说明,混杂的不良后果,如铁矿石中含杂质增加1%,则熔炼燃料要增加2%,高炉生产率会降低3%,所以运输时应防止矿石之间的混杂。

(3) 装运易自热的矿石时,在运送过程中要定时测温。当舱内发热且温度较高时,应及时采取措施。装运的精选铜矿粉的含水率在5%以下,易自热、自燃的矿石应与其他易燃货物、怕热货物分舱装载。

(4) 装载散发蒸汽和有害气体的矿石时,在航行中需经常进行通风(表面通风)换气工作,以疏散气体。

3) 矿石专用船装载矿石

由于矿石专用船充分考虑了矿石装运上的特性,所以具有较高的技术和经济性能。目前较多的矿石专用船具有双层船底结构且舱容系数较小;舱形符合矿石成堆的自然倾斜,同时利用隔舱部位上方难于装货的场所增设小型辅助货舱,以此达到充分利用空间和提高整船重心的目的;货舱上部斜面成翼舱,用于压载调节整船重心位置。此外,船舶一般不配置起货装备。

3. 影响矿石运输安全的因素

1) 干散货船舱内积载的矿石液化威胁船舶航运安全

含水率超标的矿石在船舶装载和船舶航行振动时,会使船舱内矿石颗粒间孔隙内含水层压力增加,导致剪切阻力减至接近于零,从而使矿石从固体转变成流动状态,一旦船舱内矿砂向船舶一侧流动,船体就会向一侧倾斜,造成散货船舱结构松懈,此时如遇风浪,船容易侧翻或断裂,其后果不言而喻。

2) 矿石装卸过程的合理化

为确保装载矿石的干散货船航行安全,通常情况下,装货码头在为干散货船装载矿石时,每个货舱至多用一只抓斗,这样做容易保持货舱内铁矿砂配载平衡和压舱水的同步排除,最大化确保干散货船航运安全,而这一切工作,船方均须获得港口码头航运安全部门的密切配合。

4. 矿石运输中的注意事项

矿石运输中船舶安全装运操作规程的具体内容主要包括:

(1) 检查船舶设备,尤其是老龄船必须做到适货、适航。清洁污水沟、井,保持畅通,并在污水井盖上铺妥麻袋皮,检查舱内各种管系,如发现漏孔,应及时补妥并保持良好的工作状态。检查各双层底和上边水柜,保持良好的水密状态,尤其是舱盖、水密门、通风筒要保持良好的水密状态。认真检查货舱和压载水舱强度构件,尤其是肋骨纵桁、肘板、横隔板强度。

(2) 合理积载,严格把关。严格执行《国际海上固体散装货物安全操作规则》,装货前向发货人索取检验部门所签发的有关精选矿粉的流动水分点、积载因数、含水率、静止角等资料。根据有关国家提供资料,一般情况下含水率在8%以下则无危险,8%~12%者就须在货舱内安装纵向隔舱板等附加措施，12%~18%者应由特殊结构的专用散货船装运，18%以上者则极度危险。

(3) 审查矿石粉的堆场环境是否影响其含水率。《IMSBC规则》明确规定：金属硫化物和精选矿粉在装货前和装货中，由于货物的含水率已被测量过，应避免进一步增加含水率。在装货过程中应检查货物堆放环境及装货作业天气情况，看货物是否有遮盖，是否被雨淋。当堆场货物没有遮盖或遮盖不当，或雨天进行装货作业时，应立刻要求停止装货。如对货物含水率有怀疑，必要时可要求重新对货物进行检验。

(4) 认真计算船舶稳性。由于精选矿粉有一定含水率，势必在航行过程中或多或少产生水的堆积或货物流动，即会产生自由液面，从而对船舶稳性造成影响。因此要认真计算船舶的初稳性高度并修正自由液面的影响，以保证具有足够初稳性高度并且是经修正的值。特别是装运积载因数在 $0.56m^3/t$ 以下高密度货物时，还应进行平舱，使各舱及同一舱内的重量均匀分布，避免过分集中致使船舶结构变形，船体强度受损，使船舶保留有足够的稳性和浮力，以保证船舶航行安全。

(5) 开航前要做好舱盖的水密工作，水密设备老化的要及时解决、更换，以确保水密，防止进水。开航前还要做好防止货物移动工作，同时做好排水的准备工作，根据航线及季节情况，考虑避风或合理安全绕航等措施，避免有较大的横向波浪冲击船体。

(6) 航行中要注意货堆变化，一般认为开航 8~16h 是货堆容易发生变化的危险期。如果货堆表面干燥，不久即开裂，说明货堆已经稳定。航行中要勤测污水井，要求每 4h 测量一次并做记录，见水增多则立即抽排。因精选矿粉含有硫化物，下货舱检查或排水时，要注意通风或佩戴呼吸器，防止货舱缺氧危害人身安全。

三、煤炭

煤炭是古代植物埋藏在地下经历了复杂的生物化学和物理化学变化逐渐形成的固体可燃性矿物，是一种固体可燃有机岩，主要由植物遗体经生物化学作用，埋藏后再经地质作用转变而成。煤炭被人们誉为"黑色的金子、工业的食粮"，它是18世纪以来人类世界使用的主要能源之一，在国民经济发展中具有十分重要的地位。

1.煤炭的种类及成分

1）煤的种类

(1) 按碳化程度分类。

按碳化程度分类是最普通的分类法。随含碳程度不同，形成各种不同的煤，如泥煤、褐煤、烟煤和无烟煤。

烟煤一般为粒状、小块状，也有粉状的，多呈黑色而有光泽，质地细致，含挥发分30%以上，燃点不太高，较易点燃；含碳量与发热量较高，燃烧时上火快，火焰长，有大量黑烟，燃烧时间较长；大多数烟煤有黏性，燃烧时易结碴。

无烟煤有粉状和小块状两种，呈黑色，有金属光泽而发亮。杂质少，质地紧密，固定碳含量高，可达80%以上；挥发分含量低，在10%以下，燃点高，不易着火；但发热量高，刚燃烧时上火慢，火上来后比较大，火力强，火焰短，冒烟少，燃烧时间长，黏结性弱，燃烧时不易结碴。应掺入适量煤土烧用，以减轻火力强度。

褐煤多为块状,呈黑褐色,光泽暗,质地疏松;含挥发分40%左右,燃点低,容易着火,燃烧时上火快,火焰大,冒黑烟;含碳量与发热量较低(因产地煤级不同,发热量差异很大),燃烧时间短,需经常加煤。

泥煤外观像泥,是碳化程度最差的煤,挥发物和水分含量最高,最容易点燃,燃烧时发热量最低。

(2)按自燃倾向分类

煤具有自燃性,但不同煤种的自燃程度不同。按自燃倾向分类,对运输储存时控制自燃事故具有实用意义。煤按自燃倾向分类如表6-2所示。

煤炭的自燃倾向性等级分类　　　　表6-2

煤种名称	煤炭的自燃倾向等级				
	着火温度(℃)	ΔT_0(℃)			
		易自燃	自燃	可能自燃	不自燃
褐煤、长焰煤	<305	>20	>12	—	
长焰煤、气煤	305~345	>40	40~25	25~12	<12
气煤、肥煤、焦煤	345~385	>50	50~35	35~20	<20
贫煤、瘦煤	380~410	—	>40	40~25	<25
无烟煤	>400	—	>45	45~25	<25

注:ΔT_0—煤样氧化前后的着火温度差,$\Delta T_0 = T_\delta - T_0$;$T_\delta$—未经氧化的煤样的着火温度,称为"还原$T_\delta$";$T_0$—煤样表面全部氧化了的着火温度,称为"氧化$T_0$"。

2)煤的化学成分

煤的化学组成很复杂,但归纳起来可分为有机质和无机质两大类,以有机质为主体。煤中的有机质主要由碳、氢、氧、氮和有机硫五种元素组成,其中,碳、氢、氧占有机质的95%以上。此外,还有极少量的磷和其他元素。煤中有机质的元素组成,随煤化程度的变化而有规律地变化。一般来讲,煤化程度越深,碳的含量越高,氢和氧的含量越低,氮的含量也稍有降低。硫的含量则与煤的成因类型有关。碳和氢是煤炭燃烧过程中产生热量的重要元素,氧是助燃元素,三者构成了有机质的主体。

2.煤炭与运输有关的性质

在煤炭运输中,虽然在正常情况下不会有明显的货运质量问题,但是,在船舶运送和港口装卸堆存过程中,如不掌握它的有关特性,也会发生事故甚至是严重事故。此外,由于性质上的原因,还会造成装卸作业困难或撒落、飞扬等减量损失,污染环境,甚至引起可燃、粉尘爆炸事故。归结起来煤炭与海运有关的性质如下。

1)冻结性

含有吸附水(内在水)和外在水(受潮水)、含水率超过5%的湿煤,在冬季条件下,远距离运送或储存时会冻结在一起。多孔的煤和小块的煤最易冻结。冻结的煤严重影响港口的装卸作业,为解决冻结煤的装卸要花费巨大的人力和物力。

有许多防冻剂可以防止煤的冻结,如生石灰、食盐、氯化钙、锯末、泥煤渣等,但这不但要产生额外费用,还会降低煤的质量或增加自热自燃性,最好的方法是控制煤的含水率在5%以下。

2) 风化性

风化是各种岩石(包括煤)崩溃和变化的一种过程,风化分物理风化和化学风化两种。

物理风化引起岩石的松散和破碎,同时使煤的光泽和颜色发生变化,而其组成未变化。温度的剧烈变化,是造成物理风化的原因,硫分含量超过15%的煤会更加强烈地遭受风化而变为粉末。

化学风化是岩石和矿物成分的分解。化学风化主要是由空气中的氧气作用而引起的,特别是在被氧气、二氧化碳和其他气体所饱和的那种矿物水的作用下更易发生。因此可以说,氧化作用和水化作用(吸收水分)就是化学风化的一种过程。由于这两种作用的结果,煤体中所含的有机物质会发生很大的化学变化。煤经过化学变化,不但会减少挥发成分,对于褐煤和某些无烟煤,还会减少可燃物质的含量,对于炼焦煤,则显著地降低其黏结性。

由于风化使煤炭形成碎渣和煤末,使装卸工作过程中增加煤的损失量,特别是在有风时,当 $1m^3$ 空气中含有 $10\sim32g$ 煤粉时,这时的气体具有爆炸危险性。因此,必须注意防火,特别是在船舱内进行装卸时更应如此。这种爆炸的火源,可以是火柴点燃,金属物品撞击火花,电线短路等。同时,空气中煤粉含煤大,对装卸人员的健康会带来危害。

煤的风化倾向与自燃倾向一样,与煤的种类、岩相组成、储运时间、煤的筛分组成、黄铁矿及水分含量、环境的温湿度、季节等因素有关。这些也是确定煤是否能经受得住远距离运输和换装,以及是否在保管期间不会发生显著质量变化和相伴产生损失的因素。在较长时间储存煤以及托运煤时,必须考虑风化倾向。

3) 自燃性

煤的自燃是指当煤与空气中的氧发生氧化反应,释放出热量,其热量散发不出,造成温度升高,使煤的氧化反应愈加激烈,达到煤的自燃点时,引起燃烧的现象。影响煤的自燃因素与风化类似。但当煤中混有如泥炭、干草、棉屑等易腐烂发酵的有机物质时,由于喜热和耐高温衍生物活动的结果,能发生自热,这种热量也会影响煤的自燃。

许多煤在常温下易缓慢氧化,当煤炭中若有水和含硫矿物存在时,会促进煤的氧化,当积热不散,会引起自燃。煤堆自燃的过程,一般经过四个阶段:

(1) 燃烧初始阶段。这是煤从自燃到煤快速燃烧阶段的过渡时期。当煤温达 $150\sim230℃$ 时,氧化进行到这个阶段,此时煤的反应热为 $42\sim243.6J/g$。这些热量使煤温迅速上升,促进煤的快速燃烧。

(2) 煤炭的发展燃烧阶段。在这阶段,热量继续积聚,舱内的温度持续升温。随着温度的升高,燃烧的速度也会加快。燃烧和舱内温度相互影响。

(3) 煤炭的快速燃烧阶段。如果舱内氧气充足,并且温度达到一定温度,那么燃烧就会急剧增强。依氧气供应充足与否,这个阶段可能发生干馏、不完全燃烧或完全燃烧。

(4) 煤炭的熄灭阶段。按照燃烧的一般规律,当可燃烧的物质被消耗殆尽的时候,燃烧的热量不再能够供应燃烧本身的需要,此时,火灾会慢慢熄灭。

4) 易燃易爆性

从煤中挥发出来的煤气易燃,当煤气与空气混合达到一定比例时,遇火就会引起爆炸。装卸时若煤粉飞扬过多,当 $1m^3$ 空气中含有 $10\sim32g$ 煤粉遇火也会发生爆炸。煤气不仅易燃易爆,而且有毒性,吸入较多后人会窒息。

5）污染性

港口煤炭转运作业不可避免地产生煤尘逸散,特别是非专用码头的机械设备、工艺过程及堆场设施均缺少防尘手段和措施,煤尘飞扬难免。煤尘是煤微粒子与空气相对运动及弹性碰撞等产生的。其产生与煤粉含量、煤的含水率、风速、落差高度、卸货量、地形条件等有关。劣质煤(烟煤、无烟煤和褐煤)受氧化和煤屑化作用比优质煤更快,故产生的尘量更多。煤尘随风飘移,大者沉积在周围环境,$10\mu m$ 以下煤尘长期飘移污染环境。

3.煤炭的保管

1）堆场的要求

一般利用露天场地堆存煤炭,但堆场要符合下列条件:场地必须有一定的排水坡度,且较高而干燥,不会积水;场地应不受地下热源(电缆、油管、蒸汽管等)的影响,应另有相当于煤堆所占面积的1/6的场地,以供捣堆处理时使用;应有足够的消防设备;电器照明应有安全设备;煤堆之间以及煤堆与周围建筑物之间应有足够的安全距离。

2）煤堆高度控制

为防止煤炭发生严重的风化损失和自燃,应根据不同的煤种和堆存期决定安全的煤堆高度。通常煤炭在港口的堆存期不会太长,但也有较长期堆存的情况,不应忽视。如对煤堆采取特殊措施,则堆高可适当提高,但如煤种的含硫量较大时,则应降低堆高标准。

3）防止煤堆自燃

影响煤炭自燃的因素主要有:

(1)煤的品级。品级高的煤,煤化的程度很高,物理结构渐趋紧密,其自热敏感性下降;品级低的煤,煤化的程度很低,物理结构相对松散,其自热敏感性高。

(2)煤的内表面积和缝隙率。品级高和品级低的煤的煤炭缝隙率高,煤化程度中等的煤,缝隙率最低。

(3)煤的水分含量。由煤的自燃过程分析可知,煤中水分的含量对煤的自燃性有很大影响。如果煤炭氧化过程中有少量水分参与,此时,氧化热会使煤的温度逐步升高;但是如果水分含量过高,大量的氧化热都被水分吸收,此时,水分成了防止煤炭自燃的防护剂。

为防止煤堆自燃,一方面要使空气与煤隔绝,抑制其氧化,另一方面是使空气流通,利用空气流通带走热量。

4）煤堆的降温

当煤温达到40℃时,无论属于何种煤,每昼夜测温次数不得少于两次。当煤温达到或超过60℃时或每昼夜温度上升5℃时,应采取以下措施:挖沟,在煤堆高温区,挖出几道纵横的沟渠,达到散热降温的目的;松堆,降低煤堆高度,分成若干小堆,使温度下降;捣堆,将堆全部或部分转移,搬移中使之散热;灌水,在高温部位的堆顶上,挖出若干个浅坑,然后大量灌水,水渗出后带出热量。对已有局部自燃的煤堆,应将自燃部分挖开再灌水,防止因灌水不均匀挥发物和油类分解而接火复燃,甚至积热不散,蔓延助长了自燃。若将燃煤挖出,离开高温区,散热后可不必灌水。

5）防风化损失

防风化损失的主要措施有:推陈出新,缩短堆存时间;减少碰击;用洒水压实来防风蚀;防雨风,挖排水沟,防流失。

4.煤炭运输的注意事项

1)煤炭装运前注意事项

船舶在装煤之前,须对污水沟及水管网罩等处作彻底检查,应扫清并检查污水沟盖和舱底板是否完整,以防煤块落入污水沟内堵塞网罩。

在开航前(时)进行4~6d的表面通风,然后每隔一天,进行6h的表面通风。原则是排出舱内热量以防止积聚,又避免提供过多的氧气促使其氧化自燃。按要求进行船舶平舱,如果在煤炭装船期间,未按要求进行平舱、压实,则通风时的空气会进入煤层当中,加速煤炭的氧化。

2)预防煤炭运输中发生火灾

(1)装货前。船长应尽可能从发货人或代理人处获取货物的有关资料,尤其是推荐的安全装运的操作程序以及品级、水分含量、饱和湿度、毒性、腐蚀性、氧化性等。装货前必须对货舱进行视觉检查和绝缘测试,确保所有电缆状况良好,禁止在甲板上任何地方抽烟或使用明火。禁止在邻近货物场所进行热工作业,除非该空间是通风的,而且经测量甲烷表明对作业是安全的。

(2)装货过程中。煤在装船过程中,必须对货舱进行平整,以避免易燃气体在坑洼处积聚。平整的煤炭表面可以保证通风的可靠性和全面性。用推土机去压实煤炭的表面,以减少煤层中的空气含量。

(3)运输途中。定时通风,煤的通风实质是换气,煤只需进行表面通风(除去易爆及易燃的气体)。建议在船上制订程序保证通风设备晚上开启,日间关闭。在晚上对货舱进行通风时,所有的其他空间(如桅屋、储物间)必须保持关闭。各货舱中煤层上面的大气必须每天定时测量甲烷、氧、一氧化碳等气体的含量。测量时,货舱不允许开舱。在所有工作间、物料间、通道、隧道和其他毗连的空间例行检查甲烷、氧和一氧化碳含量,尤其在允许人员进入该空间之前。应定时测量货舱温度、三个不同深度的货物温度和一氧化碳含量,提前预测潜在的火情。

(4)若船舶在海上发生火灾,船长应果断关闭通风,使用船上的固定式二氧化碳灭火系统。若船舶在码头发生火灾,船长可以申请将液氮(华氏零下320度)灌入货舱灭火。

四、鱼粉

鱼粉是用一种或多种鱼类为原料,经去油、脱水、粉碎加工后的高蛋白质饲料原料。全世界的鱼粉生产国主要有秘鲁、智利、日本、丹麦、美国、俄罗斯、挪威等,其中秘鲁与智利的出口量约占总贸易量的70%。据世界粮农组织(2013年)统计称,中国鱼粉年产约120万吨,约占国内鱼粉消费总量的一半,主要生产地在山东省(约占国内鱼粉总产量的50%),而浙江省约占25%,其次为河北、天津、福建、广西等省市。

1.鱼粉的种类

根据鱼粉的品质,国产鱼粉可以划分为三种:全脂、半脱脂与全脱脂鱼粉;进口鱼粉根据工艺可划分为蒸汽干燥鱼粉与直火干燥鱼粉。

1)国产种类

(1)脱脂蒸气鱼粉

脱脂鱼粉的生产流程是将原料鱼经过蒸煮、压榨、固液分离、油水分离、干燥、冷却、筛选、粉碎等一系列流程加工而成。其生产出来的鱼粉蛋白为 62%~70%，VBN（挥发性盐基氮，含量越小代表鱼粉的新鲜程度越高）通常小于或等于 120，酸价一般为 2~7，胃蛋白酶消化率为 90%~97%，盐分为 1~3。

(2) 半脱脂鱼粉

半脱脂鱼粉的生产工艺与脱脂鱼粉的生产工艺流程大体相同，都是经过蒸煮、压榨、油水分离、一次干燥、二次干燥等，不同的是半脱脂鱼粉在油水分离后，将分离出来的水（含有盐分、杂质、脂肪及细微的鱼粉颗粒）回喷到一次干燥罐内，与鱼粉混合一起烘干，增加了鱼粉的出粉率，减少了因鱼体偏小及不新鲜鱼的肌体腐烂而产生的肌肉组织的流失。鱼粉颜色因烘干时间的延长，回喷不及时且回喷时带有部分压榨后的鱼及水分，所以导致 VBN（一般 150~250）、组氨酸价偏高及鱼粉略带有红褐色，性状较细，蛋白一般为 60%~66%，酸价相对脱脂鱼粉偏高，胃蛋白酶消化率为 80~90，盐分为 4.5~5.5。半脱脂鱼粉和脱脂鱼粉的气味差异较大，略有酸败的气味。半脱脂的成本比脱脂的低很多。

(3) 全脂鱼粉

全脂鱼粉生产流程是鱼经过蒸煮机熟化后鱼肉和水一起直接进入烘干机烘干，不经过压榨，水分及蒸煮熟化后的鱼直接进入烘干罐。由于半脱脂鱼粉与全脂鱼粉对原料鱼的新鲜度要求不高，鱼的含油量会很少，脂肪含量相对脱脂鱼粉偏高，生产出来的鱼粉形状很细，蛋白含量为 55%~62%，VBN 一般为 200~500，酸价相对偏高，胃蛋白酶消化率为 80~90，盐分含量也相对较高，在气味上与脱脂鱼粉差异很大，因此品质相对半脱脂鱼粉更差。

2) 进口种类

(1) 普通直火干燥

鱼粉的加工大部分经过煮、压、干燥、磨碎和包装这几个加工工序完成。鱼粉加工的原理比较简单，但由于原料的新鲜程度不同以及加工技术设备和加工经验不同，所生产的鱼粉品质就有很大差别。鱼肉经过煮后，使蛋白凝结，大量的水和油脂跑出来，煮熟后的鱼肉被送到带孔的管道里挤压，混合着油和水分鱼汁将被挤出而剩下结块的鱼肉从压缩机的后面出来。而油脂和水分混合的鱼汁经过油水分离，产生鱼油和鱼水。鱼水将通过管道回机器加到结块的鱼肉中进行干燥，制成全鱼粉。鱼粉干燥分为两种方式：直火干燥和间接干燥。直火干燥对鱼粉品质影响很大，现已改用蒸汽间接或低温真空干燥。最后将干燥后大的鱼骨头磨成粉状，加入鱼粉进行包装。

(2) 低温蒸汽干燥

高品质鱼粉加工的三项严格要求：鱼的鲜度、快速低温干燥和包装前冷却。冷却包装是高品质鱼粉制造很重要的一环，就是将温度立即降至大气温度。使用气体交换系统来冷却鱼粉，以达到鱼粉在包装前的稳定性。

2. 鱼粉与运输有关的特点

1) 自发热性

由于鱼粉中含有丰富的营养物质和极易吸湿的盐分，当本身含水率超标，加之储存环境中温湿度适宜时，极易霉腐变质，发生生化作用，引起温度上升，鱼粉结块发霉、生虫，最后引起自燃。

(1) 正常的自发热：在干燥之后即发生，主要是在干燥过程中不饱和脂肪酸被激发，开始氧化,而油脂氧化本身是放热反应。

(2) 偶然的自发热。

①油脂的滞缓氧化而引起,即在加工过程中没有完全氧化的脂在储藏中继续氧化。

②由于鱼粉中水分的增高使微生物生产繁殖而引起温度上升。

2) 鱼粉的吸湿性

鱼粉中含盐量越高,越易吸湿;同样,可溶性成分越多,也越易吸湿。鱼粉颗粒越小,粒子与粒子之间的结合越紧密,空隙越小,减少了与空气的接触面,吸湿的速度会下降。

鱼粉吸湿的结果:给微生物生长繁殖创造了条件,进一步促进了自发热的产生,使鱼粉质量严重下降。

3. 鱼粉的保管

1) 控制鱼粉的水分

鱼粉中的水分含量很重要,如果水分低于6%,就会促使油分的挥发,增加氧化值;如果水分超过12%,则细菌与虫害活动以及氧化反应加速,从而产生热量与可燃性磷化氢气体,一旦与空气接触,就会燃烧。用于储存的鱼粉,要控制入库水分(含水率<10.0%),且同一批不得出现水分不均匀。

2) 防鱼粉返潮

鱼粉与空气长时间接触,尤其是雨天或空气湿度大时易出现返潮现象,因此,鱼粉要储存在通风干燥的地方,尽量使鱼粉不与空气接触。

3) 防高温

鱼粉中含有较丰富的鱼油,遇到高温容易引起味道变苦,并失去营养价值。同时高温条件下,氧化脂肪酸与氨基酸结合成蛋白质综合体,使某些氨基酸失去营养价值,所以鱼粉不能让阳光直射。如果存放处温度过高,还应采取适当方法降温。当鱼粉储存温度为10℃时,经过150~250d后,可溶性蛋白质减少17%~27%,20℃时则减少36%~40%。

4) 防发霉生虫

鱼粉霉变是由于鱼粉中霉菌的大量繁殖所引起,霉菌在生长代谢的繁殖过程中,一方面分解鱼粉中的脂肪、蛋白质、糖类,使得其营养价值下降;另一方面,又排出代谢产物,包括霉菌毒素,导致饲料颜色和味道都有所变化,适口性也相对较差。动物摄入霉菌毒素污染后的饲料可导致急性或慢性中毒。鱼粉很容易滋生害虫,消耗其中的养料,降低质量。防治的方法是经常保持盛放鱼粉的容器及周围环境的卫生。

4. 鱼粉的运输要求

1) 运输工具的要求

包装物应采用符合相关卫生指标的防潮纸袋或塑料编织袋或麻袋包装,内标塑料薄膜袋,包装封口牢固,并保证无鱼粉漏出。保证运输工具洁净,防止受农药、化学药品、煤炭、油类、石灰等有毒物质的污染。运输工具必须能防日晒、防雨淋、防吸潮,对于发放火车皮的鱼粉,鱼粉与车皮的墙壁之间必须有防水物隔开,以防吸潮;汽车工具必须要有苫布等防水、防晒物。

2) 在装卸过程中的要求

装卸时应轻装轻卸,禁用手钩;若是托盘堆码的鱼粉,工人必须用两手抱起鱼粉包两端,且轻拿轻放,以防止鱼粉袋皮被托盘上露出的钉子刮破;根据车型(汽车、火车皮、集装箱)的长宽高进行合理的堆码布局。

第二节　散装液体类货物

一、石油及其产品

原油(Crude Oil)是指从地下开采出来的一种(油状)黏稠液体,是未经炼制加工的石油。它是成分复杂的碳氢氧化合物的混合物,主要由甲烷族、环烷与多环烷族、芳香族等不同烃类所组成,其平均碳含量为81%~87%,氢含量11%~14%。此外,它还含有微量的氧化物、硫化物和灰分。

石油制品(Petroleum Products)是原油经炼制加工,如分馏、裂解、重整等方法获得的各种产品,又称为成品油(Product Oils)。

1. 石油及其产品的种类及主要成分

1)原油的成分

原油的成分主要有:油质(这是其主要成分)、胶质(一种黏性的半固体物质)、沥青质(暗褐色或黑色脆性固体物质)、碳质(一种非碳氢化合物)。石油是由碳氢化合物为主混合而成的,具有特殊气味的、有色的可燃性油质液体。天然气是以气态的碳氢化合物为主的各种气体组成的,具有特殊气味的、无色的易燃性混合气体。原油作为加工的产品,有煤油、苯、汽油、石蜡、沥青等。严格地说,石油以氢与碳构成的烃类为主要成分。分子量最小的四种烃,全都是煤气。

2)石油及其产品的种类

(1)原油,原油按所含不同烃类可分为下列四种:

①甲烷族原油:此种原油适于炼制固体的石蜡和良质的润滑油。

②环烷与多环烷族原油:此种原油经蒸馏后残存较多沥青,亦称沥青族原油。

③甲烷与环烷族原油:此种原油由上述两种原油混合而成,适于精炼润滑油和重油。

④特殊族原油:如芳香族原油、甲烷与环烷芳香族、环烷芳香原油等。

(2)成品油,按用途可分下列四类:

①燃料油类:如汽油、煤油、柴油等。

②润滑油类:如汽缸油、车船用润滑油、车船用润滑脂等。

③化工用料类:如溶剂苯、甲苯等。

④建筑材料类:如沥青等。

2. 石油类货物的主要特性

1)挥发性

大部分原油及其产品都含有易挥发的碳氢化合物,所以它们具有易挥发性。在《国际油船和油码头安全作业指南》(IOTTSG)一书中将闭杯闪点低于60℃的油品列为挥发性油品。石油产品的挥发不但会造成其数量减少,而且由于其挥发部分多是轻质馏分,因而使其质量降低,同时为燃烧、爆炸提供了石油蒸气。挥发的快慢取决于温度的高低、压力的大小、表面积的大小、气流速度的快慢以及油品密度的大小。

2) 易燃性

易燃是原油及其产品的共同特性,但不同的品种易燃程度有所差异。它可以用闪点的高低来衡量。闭杯闪点低于60℃的油品具有易燃的危险性,如汽油-40℃(c.c)、煤油45℃(c.c)都是易燃的。按石油产品的闪点(Fp,Flash point)高低将其划分为三级:一级易燃液体 Fp<28°;二级易燃液体 28°≤Fp≤60°;三级易燃液体 Fp>60°。一级和二级油品都极易燃烧,因此,运输原油及其产品的油轮必须配备完备的安全消防设备。

3) 爆炸性

原油及其产品所挥发的油气与空气混合,在一定的浓度范围,遇有火花即能发生爆炸。油气混合气能发生爆炸的下限和上限浓度称为爆炸极限。可燃气体或易燃液体的蒸气与空气的混合物,遇火花能引起爆炸的浓度范围称为爆炸极限,一般用该蒸气在混合物中体积的百分比来表示。能引起燃烧爆炸的最低浓度称为爆炸下限,能引起燃烧爆炸的最高浓度称为爆炸上限。一些常见的易燃液体的基本参数如表6-3所示。

易燃液体的基本参数   表6-3

品名	最低含氧量(%)	最低空气含量(%)	爆炸极限(%)	不燃不爆区域(%)	燃烧区域(%)
汽油	14.4	68.8	1.2~7.2	0~1.2,31.2以上	7.2~31.2
乙醇	15.0	71.7	3.3~18	0~3.3,28.3以上	18~28.3
丙酮	13.0	62.1	2.6~12.8	0~2.6,37.9以上	12.8~37.9
乙醚	12.0	57.3	1.85~36.5	0~1.85,42.7以上	36.5~42.7

4) 静电性

原油及其产品在管道内以一定速度流动或在容器(包括油舱)内动荡,会因与管壁或容器壁相摩擦而带电较高并在电位发生变化时,静电荷能在绝缘装备和接地物体之间放电。这时如果接触到周围的油气与空气的混合气,有可能引起燃烧或爆炸。

5) 黏结性

一些不透明的油品在低温时会凝结成糊状或块状,给装卸造成困难。油品的黏结性可用凝点和黏度表示。凝点是指油品受冷后停止流动的初始温度,黏度则表示油品流动时内部摩擦力的大小或流动性大小的指标。黏度越大则流动性越小。

6) 毒害性

石油类货物中含有大量的碳氢化合物、少量的硫化氢以及某些油品中加入的四乙铅或乙基液等,对人体有害。

7) 胀缩性

原油及其产品的体积随温度的变化而膨胀或收缩的性质,称为胀缩性。不同的品种和在不同的温度条件下,其膨胀程度不一,必须按规定留有"空当"。胀缩性可由石油的体积温度系数 f 决定。

8) 污染性

原油及其产品除大量挥发能造成空气污染外,液体的滴、漏及污水排放能造成水域、陆域环境的污染。

3.原油及其产品的储存

凡是用来接收、储存和发放原油、汽油、煤油、柴油、喷气燃料、溶剂油、润滑油和重油等整装、散装油品的独立或企业附属的仓库、设施，都称为石油库，简称油库。油库收发和储存的油品均系易燃和可燃液体，一旦泄漏，遇明火、高热或电火花，极易起火爆炸。做好油库安全工作，防止火灾等事故的发生，对于促进国民经济的发展具有重要意义。

(1)为了减少石油库与周围居住区、工矿企业和交通线之间由于火灾事故时可能发生的互相影响，降低火灾损害程度，石油库区与周围建筑群之间应有适当的安全距离。

(2)为了保证油库安全和便于技术管理，油库的各项设施应按作业性质的不同，结合防火的要求，分区布置。

(3)油库内各设施的位置应合理布局，以保证油品有一个安全环境，使油品的储运顺利进行。铁路装卸区是油库重点要害部位，其铁路收发栈桥应为不燃烧体结构，并应尽可能地设在油库的边缘地区，避免与库的道路交叉，同时布置在辅助区的上风方向，与其他建构筑物保持一定距离。汽车收发作业区属油库中火灾爆炸事故多发场所，故不宜设在纵深部位，而应设在油库出入口附近，以便与公路干线接近，有利于减少装油车辆的停留时间以及因此而带来的各种不安全因素。漏油入水，会造成下游的大面积燃烧并影响下游码头和船只，故也应尽量设在各类码头和依江(河)建筑物的下游。

(4)储油罐区的油罐布置要合理，并需设置罐区防火堤，配备充足的灭火设施。应根据油气扩散、火焰辐射、油品性质、油罐类型、扑救条件、消防力量等因素来成组布置储油罐，一般在同一组内布置火灾危险相同或相近的油罐。但地上油罐勿与半地下、地下油罐布置在同一油罐组内。每组固定顶油罐的总容量不应大于100000m^3，浮顶油罐或内浮顶油罐的容量不应大于2000m^3。每组油罐不得超过12座。山洞罐区的罐顶应设类似呼吸阀的透气管，以便将油气引出洞外，引出洞口的透气管应布置在下风方向。水封油库可在洞罐油面充惰性气体，设置洞罐水封墙和竖井盖板。

(5)防火堤可以防止油罐爆炸时油品四处流淌所引起的火灾蔓延。防火堤应以不燃材料建造。堤高1.0~1.6m，土质防火堤顶宽不小于0.5m。立式油罐的外壁与防火堤内侧基脚线的间距不小于罐壁高的一半，卧式的不应小于3m。堤内空间容积应小于最大油罐的全部容量，对于浮顶油罐则不应小于最大油罐容量的一半。油罐组容量大于20000m^3且座数多于2座时，防火堤内应设隔堤，顶高应比防火围堤低0.2~0.3m。

(6)油库内道路尽可能布置成环形，双车道6m或单车道3.5m，尽量采用水泥路面，不得使用沥青辅料，距路边主防火堤基脚应不小于3m，两侧不宜栽植树木。

4.原油及其产品的运输与装卸安全

1)掌握装油速度

装油全过程中应掌握"慢—快—慢"的装油速度。开始送油时速度要慢，检查输油管臂是否有油流入、管线连接处是否有泄漏、货油是否已进入拟装的货舱、泵间是否有货油泄漏、船边是否有油迹、透气系统是否处于正常状态等。当检查、确认一切情况正常时，通知岸方加速至双方商定的最大装货速度，为防止静电积聚过多，该速度应加以控制。装油结束前要放慢速度，通知岸方做好准备，及时停泵避免溢油。

2）注意装油进度

装油过程中要经常测定各舱装油进度，避免货油溢出舱外。值班驾驶员应严密监视各舱液位变化，通常每1h记录一次并计算装货速率，每2h实测货舱液位与船舶所配备的固定液位测量系统及装载仪比较。

3）正确进行换舱操作

应按规定的装油顺序进行换舱操作，当进油的一舱接近满舱（距离空当高度约1m）时，应及时通舱，避免造成油管爆破事故。

4）合理确定各油舱的装卸顺序

严格执行装载计划，严格按照装载计划进行装货，保证船舶装载过程中各剖面的剪力和弯矩不超出允许的范围。

装油：先侧重装中部油舱，以减缓中拱变形；然后，适当侧重装前部货舱以减少尾倾；最后，前、中和后部均衡装载。

卸油：先侧重卸中部油舱，以减缓中垂变形；然后，侧重卸前部油舱，使船呈少量尾倾，以便于清舱；最后，前、中和后部均衡卸载。

5）注意装油过程中船舶稳性的变化

通常，船舶稳性报告书只解决了船舶到/离港的稳性状态，事实上，在船舶装/卸货或货物内部转驳过程中也存在稳性问题。

货舱较宽的大型双壳油轮在装、卸货油过程中会排放或根据需要打入压载水，在某一时刻压载舱内压载水产生的自由液面和货油产生的自由液面对稳性的影响可能导致船舶的GM值很小或为负值，船舶出现短暂较大横倾。

6）预防产生静电

为了确保液原油及其相关船舶在港口作业的安全，控制静电压，使其不能发展到危险的程度，应保持良好的接地以疏导静电，既要保持船上管道设备与船体之间的连接，又要使船体与码头之间接地。同时，要求作业人员应穿戴防静电工作服与工作鞋，用静电导杆消除人体静电，严禁在船上穿或脱换尼龙、化纤、混纺类的衣服；在对船舱进行洗舱时，排水量要得到限制并用惰性气体防爆；不得使用化学药剂或含油污的再循环水洗舱。

二、散装液体化学品

散装液体化学品是指温度为37.8℃，其蒸汽压不超过0.28MPa的液体石油化工品和人工合成化学品，并经过对火灾危险性、健康危险性、水污染危险性、空气污染危险性和反应危险性评价列入《国际散装运输危险化学品船舶构造和设备规则》（IBC CODE）第十七章的液体物质和按有毒液体物质的分类准则进行污染危害评估列入《MARPOL73/78公约》附则Ⅱ中的物质。

1.散装液体化学品的种类

由于散装液体化学品种繁多，性质复杂，所以如何对散装液体化学品进行分类是个困难的问题。（MARPOL73/78）的附则Ⅱ"控制散装有毒液体物质污染规则"中，根据散装液体化学品的毒性和操作排放对环境污染造成的影响，将有毒液体物质分为四类：

（1）A类：这类物质如从洗舱或排放压载的作业中排放入海，将对海洋资源或人类健康产生重大危害,或对海上休憩环境或其他合法利用造成严重损害,因此有必要采取严格的防污措施。

(2) B 类:这类物质如从洗舱或排放压载的作业中排放入海,将对海洋资源或人类健康产生危害,或对海上休憩环境或其他合法利用造成损害,因此有必要采取特殊的防污措施。

(3) C 类:这类物质如从洗舱或排放压载的作业中排放入海,将对海洋资源或人类健康产生较小危害,或对海上休憩环境或其他合法利用造成较小损害,因此要求采取特殊的操作条件。

(4) D 类:这类物质如从洗舱或排放压载的作业中排放入海,将对海洋资源或人类健康产生可察觉的危害,或对海上休憩环境或其他合法利用造成轻微损害,因此要求对其操作条件给予适当的注意。

美国海岸警卫队(USCG)根据散装液体化学品的反应性不同,将其分为五类:

(1) 0 类:指几乎不发生反应的物质,但在某种条件下能与 4 类物质反应,如饱和烃。

(2) 1 类:仅与 4 类物质反应的液体化学品,如芳香烃、烯烃、醚和酯。

(3) 2 类。不能与 0 类和 1 类物质反应,或本类物质不能互相反应的液体化学品,但能与 3 类和 4 类物质反应,如醇、酮、聚合物。

(4) 3 类:能与 2 类和 4 类物质反应,且本类化学品能相互反应,如有机酸、液氨、环氧衍生物。

(5) 4 类:可以相互反应,并能与所有其他类的化学品反应,如无机酸、强碱、磷、硫等。

2. 散装液体化学品的特性

1) 液体化学品的危险特性

(1) 易燃烧,爆炸范围大。许多液体雪花品燃烧的危险性甚至比石油及其制品还要大,闪点低,爆炸范围宽;有的则自燃点低,如:乙醚的闪点为 $-40℃$,爆炸范围为 $1.85\% \sim 36.5\%$;二硫化碳的自燃点为 $100℃$。

(2) 反应快。某些液体化学品的性质很活泼,能与水、空气、其他货品发生反应,甚至是自身分解、结晶、自偶氧化还原和聚合反应。

(3) 毒性大。液体化学品机器蒸气一般都具有刺激性和毒性,有的还是剧毒品,半致死浓度较低。如:酚的 TLV 为 5PPM;苯的 TLV 为 10PPM。

(4) 腐蚀性强。液体化学品的腐蚀性不仅表现在对有机体即人的腐蚀特性,对货舱结构、船舶设备和结构材料也会造成腐蚀。如:硫酸、氢氧化钠。

(5) 污染性。液体化学品本身对生物有毒性,再加上在环境中的扩散特性,进入水体后对海洋环境、海洋资源会产生很大的危害。对于这类货品,还应满足 MARPOL73/78 提出的防止海洋污染的操作要求。

2) 其他与运输管理有关的特性

(1) 相对密度范围大。液体化学品的种类繁多,各自的相对密度差别很大。有的比水轻,如苯的相对密度为 0.88;有的却比水重得多,如甲基铅相对密度为 1.99。

(2) 黏度大。液体化学品中的许多种类物质黏度大、流动性差,而且容易凝固,如对二甲苯的凝固点为13℃。

(3)蒸气压高、沸点低。液体化学品中的许多种类物质既有很强的挥发性，有的品种其沸点就在环境纬度范围内，如乙醚的沸点是34℃，在高温季节，乙醚就是"气体"物质。

(4)敏感性。某些液体化学品对光照、热、杂质等因素十分敏感，结果除了会造成货损外，还能导致危险事故。如：苯乙烯在光照条件下会发生聚合反应，生成固体的聚苯乙烯并放出大量的热，从而导致货损和其他危险事故。

(5)聚合反应。对于液体化学品而言，聚合反应是指某些含有不饱和双键的乙烯类化合物和容易发生开链的环氧类化合物，它们可能发生自身结合在一起的反应，形成至少成双分子的化合物，通常可连接成千上万个分子，即聚合物。这种反应即聚合反应，形成聚合物的简单分子称为单体。单体一般是可以自由流动的液体化学品。但发声聚合反应之后，黏度明显增大，甚至变成固体，完全失去流动性，这是很危险的。这些固体物质会黏附在舱壁上、阻塞在管路中，导致液货舱结构和设备的损坏，甚至发生重大事故。

聚合反应可能由于光照、受热、杂质或催化剂的影响而发生，也可能在没有外界影响的情况下自动发生。为防止在运输中发生聚合反应，应采取以下防范措施：

①密闭舱盖，避免日光照射。

②保持冷却状态，避免与能发热的货物或机舱相邻装载。

③控制温度，当温度超过标准时应采取措施。

④加入阻聚剂以抑制聚合反应的发生。其作用机理是靠自身的不断消耗达到抑制货品发生聚合反应，而且温度越高，消耗得越快，所以其作用是有一定期限的。托运人应在证书上写明阻聚剂的名称、加入量（浓度）、加入时间、有效期以及温度限制等内容。

3.散装液体化学品船舶

根据所运输散化品的危险程度，散化船分为三种类型。

1）Ⅰ型散化船

适合于装载有非常严重危险（最大）的散装化学品，如图6-6所示，主要包括：

(1)具有特别毒性危险的物质（对拟装的毒性较大的货物应首先考虑用Ⅱ型船，如果不行再考虑用Ⅰ型船，如果还不行，则应禁止该货品的海上运输）。

(2)与水发生剧烈的反应，同时还产生大量有毒或腐蚀性气体或烟雾的物质（如氯磺酸）。

(3)特别易燃的物质，即自燃温度在65℃（ASTM D2155-66；DIN51794）以下，或可燃范围上、下限之间超过50%的物质。

这类船舶货舱位置：离舷侧船壳的距离不小于船宽的1/5或11.5m处，取小者；离船底壳板的距离不小于船宽的1/15或6m，取小者。

2）Ⅱ型散化船

适合于装载相当严重危险（中等的）散装化学品，这种船适合于载运具有下列危险性的货品，如图6-7所示。

(1)中到高毒性的物质，其吞咽的LD50值等于或小于300mg/kg、皮肤接触的LD50值等于或小于600mg/kg、和/或在考虑挥发的同时，吸入的LC50值等于或小于1000ppm。

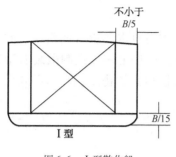

图 6-6　Ⅰ型散化船　　　　　　　图 6-7　Ⅱ型散化船

(2) 与水发生剧烈反应,产生有毒或腐蚀性气体或烟雾的物质(如发烟硫酸)。

(3) 极易燃烧,即自燃温度在 200°C(ASTM D2155-66;DIN51794)以下或可燃范围上、下限之间超过 40% 的物质。

液货舱位置离舷侧船壳的距离:不小于 760mm;离船底壳的距离:不小于 $B/15$。

3) Ⅲ型散化船

适合于装载有足够危险性(最小)的散装化学品。对Ⅲ型船舶的液货舱位置没有特殊要求。

4. 散装液体化学品的安全运输

1) 运输、装卸前的准备

货物作业前船岸之间应做好联络、交换信息资料。船方在抵达装卸港前,应将有关事项通告港方。港方也应将泊位水深和港口气象资料,装货港待装货物和卸货港储罐的详细情况通告船方。

2) 运输、装卸作业

(1) 装货

装货前对货舱应做好清舱准备,并根据"船岸安全检查表"的内容进行检查和做好准备。

(2) 航行中

装货完毕后,船舶在航行中应定期检查货物的温度以及液舱空当的压力控制情况。

(3) 卸货

卸货工作只能在确定了卸货量并在检查确认货物取样中无任何异常后方可进行。

3) 安全操作注意事项

(1) 危险性的防治

①防燃、爆:主要控制火种和采用惰性气体系统等。

②防止货物间的危险性反应:利用货物相容性表,正确地积载和隔离。

③防止与水反应:采用双层舱结构,与水隔离。

④防止货物自身的自动反应:利用控制温度或加入抑制剂的方法。

⑤防止与空气反应:用惰性气体覆盖或用惰性气体取代法卸货。

(2) 安全操作

安全操作包括装卸货物、航行中的管理、洗舱、排气、船舶及设备维修等,都必须严格遵守有关的操作规定。

（3）防止散装有毒液体物质污染

防止散装有毒液体物质污染包括防止有毒液体物质对水和空气的污染，为防止水污染，散装化学品船舶在营运时必须遵守《MARPOL 73/78》附则Ⅱ——控制散装有毒液体物质污染规则的规定；为防止对空气的污染，对某些蒸气毒性很大的物质，船、岸必须设置蒸气回收处理装置。

三、散装液化气

液化气是指在常温常压下为气体，通过冷却或在临界温度以下加压或冷却而变成液态的物质，其主要成分是含3个或4个碳原子的碳氢化合物。《国际散装运输液化气体船舶构造和设备规则》（简称《IGC规则》）中定义：船运液化气是指温度为37.8℃时，其蒸气绝对压力超过0.28MPa的液体化学品。

1. 散装液化气的分类

1）按根据液化气的主要成分分类

（1）液化石油气（Liquefied Petroleum Gas），简称LPG，主要成分是丙烷，还包括丙烯、正丁烯、异丁烯和丁二烯在内的含3~4个碳原子烃类化合物。

（2）液化天然气（Liquefied Natural Gas），简称LNG，主要成分是甲烷，并含有少量氮气和其他烃类（如乙烷、丙烷、丁烷等）的化合物。

（3）液化化学品气（Liquefied Chemical Gas），简称LCG，是指除上述两类液化气外，凡是在常温下为气态，经冷冻或加压的方法以液态形式进行运输的化学物质，包括无机化合物或单质以及各类有机化合物。

2）按液化气的沸点临界温度分类

（1）高沸点液化气体：指沸点不低于-10℃的物质。如丁二烯、丁烷、二氧化硫等。

（2）中沸点液化气体：指沸点在-55~-10℃且临界温度在45℃以上的物质。如氨、丙烷等。

（3）低沸点液化气体：指沸点低于-55℃或临界温度低于45℃的物质。如甲烷、乙烯、氮等。该类物质必须采用低温或低温加压方式储运。

2. 散装液化气的特性

1）易燃易爆性

液化气能够燃烧，分为稳定燃烧和爆炸两种形式。液化气发生泄漏，遇火发生的连续燃烧现象，叫作稳定燃烧。如液化石油气发生泄漏后，与空气混合形成爆炸混合物（爆炸极限为2%~9%），遇到火源发生爆炸，通常会产生强大的冲击波和高温。

2）毒害性

液化石油气有低毒，空气中含量为1%时，人在空气中10min无危险。当空气中含量达到10%时，人处在该环境中2min就会麻醉。高浓度的液化石油气被人大量吸入体内，使人晕迷、呕吐或有不舒服的感觉，严重时可使人窒息死亡。

3）化学反应性

化学反应性包括货物自身的分解、聚合反应，货物与水的反应，货物与空气的反应，货物与货物之间的反应,货物与冷却介质之间的反应,以及货物与船体材料之间的反应。

4)受热膨胀性

液化石油气的液体密度随着温度的升高而变小,体积则增加。其液体的体积膨胀系数比汽油、煤油都大,是水膨胀系数的 10~16 倍。因此,充装液化石油气的气瓶应严格控制充装量,否则随着温度的升高,气瓶极易被胀裂。

5)低温和压力危险性

液化气是加压液化的气体,储存于罐或钢瓶中,在使用时减压后又由液态气化变为气体。一旦设备、容器、管线破漏或钢阀开裂,大量液化气喷出,由液态急剧减压变为气态,大量吸热,结霜冻冰。如果喷到人的身上,就会造成冻伤。

6)与材料及其他物质的相容性

必须小心确保货物系统使用的材料与所载运货物在化学上是相容的。对于甲烷、乙烷、丙烷、丁烷、乙烯、丁烯等常见的液化气货物,与一般常规的金属材料及常见物质在化学上是相容的,只是与聚乙烯不相容(乙烯、丙烯与聚乙烯相容)。

3.散装液化气运输船舶以及运输方式

1)散装液化气运输方式

(1)加压式运输

对于临界温度在环境温度之上的货品,可使用该运输方式。该运输方式的整个货舱系统,包括压力容器、管线和货泵设备,构成一个完全封闭的体系。在系统中只允许液货及蒸气存在。

(2)冷冻式运输

常压下沸点以下温度运输。货舱能最大限度地利用船舶空间。为耐受低温,货舱由初级和次级阻挡层构成。初级阻挡层:耐低温并能抵抗大温度范围的热胀冷缩;次级阻挡层:防止低温对船体结构的侵袭,起隔热作用,对膜式或半膜式初级阻挡层起支撑作用,在初级阻挡层发生泄漏时,可以作为临时容器。

(3)加压/冷冻式运输

在临界温度下施加临界压力。这种运输形式既需要货舱能承受压力,又需要货舱能耐低温。

2)散装液化气运输船舶

(1)压力式液化气船

在船舶货舱的位置上安放了压力容器,压力容器形状为球形或椭圆形,能承受 1.8MPa 以内的压力,有足够的强度,但自身很重。该型船舶的优点是液舱管系不需要绝热,船上不需要设置再液化装置,操作简便;缺点是船舶的空间利用率低,载货量较少,液舱的厚度随设计压力的增大而增大。这种船适于装运液化石油气、丙烷、丁烷和液氨等,如图 6-8 所示。

(2)冷冻式液化气船

这种船舶的优点是空间利用率提高、使船舶的载货量增加;缺点是液货舱必须采用耐低温材料并要求采取相应的绝热措施、液舱周围需用惰性气体保护且需设置再液化装置,如图 6-9 所示。主要有以下三种类型:

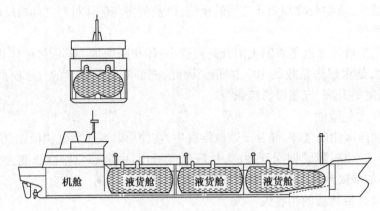

图6-8 压力式液化气船

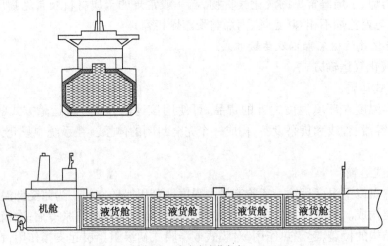

图6-9 冷冻式液化气船

①液化石油气船(LPG Ships):适合于-0.5~55℃的货物,货舱由锰钢制造,形状与船体相似,空间利用率高,并设有再液化装置,容量在5000~100000m³以上。

②乙烯船(LEG Ships):装运乙烯,温度在-104℃以下。货舱采用铝、镍钢或奥氏体不锈钢制造。设有隔热层和再液化装置,容量为40000~135000m³。

③液化天然气船(LNG Ships):在-163℃以下装运甲烷,货舱采用铝、镍钢或奥氏体不锈钢制造。设有隔热层,但没有再液化装置。货舱有初级和次级阻挡层。

(3)加压冷冻式液化气船

这种船是采用在一定的压力下使气体冷却液化。货舱也是压力容器,但承受的压力是0.3~1.0MPa,温度范围是-16~10℃。货舱容量有的可达万吨以上,如图6-10所示。用于液化石油气、液氨、丙烯、丁二烯、氯乙烯等,近海和远洋都适用。

3)液化气船的液舱种类

(1)独立液货舱

独立液货舱即自身支持的液货舱系统,是指液货舱本身是独立的,它不构成船体机构的一部分。根据其设计蒸气压力的不同,又可分为以下三种类型:

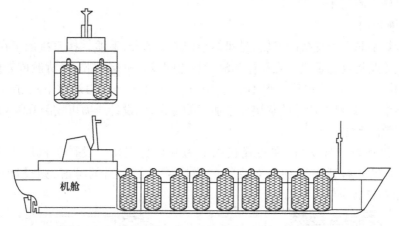

图 6-10 加压冷冻式液化气船

①A 型独立液货舱。A 型独立液货舱是自身支持的棱柱形,属于重力液舱。其设计蒸气压力不超过 0.07MPa,货物在常压下以全冷冻方式运输,如图 6-11 所示。

②B 型独立液货舱。B 型独立液货舱是自身支持的球形罐,可以是重力液舱或压力液舱,其设计蒸气压力可以不大于 0.07MPa 或大于 0.07MPa。前者用于运输液化石油气,后者用于运输液化天然气,如图 6-12 所示。

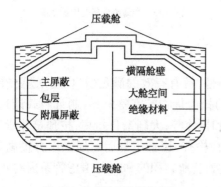

图 6-11 A 型液货舱围护系统

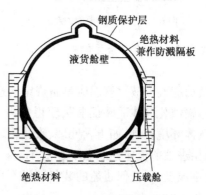

图 6-12 B 型液货舱围护系统

③C 型独立液货舱。C 型独立液货舱是设计蒸气压力高于 0.2MPa 的球形或圆柱形压力容器,主要用于半冷冻式或全加压式液化气船上。用于全加压式船上时,其设计的最大工作压力应不小于0.7MPa;用于半冷冻式或冷冻式船上时,其设计压力为 0.5~0.7MPa 及 50%真空,如图 6-13 所示。

(2)整体液货舱

液货舱与船体结构是一个整体,与相邻的船体结构受到相同的应力。主要适用:设计蒸气压力不超过 0.025MPa;船体构件尺寸适当加大时可增加,但不超过

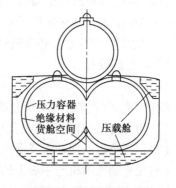

图 6-13 C 型液货舱围护系统

0.07MPa;货品沸点不低于-10℃。

(3)薄膜液货舱

薄膜液货舱是非自身支持的液舱,是船体结构的一部分,液舱结构直接固定在船体上,船体直接承受液舱及货物的重量。在船体和液货舱之间设置一层薄膜,液货舱依靠此隔热薄膜支撑,如图6-14所示。薄膜厚度一般不超过10mm。设计蒸气压力通常不超过0.025MPa,船体尺寸有适当增加,并对支持的绝热层作了适当的考虑,则设计压力可增至0.07MPa。

(4)半薄膜液货舱

液舱在空载时为自身支持,在装载状态下为非自身支持。设计蒸汽压力通常不超过0.025MPa,船体尺寸有适当增加并对支持的绝热层作了适当的考虑,则设计压力可增至0.07MPa,如图6-15所示。

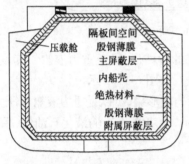
图6-14 薄膜液货舱围护系统

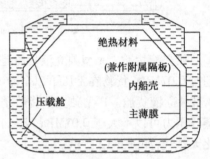
图6-15 半薄膜液货舱围护系统

4.散装液化气的安全运输

1)装货

装货前应确保液化气船应具备规定的适装条件,持有有效的满足《IGC规则》要求的"国际散装运输液化气体适装证书",获得货主提供的托运货物的完整资料;制订装载计划;对货舱进行气体环境控制,如干燥处理、惰性化、除气和预冷等;大副亲自指挥,按预定装货计划执行;一开始进液舱流速控制在不超过1m/s,并巡视检查,检查正常后可通知岸方提高装货速率;在基准温度下,任何货舱的装货数量不得超过液货舱容积的98%并考虑管系内的残液。

2)航行中

在航行中,应对船舱空间的气体进行不断地检测,万一货舱发生些微泄漏,应利用排气装置,使气体的浓度控制在爆炸下限以下。冷冻式液化气船使再液化装置处于运行之中,以便保持一定的压力和温度。必须按规定记录货物的温度、压力和液面,如发现异常情况,应立即调查原因,妥善处理。

3)卸货

液化气船卸货方法取决于船舶类型、货物种类和岸上储罐要求等,常见三种基本方法:

(1)用货物压缩机卸货(仅适用于压力式货舱)。

(2)用货舱内的深井泵或潜水泵卸货(现代大型液化气船普遍采用此种方法)。

(3)用货物压缩机与甲板上的增压泵联合卸货。

刚开始卸货时,岸方应请求船舶用低速卸货,一切正常后再提高卸货速度。在卸货结束阶段,应注意关小货泵排出阀,减少货泵排量,从而最大限度地卸完货舱内的液货。对于压力式液化气船,卸货时一般是将所有的液货都卸完,货物系统内只剩货物蒸气。对于全冷式液化气船,如果下航次装载同类货物,通常在卸货后保留部分液货在液货舱内,以维持货舱在适装的低温状态。

卸货完毕后,必须进行扫线作业,即将甲板管路,岸上管路和装卸软管或装卸臂中的液货用货物蒸气吹入岸罐。

思考题

1. 散装运输的优势主要有哪些?
2. 粮谷与运输有关的性质是什么?
3. 矿石类货物的性质是什么?
4. 煤炭与运输有关的性质是什么?
5. 鱼粉与运输有关的特点是什么?
6. 原油及其产品的运输与装卸安全注意事项有哪些?
7. 液体化学品的主要危险特性有哪些?
8. 散装液化气的特性主要有哪些?

第七章 集装箱货物运输

第一节 集装箱基本概念

一、集装箱

集装箱(Container)是指具有一定强度、刚度和规格专供周转使用的大型装货容器。在我国香港、台湾地区又称之为"货箱""货柜"。这种容器和货物的外包装与其他容器不同之处,在于除能装载货物外,还需要适应许多特殊要求。国际标准化组织制定了集装箱统一规格,力求使集装箱达到标准化,标准化组织不仅对集装箱尺寸、术语、试验方法等,而且就集装箱的构造、性能等技术特征做了某些规定。集装箱的标准化促进了集装箱在国家间的流通,对国际货物流转的合理化起了重大作用。

(一)集装箱的定义

1.国际标准化组织对集装箱的定义

根据国际标准化组织(ISO)第104技术委员会起草的国际标准(ISO/R830—1968)《集装箱术语》中关于集装箱的定义:"集装箱是一种运输设备,具有以下特点:

(1)具有足够的强度,可长期反复使用。

(2)适于一种或多种运输方式的运送,途中转运时箱内货物不需换装。

(3)具有快速装卸和搬运的装置,特别便于从一种运输方式转移到另一种运输方式。

(4)便于货物装满和卸空。

(5)具有$1m^3$及$1m^3$以上的容积。

集装箱这一术语,不包括车辆和一般包装。"

2.集装箱海关公约对集装箱的定义

1972年制定的《集装箱海关公约》(CCC)中,对集装箱作了如下定义:"集装箱一词是指一种运输装备(货箱、可移动货物或其他类似结构物):

(1)全部或部分封闭而构成装载货物的空间。

(2)具有耐久性,因而其坚固程度能适合于重复使用。

(3)经专门设计,便于以一种或多种运输方式运输货物,无须中途换装。

(4)其设计便于操作,特别是在改变运输方式时便于操作。

(5)其设计便于装满和卸空。

(6)内部容积在$1m^3$或$1m^3$以上。

集装箱一词包括有关型号集装箱所适用的附件和设备,如果集装箱带有这种附件和设备。集装箱一词不包括车辆、车辆附件和备件或包装。"

3.国际集装箱安全公约对集装箱的定义

国际集装箱安全公约(CSC)第2条,对集装箱下了如下定义:"集装箱是指一种运输

装备:
(1)具有耐久性,因而其坚固程度足能适合重复使用。
(2)经专门设计,便于以一种或多种运输方式运输货物而无须中途换装。
(3)为了坚固和(或)便于装卸,设有角件。
(4)四个外底角所围闭的面积应为下列两者之一:至少为 14m²(150ft²);如顶部装有角件,则至少为 7m²(75ft²)。

集装箱一词不包括车辆及包装,但集装箱在底盘车上运送时,则底盘车包括在内。"

(二)集装箱的标准

1. 国际标准集装箱

目前使用的国际集装箱规格尺寸主要是第一系列的四种箱型,即 A 型、B 型、C 型和 D 型。采用 6.1m(20ft)这一个计算单位,6.1m(20ft)指 ICC,12.2m(40ft)指 IAA 型集装箱。为了便于计算集装箱数量,可以以 20ft 的集装箱作为换算标准箱(简称 TEU,Twenty foot Equivalent Units)。即 20ft 集装箱=1TEU,40ft 集装箱=2TEU,10ft 集装箱=0.5TEU。

2. 非国际标准集装箱

非标准长度集装箱,如有的船公司推出的 10.67m(35ft)集装箱;非标准宽度集装箱有 2.5m(8.2ft)和 2.59m(8.5ft)两种宽度集装箱;非国际高度集装箱主要有 2.74m(9ft)和 2.9m(9.5ft)两种高度集装箱等。

二、集装箱的分类

集装箱种类很多,分类方法多种多样,主要按集装箱所装货物类别、制造材料、结构、载货量大小等进行分类。

(一)按集装箱所装货物种类分

按集装箱所装货物种类分,有干货集装箱(Dry Container)、散货集装箱(Bulk Container)、罐式集装箱(Tank Container)、冷藏箱集装箱(Reefer Container)以及一些特种专用集装箱,如汽车集装箱、牧畜集装箱等。

1. 干货集装箱(Dry Container)

干货集装箱又称杂货箱,是一种通用集装箱,适用范围很大,除需制冷、保温的货物与少数特殊货物(如液体、牲畜、植物等)外,只要在尺寸和重量方面适合用集装箱装运的货物(适箱货),均可用杂货集装箱装运。在结构上,杂货集装箱可分为一端开门、两端开门与侧壁设有侧门三类杂货集装箱的门均有水密性,可 270°开启。目前在国内外运营中的集装箱,大部分属于干货集装箱。有的干货集装箱,其侧壁可以全部打开,属于敞侧式集装箱,主要是便于在铁路运输中进行拆装箱作业,如图 7-1 所示。

图 7-1 干货集装箱

2. 散货集装箱(Bulk Container)

散货集装箱是用来装运粉状或粒状货物,如大豆、大米、各种饲料等。这种集装箱的顶部设有 2~3 个装货口,在箱门的下部设有卸货口,如图 7-2 所示。使用这种集装箱装运散货,一方面提高了装卸效率,另一方面提高了货运质量,减轻了粉尘对人体和环境的侵害。

3. 罐式集装箱(Tank Container)

罐式集装箱是专为装运液体货物,如酒类、汽油、化学品而设计的。它由罐体和框架两部分组成,罐体用于装载液体,框架用来支承和固定罐体,如图 7-3 所示。罐体的外壁采用保温材料以使罐体隔热,内壁一般要研磨抛光以避免液体残留在壁面。为了降低液体的黏度,罐体下部还设有加热器,对罐体内部温度可以通过安装在其上部的温度计观察到。为了装卸的方便,罐顶设有装货口,罐底设有排出阀。装货时液体由罐顶部装货口进入,卸货时由排货孔流出,也可用吸管从顶部装货口吸出。

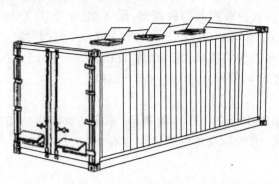

图 7-2　散货集装箱　　　　　　　图 7-3　罐式集装箱

4. 冷藏箱集装箱(Reefer Container)

冷藏集装箱也称冷藏柜,是以运输冷冻食品为主,能保持所定低温的保温集装箱。它是专为运输鱼虾、肉类、新鲜水果、蔬菜等食品而特殊设计的。目前国际上采用的冷藏集装箱基本上分两种:一种是集装箱内带有冷冻机的叫机械式冷藏集装箱;另一种箱内没有冷冻机而只有隔热设备,集装箱的端壁上设有进气孔和出气孔,箱子装在船舱中后,由船舶的冷冻装置供应冷气,叫作离合式冷藏集装箱(又称外置式冷藏集装箱),如图 7-4 所示。

5. 特种专用集装箱

1) 汽车集装箱(Car Container)

汽车集装箱是专门装运小型汽车用的。其结构特点是没有侧壁,仅有框架和箱底。为了防止汽车在箱内滑动,箱底专门设有绑扎设备和防滑钢板。大部分汽车集装箱设计成上下两层,可以装载多辆小汽车,如图 7-5 所示。

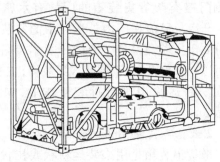

图 7-4　冷藏箱集装箱　　　　　　　图 7-5　汽车集装箱

2) 动物集装箱(Pen Container or Live Stock Container)

动物集装箱是一种专门用来装运鸡、鸭、猪、牛等活牲畜的集装箱。为了避免阳光照射,动物集装箱的箱顶和侧壁是用玻璃纤维加强塑料制成的。另外,为了保证箱内有比较新鲜的空气,侧面和端面都有用铝丝网制成的窗,以加强通风。侧壁下方设有清扫口和排水口,并配有上下移动的拉门,可把垃圾清扫出去。箱体侧壁还装有喂食口。动物集装箱在船上一般装在甲板上,因为甲板上空气流通,也便于清扫和照顾,如图7-6所示。

3) 敞顶集装箱(Open Top Container)

敞顶集装箱是一种没有刚性箱顶的集装箱,但有由可折叠式或可折式顶梁支撑的帆布、塑料布或涂塑布制成的顶篷,其他构件与通用集装箱类似。这种集装箱适于装载大型货物和重货,如钢铁、木材,特别是像玻璃板等易碎的重货,利用吊车从顶部吊入箱内不易损坏,而且也便于在箱内固定,如图7-7所示。

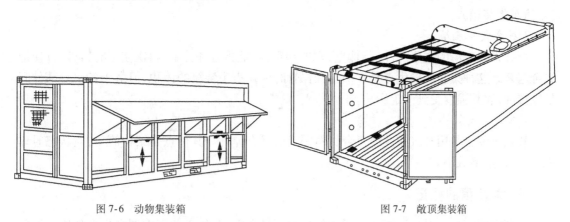

图7-6 动物集装箱　　　　　　图7-7 敞顶集装箱

(二)按集装箱制造材料分

制造材料是指集装箱主体部件(侧壁、端壁、箱顶等)材料,主要可分成三种:钢制装箱、铝合金集装箱和玻璃钢集装箱。此外还有木集装箱、不锈钢集装箱等。

1.钢制集装箱

钢制集装箱的框架和箱壁板皆用钢材制成。最大的优点是强度高、结构牢、焊接性和水密性好、价格低、易修理、不易损坏;主要缺点是自重大、抗腐蚀性差。

2.铝制集装箱

铝制集装箱有两种:一种为钢架铝板,另一种仅框架两端用钢材,其余用铝材。主要优点是自重轻、不生锈、外表美观、弹性好、不易变形;主要缺点是造价高,受碰撞时易损坏。

3.不锈钢制集装箱

一般多用不锈钢制作罐式集装箱。不锈钢制集装箱主要优点是强度高、不生锈、耐腐性好;缺点是投资大。

4.玻璃钢制集装箱

玻璃钢制集装箱是在钢制框架上装上玻璃钢复合板构成的。主要优点是隔热性、防腐性和耐化学性均较好,强度大,刚性好,能承受较大应力,易清扫,修理简便,集装箱内容积较大等;主要缺点是自重较大,造价较高。

(三)按集装箱结构分

1.整体式集装箱

整体式集装箱为整体的刚性结构,一般具有完整的箱壁、箱顶和箱底,如通风集装箱、封闭式通风集装箱、保温集装箱、干散货集装箱等。对于铝质集装箱又有内柱式和外柱式之分。内柱式集装箱是指侧柱和端柱位于侧壁和端壁之内;外柱式集装箱则是指侧柱和端柱位于侧壁和端壁之外。一般钢质集装箱没有侧柱和端柱。内柱式集装箱,其优点是外表平滑,印刷标记方便,另外由于外板与内衬板之间留有空隙,故隔热效果好,并能减少货物湿损;外柱式集装箱,其优点是集装箱受到外力作用时,外力由侧柱和端柱承受,起到保护外板的作用,有时还可以省去内衬板。

2.框架式集装箱

框架式集装箱呈框架结构,没有壁板和顶板(如某些台架式集装箱),有时连底板也没有(如汽车集装箱)。

3.折叠式集装箱

折叠式集装箱的主要部件(指侧壁、端壁和箱顶)能折叠和分解,再次使用时,可以方便地组合起来。这种集装箱的优点是在回空和保管时能缩小集装箱的体积,但由于各主要部件间是铰接的,故其强度受到一定影响。

4.软式集装箱

软式集装箱是用橡胶或其他复合材料制成的且有弹性。其优点是结构简单,空状态时体积不大,自重系数小。

三、集装箱的标记

集装箱标记便于对集装箱在流通和使用中识别和管理,便于单据编制和信息传输。国际标准化组织规定的标记有必备标记和自选标记两类,每一类标记中有必备标记和作业标记。具体来说,集装箱上有箱主代号,箱号或顺序号、核对号,集装箱尺寸及类型代号。

(一)必备标记

1.识别标记

识别标记包括箱主代号、顺序号和核对数字。

(1)箱主代号。国际标准化组织规定,箱主代号由四个大写的拉丁文字母表示,前三位由箱主自己规定,第四个字母一律用 U 表示。

(2)顺序号,又称箱号,由 6 位阿拉伯字母组成。如有效数字不足 6 位时,则在有效数字前用"0"补足 6 位。

(3)核对数字。核对数字是用核对来箱主代号和顺序号记录是否准确的依据。它位于箱号后,以一位阿拉伯数字加一方框表示。

2.作业标记

作业标记包括以下三个内容:

(1)额定重量和自定重量标记。额定重量即集装箱总重,自重即集装箱空箱质量(或空箱重量),ISO688 规定应以公斤(kg)和磅(lb)同时表示。

(2)空陆水联运集装箱标记。由于该集装箱的强度仅能堆码两层。因而国际标准化组织对该集装箱规定了特殊的标志,该标记为黑色,位于侧壁和端壁的左上角,并规定标记的最小尺寸为:高 127mm,长 355mm,字母标记的字体高度至少为 76mm。

(3)登箱顶触电警告标记。该标记为黄色底黑色三角形,一般设在罐式集装箱和位于登顶箱顶的扶梯处,以警告登体者有触电危险。

(二)自选标记

1.识别标记

(1)国家和地区代号,如中国用 CN;美国用 US。

(2)尺寸和类型代号(箱型代码)。第一个字符表示箱长,20ft 箱长代号为"2";40ft 箱长代号为"4"。另外,英文字母 A~P 为特殊箱长的集装箱代号。第二个字符表示箱宽与箱高。其中 8ft 高代号为"0";8.5ft 高代号为"2";9ft 高代号为"4";9.5ft 高代号为"5";高于 9.5ft,代号为"6";半高箱(箱高 4ft 3in)代号为"8";低于 4ft,代号为"9"。另外,用英文字母反映箱宽不是 8ft 的特殊宽度集装箱。

(3)类型代号,可反映集装箱的用途和特征。类型代号用 2 个字符表示。其中第一个字符为拉丁字母,表示集装箱的类型。如:G(General)表示通用集装箱;V(Ventilated)表示通风集装箱;B(Bulk)表示散货集装箱;R(Reefer)表示保温集装箱中的冷藏集装箱;H(Heated)表示集装箱中的隔热集装箱;U(Up)表示敞顶集装箱 P(Platform)表示平台集装箱;T(Tank)表示罐式集装箱;A(Air)表示空陆水联运集装箱;S(Sample)表示以货物命名的集装箱。第二个字符为阿拉伯数字,表示某类型集装箱的特征。

2.作业标记

(1)超高标记。该标记为在黄色底上标出黑色数字和边框,此标记贴在集装箱每侧的左下角,距箱底约 0.6m 处,同时该贴在集装箱主要标记的下方。凡高度超过 2.6m 的集装箱应贴上此标记。

(2)国际铁路联盟标记。凡符合《国际铁路联盟条例》规定的集装箱,可以获得此标记。该标志是在欧洲铁路上运输集装箱的必要通行标志。

(三)通行标记

集装箱在运输过程中能顺利的通过或进入他国国境,箱上必须贴有按规定要求的各种通行标志;否则,必须办理繁琐的证明手续,延长了集装箱的周转时间。

集装箱上主要的通行标记有:安全合格牌照、集装箱批准牌照、防虫处理板、检验合格徽及国际铁路联盟标记等,如图 7-8 所示。

四、集装箱运输

集装箱运输(Container Transport),是指以集装箱这种大型容器为载体,将货物集合组装成集装单元,以便在现代流通领域内运用大型装卸机械和大型载运车辆进行装卸、搬运作业和完成运

图 7-8 集装箱上的主要标记

输任务,从而更好地实现货物"门到门"运输的一种新型、高效率和高效益的运输方式。集装箱运输是一种现代化的先进运输方式。由于集装箱运输使货物流通过程中各个环节发生重大改变,被称为20世纪的"运输革命"。

1. 保证货物运输安全

集装箱运输大大减少了传统运输方式中人力装卸、搬运的次数,这就可以避免人为和自然因素造成的货物破损、湿损、丢失等货运事故,减少经济损失。

2. 节省货物包装材料

使用集装箱运输,可以简化或不用运输包装,节省包装材料和费用,降低商品的成本。

3. 简化货运作业手续

货物采用集装箱运输后,以箱作为货物的运输单元,减少了繁杂的作业环节,简化了货运作业手续。

4. 提高装卸作业效率

由于集装箱的装卸作业适于机械化,其装卸作业效率得到了大幅度的提高。同时,大大缩短了集装箱在港口的停留时间,加速了车船的周转和货物的送达。

5. 减少运营费用,降低运输成本

货损、货差大为减少,货物保险费也随之下降;开展"门到门"运输业务后,可大量节省仓库的建造费用和仓库作业费用等。

6. 便于自动化管理

集装箱是一种规格化货物运输单元,这就为自动化管理创造了便利条件。

第二节 集装箱货物分析

集装箱货物是指装载于集装箱进行运输的货物,由于集装箱货物运输有其特点,并不是所有的货物都适合集装箱化。根据集装箱载运货物的不同,集装箱货物的分类方法有:按适箱程度分类;按货运特性分类;按一批货物能否装满一个集装箱分类等。

一、按货运特性分类

按照货物本身的运输特性分,可分为普通货物、冷藏货物和危险货物。

1. 普通货物

普通货物本身性质不具有危险性,是不属于危险品规则上的货物,也是不需要保温或冷冻的货物。普通货物适合于装载干货箱运输。

2. 冷藏货物

冷藏货物对运输的温度有较高的要求,因此必须使用冷藏集装箱运输,主要有蔬菜、水果、鲜货海产品、蜂王浆等。

3. 危险货物

危险货物是指危险品规则上列名的产品,在运输过程中安全要求很高,因此采用集装箱运输,通常装载于干货箱中,但在集装箱的四面外壁上必须贴上相应的危险品标志。危险品主要包括各类危险化工品、农药、黄磷、火柴、漂粉精等。

二、按适箱程度分类

1. 最适合于集装箱的货物

这类货物在物理属性方面完全适合于集装箱运输,而且这类货物的货价一般都很高,因此承受运价的能力也很大,是集装箱运输公司激烈争夺的抢手货。这类货物通常包括医药类的产品,酒类和饮料的液体产品,家用电器、照相机、手表类的家电产品,纺织品类的纺织产品等。其中,液体产品在国际集装箱运输中多采用集装箱液袋运输,运输成本低,不易造成二次污染,装卸费用较低。

2. 适合于集装箱的货物

这类货物通常是指其物理属性与运价均可为集装箱运输所接受的货物。但与最适合于集装箱的货物相比,其价格和承受运价的能力相应要低一些。因此,利用集装箱运输这类货物的运输利润不是很高。这类货物包括电线、袋装食品、屋顶板等。

3. 边缘集装箱化的货物

这类货物使用集装箱运输,在物理属性及形态上是可行的,但其货价较低,承受的运价也较低,若采用集装箱运输在经济上不一定盈利,甚至亏损。这类货物包括钢材、生铁、原木等。

4. 不适合于集装箱的货物

这类货物由于物理状态和经济上的原因不能使用集装箱,如货价较低的大宗货、长度超过 1219cm 的金属构件、桥梁、废旧钢铁等。又如汽车、食粮等,虽然其物理属性与运价均适合于集装箱运输,但由于这类货物经常采用大批量运输,使用诸如汽车、专用船之类的特种结构船运输,运输效率更高一些。

三、按一批货物能否装满一个集装箱分类

按一批货物能否装满一个集装箱分类,可分为整箱货、拼箱货。

1. 整箱货(Full Container Load,简称 FCL)

整箱货是以集装箱为一个单位的大批量货物,多数是由发货人装箱、计数并加铅封后运输,到目的港后交收货人,整箱货的拆箱通常由收货人办理,而且整箱货的发货人通常是一个人,而收货人通常也是一个人。承运人对整箱货,以箱为交接单位,只要集装箱外表与收箱时相似和铅封完整,承运人就完成了承运责任。

2. 拼箱货(Less Than Container Load,简称 LCL)

拼箱货是整箱货的相对用语,是指装不满一箱的小票货物,在集装箱货运站或内陆中转站内集中,与其他货物混装在一个集装箱内,在到达目的地后,再从集装箱货运站或内陆中转站内取出货物交给收货人。拼箱货的发货人通常是多个人,而收货人也通常是好几个人。

四、货物运输对集装箱的选择

在集装箱货物装箱之前,应根据货物种类、性质、形状、包装、重量、体积以及有关的运输要求选择适货的集装箱。通常,杂货集装箱、通风集装箱适合于普通杂货运输;敞顶集装箱、台架式集装箱、平台集装箱适合于重大货物运输;冷藏集装箱、通风集装箱适合于冷冻、冷藏货物运输;罐式集装箱适合于散装液体货物运输;动物集装箱、通风集装箱适合于动、植物的

运输。货物在装运集装箱前，应按货物的不同特性，选择不同类型集装箱，以确保运输安全，具体如表 7-1 所示。

表 7-1　按货物种类选择集装箱

集装箱种类	货物种类
杂货集装箱	清洁货、污染货、箱装货、危险货、滚洞货、卷盘货等
开顶集装箱	超高化、超重货、清洁货、长件货、易腐货、污染货等
台架式集装箱	超高化、超重货、袋装货、捆装货、长件货、箱装货等
散货集装箱	散货、污染货、易腐货等
平台集装箱	超重货、超宽货、长件货、散件货、托盘货等
通风集装箱	冷藏货、动植物、易腐货、托盘货
动物集装箱	动植物
罐式集装箱	液体货、气体货等
冷藏集装箱	冷藏货、危险货、污染货等

第三节　集装箱货物的装箱方法

一、集装箱的选择与检查

（一）集装箱的选择

在集装箱货物装箱之前，都必须经过严格检查。有缺陷的集装箱，在运输、装卸过程中，轻则会导致货损事故，重则会造成箱毁人亡事故。因此发货人、承运人、收货人以及其他关系人在相互交接时，除对箱子进行检查外，还应以设备交接等书面形式确认箱子交接时的状态。不论是由货主负责装箱，还是由承运人负责装箱，所选择的集装箱应具备以下基本条件：

（1）符合 ISO 标准。
（2）四柱、六面、八角完好无损。
（3）箱子各焊接部位牢固。
（4）箱子内部清洁、干燥、无味、无尘。
（5）不漏水、不漏光。
（6）具有合格的检验证书。

（二）集装箱的检查

集装箱在装载货物前，都必须对集装箱进行检查，通常对集装箱进行检查有箱子内部和外部检查、箱门检查、清洁检查以及附属件检查等。在检查集装箱时，首先应检查内、外的六面有无损伤、变形、破口、漏水、漏光等现象，箱门、门锁是否完好，还应检查箱子有无残留物，有无污染、水迹、锈蚀异味等情况。最后还应检查台架式集装箱的支柱，平台集装箱、敞顶集装箱上部延伸用加强结构等附属件是否处于良好状态。

1. 外部检查

集装箱外部检查首先要检查集装箱外表面有何损伤，箱顶部分要检查有无气孔等损伤，对于已进行过修理的部分,检查时应特别注意检查其现状如何,有无漏水现象。

2. 内部检查

集装箱内部检查时,首先把箱门关起来,检查箱子有无漏光处,这样就能很容易地发现箱顶和箱壁四周有无气孔,箱门能否严密关闭。检查时要注意箱壁内衬板上有无水湿痕迹。

3. 箱门检查

对集装箱的箱门检查,要检查箱门能否顺利开启、关闭、开启时能否正常运转至270°,关闭后是否密缝,还要检查箱门把手动作是否灵活,箱门能否完全锁上。

4. 附件检查

对集装箱的附件检查,着重要检查系环、孔眼、板架集装箱和开顶集装箱上使用的布篷和索具、储液槽和放水龙、通风管、通风口等是否齐全完备。

5. 清洁状态检查

集装箱的清洁状态检查,重点要检查集装箱有无垃圾、恶臭、生锈,有无被污脏,是否潮湿。如果箱内有麦秸、昆虫等属于植物检疫对象的残留物时,必须彻底清除。

二、集装箱货物的装箱作业

目前集装箱运输中,集装箱货物的现场装箱作业,通常有三种方法:全部用人力装箱;用叉式装卸车(铲车)搬进箱内再用人力堆装;全部用机械装箱,如货板(托盘)货用叉式装卸车在箱内堆装。这三种方式中,第三种方法最理想,装卸率最高,发生货损事故最少。但是即使全部采用机械装箱,但在装载时如果忽视了货物特性和包装状态,或由于操作不当等原因,也往往会发生货损事故,特别是在内陆地区装载的集装箱,由于装箱人不了解海上运输时集装箱的状态,其装载方法如果不符合海上运输的要求,可能会引起货损事故的发生。因此,在货物装载集装箱前,必须要了解集装箱运输的特殊要求。

(一)集装箱货物装载的基本原则要求

(1)在货物装箱时,任何情况下箱内所装货物的重量不能超过集装箱的最大装载量,集装箱的最大装货重量由集装箱的总重减去集装箱的自重求得;总重和自重一般都标在集装箱的箱门位置。

(2)每个集装箱的单位容重是一定的,因此如箱内装载一种货物时,只要知道货物密度,就能断定是重货还是轻货。货物密度大于箱的单位容重的是重货,装载的货物以重量计算,反之货物密度小于箱的单位容重的是轻货,装载的货物以容积计算。及时区分这两种不同的情况,对提高装箱效率是很重要的。

(3)装载时要使箱底上的负荷平衡,箱内负荷不得偏于一端或一侧,特别是要严格禁止负荷重心偏在一端的情况。

(4)要避免产生集中载荷,如装载机械设备等重货时,箱底应铺上木板等衬垫材料,尽量分散其负荷。标准集装箱底面平均单位面积的安全负荷大致如下:20英尺集装箱为$1330 \times 9.8 \text{N/m}^2$,40英尺集装箱为$980 \times 9.8 \text{N/m}^2$。

(5)用人力装货时要注意包装上有无"不可倒置""平放""竖放"等装卸指示标志。要正确使用装货工具,捆包货禁止使用手钩。箱内所装的货物要装载整齐、紧密堆装。容易散捆和包装脆弱的货物,要使用衬垫或在货物间插入胶合板,防止货物在箱内移动。

(6)装载货板货时要确切掌握集装箱的内部尺寸和货物包装的外部尺寸,以便计算装载件数,达到尽量减少弃位、多装货物的目的。

(7)用叉式装卸车装箱时,将受到机械的自由提升高度和门架高度的限制。在条件允许的情况下,叉车装箱可一次装载两层,但上下应留有一定的间隙;如条件不允许一次装载两层,则在箱内装第二层时,要考虑到叉式装卸车的自由提升高度和叉式装卸车门架可能起升的高度(h)。这时门架起升高度应为第一层货高减去自由提升高度,第二层货物才能装在第三者层货物上层,一般用普通起重量为2t的叉式装卸车,其自由提升高度为50cm左右,但还有一种是全自由提升高度的叉式装卸车,这种机械只要箱内高度允许,就不受门架起升高度的影响,就能很方便地堆装两层货物。此外,还应注意货物下面应铺有垫木,以便使货叉能顺利抽出。

(8)拼箱货在混装时应注意如下几点:
①轻货要放在重货上面。
②包装强度弱的货物要放在包装强度强的货物上面。
③不同形状、不同包装的货物尽可能不装在一起。
④液体货和清洁货要尽量在其他货物下面。
⑤从包装中会渗漏出灰尘、液体、潮气、臭气等的货物,最好不要与其他货混装在一起。如不得不混装时,要用帆布、塑料薄膜或其他衬垫材料隔开。
⑥带有尖角或突出部件的货物,要把尖角或突出部件保护起来,不使它损坏其他货物。

(二)各类货物的装箱操作

1. 纸箱货的装箱操作

纸箱是集装箱货物中最常见的一种包装,一般用于包装比较精细的和质轻的货物。

(1)装箱时是要从箱里往外装或从两侧往中间装,如集装箱内装的是统一尺寸的大型纸箱,会产生空隙。当空隙为10cm左右时,一般不需要对货物进行固定,但当空隙很大时,就需要按货物具体情况加以固定;在横向产生250~300cm的空隙时,可以利用上层货物的重量把下层货物压住,最上层货物一定要塞满或加以固定。

(2)如果不同尺寸的纸箱混装,应就纸箱大小合理搭配,做到紧密堆装;如所装的纸箱很重,在集装箱的中间层就需要适当地加以衬垫。

(3)拼箱的纸箱货应进行隔票。隔票时可使用纸、网、胶合板、电货板等材料,也可以用粉笔、带子等作记号。

(4)纸箱货不足以装满一个集装箱时,应注意纸箱的堆垛高度,以满足使集装箱底面占满的要求。

(5)箱门端留有较大的空隙时,需要利用方形木条来固定货物。

2. 木箱货的装箱操作

木箱的种类繁多,尺寸和重量各异。木箱装载和固定时应注意的问题有:

(1)装载比较重的小型木箱时,可采用骑缝装载法,使上层的木箱压在下层两木箱的接缝上,最上一层必须加以固定或塞紧。

(2)装载小型木箱时,如箱门端留有较大的空隙,则必须利用木板和木条加以固定或撑紧。

(3)重心较低的重、大木箱只能装一层且不能充分利用箱底面积时,应装在集装箱的中央,底部横向必须用方形木条加以固定。

(4)对于重心高的木箱,紧靠底部固定是不够的,还必须在上面用木条撑紧。

(5)装载特别重的大型木箱时,经常会形成集中负荷或偏心负荷,故必须有专用的固定设施,不让货物与集装箱前后端壁接触。

(6)装载框箱时,通常是使用钢带拉紧,或用具有弹性的尼龙带或布带来代替钢带。

3.货板货的装箱操作

货板上通常装载纸箱货和袋装货。纸箱货在上下层之间可用粘贴法固定。袋装货装板后要求袋子的尺寸与货板的尺寸一致,对于比较滑的袋装货也要用粘贴法固定。货板在装载和固定时应注意的问题有:

(1)货板的尺寸如在集装箱内横向只能装一块时,则货物必须放在集装箱的中央并用纵向垫木等加以固定。

(2)装载两层以上的货物时,无论空隙在横向或纵向时,底部都应用档木固定,而上层货板货还需要用跨档木条塞紧。

(3)如货板数为奇数时,则应把最后一块货板放在中央,并用绳索通过系环拉紧。

(4)货板货装载框架集装箱时,必须使集装箱前后、左右的重量平衡。装货后应用带子把货物拉紧,货物或装完后集装箱上应加罩帆布或塑料薄膜。

(5)袋装的货板货应根据袋包的尺寸,将不同尺寸的货板搭配起来,以充分利用集装箱的容积。

4.捆包货的装箱操作

捆包货包括纸浆、板纸、羊毛、棉花、面布、其他棉织品、纺织品、纤维制品以及废旧物料等。其平均每件重量和容积常比纸箱货和小型木箱货大。一般捆包货都用杂货集装箱装载。捆包在装载和固定时应注意的问题有:

(1)捆包货一般可横向装载或竖向装载,此时可充分利用集装箱箱容。

(2)捆包或装载时一般都要用厚木板等进行衬垫。

(3)用粗布包装的捆包货,一般比较稳定而不需要加以固定。

5.袋装货的装箱操作

袋包装的种类有麻袋、布袋、塑料袋等,主要装载的货物有粮食、咖啡、可可、废料、水泥、粉状化学药品等。通常袋包装材料的抗潮、抗水湿能力较弱,故装箱完毕后,最好在货顶部铺设塑料等防水遮盖物。袋装货在装载和固定时应注意的问题有:

(1)袋装货一般容易倒塌和滑动,可用粘贴剂粘固,或在袋装货中间插入衬垫板和防滑粗纸。

(2)袋包一般在中间呈鼓凸形,常用的堆装方法有砌墙法和交叠法。

(3)为防止袋装货堆装过高而有塌货的危险,所以需要用系绑用具加以固定。

6.滚筒货的装箱操作

操作卷纸、卷钢、钢丝绳、电缆、盘元等卷盘货,塑料薄膜、柏油纸、钢瓶等滚筒货,以及轮胎、瓦管等均属于滚动类货物。滚动货装箱时一定要注意消除其滚动的特性,做到有效、合理地装载。

(1)卷纸类货物的装载和固定操作。卷纸类货物原则上应竖装,并应保证卷纸两端的截面不受污损。只要把靠近箱门口的几个卷纸与内侧的几个卷纸用钢带捆在一起,并用填充物将箱门口处的空隙填满，即可将货物固定。

（2）盘元的装载和固定操作。盘元是一种只能用机械装载的重货，一般在箱底只能装一层。最好使用井字形的盘元架。大型盘元还可以用直板系板、夹件等在集装箱箱底进行固定。

（3）电缆的装载和固定操作。电缆是绕在电缆盘上进行运输的，装载电缆盘时也应注意箱底的局部强度问题。大型电缆盘在集装箱内只能装一层，一般使用支架以防止滚动。

（4）卷钢的装载和固定操作。卷钢虽然也属于集中负荷的货物，但是热轧卷钢一般比电缆轻。装载卷钢时，一定要使货物之间互相贴紧，并装在集装箱的中央。对于重3t左右的卷钢，除用钢丝绳或钢带通过箱内系环将卷钢系紧外，还应在卷钢之间用钢丝绳或钢带连接起来；对于重5t左右的卷钢，还应再用方形木条加以固定。固定时通常使用钢丝绳，而不使用钢带，因为钢带容易断裂。

（5）钢瓶的装载和固定操作。普通卡车用的小型轮胎竖装横装都可以。横装时比较稳定，不需要特别加以固定。大型轮胎一般以竖装为多，应根据轮胎的直径、厚度来研究其装载方法，并加以固定。

7. 桶装货的装箱操作

桶装货一般包括各种油类、液体和粉末类的化学制品、酒精、糖浆等，其包装形式有铁桶、木桶、塑料桶、胶合板桶和纸板桶五种。除桶口在腰部的传统鼓形木桶外，桶装货在集装箱内均以桶口向上的竖立方式堆装。由于桶体呈圆柱形，故在箱内堆装和加固的方法均由一定具体尺寸决定，使其与箱形尺寸相协调。

（1）铁质桶的装载和固定操作。集装箱运输中以 $0.25m^3$（55加仑）的铁桶最为常见。这种铁桶在集装箱内可堆装两层，每一个20英尺型集装箱内一般可装80桶。装载时要求桶与桶之间要靠近，对于桶上有凸元的铁桶，为了使桶与桶之间的凸缘错开，每隔一行要垫一块垫高板，装载第二层时同样要垫上垫高板，而不垫高板的这一行也要垫上胶合板，使上层的桶装载稳定。

（2）木质桶的装载和固定操作。木桶一般呈鼓形，两端有铁箍，由于竖装时容易脱盖，故原则上要求横向装载。横装时在木桶的两端垫上木楔，木楔的高度要使桶中央能离开箱底，不让桶的腰部受力。

（3）纸板桶的装载和固定操作。纸板桶的装载方法与铁桶相似，但其强度较弱，故在装箱时应注意不能使其翻倒而产生破损。装载时必须竖装，装载层数要根据桶的强度而定，有时要有一定限制，上下层之间一定有插入胶合板作衬垫，以便使负荷分散。

8. 各种车辆的装箱操作

集装箱内装载的车辆有小轿车、小型卡车、各种叉式装卸车、推土机、压路机和小型拖拉机等。如果航线上有回空的冷冻集装箱或动物集装箱，也可用来装小轿车。而对于各种叉式装卸车、拖拉机、推土机及压路机等特种车辆的运输，通常采用框架集装箱来装载。

（1）小型轿车和小型卡车的装载和固定操作。小轿车和小型卡车一般都采用普通集装箱装载。固定时利用集装箱上的系环把车辆拉紧，然后再利用方形木条钉成井字形木框垫在车轮下面，防止车辆滚动，同时应在轮胎与箱底或木条接触的部分用纱布或破布加以衬垫。也可按货主要求，不垫方形木条，只用绳索拉紧即可。利用冷冻箱装箱时，可用箱底工字梁上的孔眼进行拉紧。

（2）各种叉车的装卸和固定操作。装载叉式装卸车时，通常都把货叉取下后装在箱内。

装箱时,在箱底要铺设衬垫,固定时要用纱头或布将橡胶轮胎保护起来,并在叉车车轮下塞木楔或方形木条,最后要利用框架箱箱底的系环,用钢丝绳系紧。

(3)推土机和压路机的装载和固定操作。推土机、压路机每台重量很大,一般一个框架集装箱内只能装一台,通常都采用吊车从顶部装载,装载时必须注意车辆的履带是否在集装箱下侧梁上,因为铁与铁相接触,很容易产生滑动,所以箱底一定要衬垫厚木板。

(4)拖拉机和其他车辆类货物的装载和固定操作。小型拖拉机横向装载时可使其装载量增加,但装载时也应注意集中负荷的问题,故箱底要进行衬垫,以分散其负荷,并要用方形木条、木楔以及钢丝绳等进行固定。

(三) 特殊货物的装箱操作

1. 冷藏货装箱操作

(1)冷冻集装箱在装货过程中,冷冻机要停止运转。

(2)在装货前,冷冻集装箱内使用的垫木和其他衬垫材料要预冷;要选用清洁卫生的衬垫材料,不使它污染货物。

(3)不要使用纸、板等材料作衬垫,以免堵塞通风管和通风口。

(4)装货后箱顶与货物顶部一定要留出空隙,使冷气能有效地流通。

(5)必须注意到冷藏货要比普通杂货更容易滑动,也容易破损,因此对货物要加以固定,固定货物时可以用网等作衬垫材料,这样不会影响冷气的循环和流通。

(6)严格禁止已降低鲜度或已变质发臭的货物装进箱内,以避免损坏其他正常货物。

2. 危险货物装箱操作

(1)货物装箱前应调查清楚该类危险货物的特性、防灾措施和发生危险后的处理方法,作业场所要选在避免日光照射、隔离热源和火源、通风良好的地点。

(2)作业场所要有足够的面积和必要的设备,以便发生事故时,能有效地处置。

(3)作业时要按有关规则的规定执行。作业人员操作时应穿防护工作衣,戴防护面具和橡皮手套。

(4)装货前应检查所用集装箱的强度、结构,防止使用不符合装货要求的集装箱。

(5)装载爆炸品、氧化性物质的危险货物时,装货前箱内要仔细清扫,防止箱内因残存灰尘、垃圾等杂物而产生着火、爆炸的危险。

(6)要检查危险货物的容器、包装、标志是否完整,与运输文件上所载明的内容是否一致。禁止包装有损伤、容器有泄漏的危险货物装入箱内。

(7)使用固定危险货物的材料时,应注意防火要求和具有足够的安全系数和强度。

(8)危险货物的任何部分都不允许突出于集装箱外,装货后箱门要能正常地关闭起来。

(9)有些用纸袋、纤维板和纤维桶包装的危险货物,遇水后会引起化反应而发生自燃、发热或产生有毒气体,故应严格进行防水检查。

(10)危险货物的混载问题各国有不同的规定,如日本和美国规定,禁止在同一区域内装载的危险货物或不能进行混合包装的危险货物,不能混载在同一集装箱内。英国规定,不能把属于不同等级的危险货物混载在同一集装箱内。在实际装载作业中,应尽量避免把不同的危险货物混装在一个集装箱内。

(11)危险货物与其他货物混载时,应尽量把危险货物装在箱门附近。

（12）在装载时不能采用抛扔、坠落、翻倒、拖曳等方法，避免货物间的冲击和摩擦。

3. 超尺度和超重货的装箱操作

超尺度和超重货系指货物的尺度超过了国际标准集装箱的尺寸而装载不下的货物，以及单件货物重量超过了国际标准集装箱的最大载货重量而不能装载的货物。

（1）超高货。通常，干货集装箱箱门的有效高度，20 英尺型箱为 2135～2154mm，40 英尺型箱为 2265～2284mm，如货物超过了达一高度、则谓之超高货。超高货的运输必须用开顶集装箱或用板架集装箱装载。同时，超高货的装载运输，对内陆运输、车站、码头、装卸机械、船舶装载等带来许多问题。

（2）超宽度。关于集装箱运输不允许货物在横向突出的距离，主要是受到集装箱船箱格结构的限制。

（3）超长货。在箱贝结构的集装箱船上，船舱内是无法装载超长货的，因为每一个箱格都有横向构件，所以如必须装运时，也只能装载甲板运输。

（4）超重货。集装箱装载货物的重量和箱子自重的总重是有限制的，20 英尺箱为 20 长吨（20.320t），40 英尺箱为 30 长吨（30.480t）。所有的与其有关的运输工具和集装箱机械也都是根据这一总重来设计的。因此应注意在装箱完毕后，其总重量不能超出上述规定的数值。否则，会影响集装箱的安全运输。一旦在装箱完毕后发现已超出了所规定的最大允许重量，应取出一部分货物，因为箱子超重是绝对不允许的。

4. 液体货的装箱操作

液体货也可看作是散装货物的一种。利用罐式集装箱运输液体货可大量减少包装费和装卸费。运输液体货物的集装箱主要有两种，一是用罐式集装箱运输，二是液体货物在装入其他容器后再装载集装箱。在采用罐式集装箱运输液体货物时应注意：

（1）罐式集装箱本身结构、性能、箱内面的涂料是否满足货物的运输要求。

（2）查明集装箱的容量和所允许的载质量的比例与货物相对密度是否一致。当货物相对密度较大装载半罐的情况下，在装卸和运输过程中有损罐的危险。

（3）查明排罐时是否具有必要的设备子的阀门等。

（4）检查安全阀是否有效。

（5）了解货物的特性，在运输和装卸过程中是否需要加温，以及装卸地是否具有蒸汽源和电源。

第四节　集装箱货物汗湿及其防止措施

一、集装箱货物汗湿现象

集装箱在海上运输或存储过程中，集装箱货物往往会经历海洋高湿气候及较大的昼夜温差变化。集装箱内的货物在运输过程中也存在着可能受汗湿而损坏的问题，当货物使用封闭式集装箱时，甚至比装载在杂货船的货舱内更容易发生货物受汗湿而损坏的现象，因为货舱有自然通风和机械通风的条件，封闭式集装箱则无法控制和调节箱内的温湿度，使箱壁或货物表面产生"出汗"现象，造成较为严重的货物汗湿现象。集装箱货物汗湿原因主要有以下几方面：

(1) 集装箱存放港口堆场上,最上层集装箱普遍受到水泥场地辐射热的影响。

(2) 由于船舶甲板上的集装箱受外界温度变化的影响较严重,所以在甲板上最上层和两侧最外部的集装箱最易发生汗湿。

(3) 积载在船首部两侧的集装箱,会受到海水冲击而使箱壁急剧冷却,结果使箱内温度较高的空气因急剧冷却而出现严重的结露现象。

(4) 箱内本身含有水分,这类水分的来源包括集装箱底板未曾干透而含有水分;集装箱内冲水清洗后,底板表面似乎干燥,而实际上内部尚未干透;货物含有水分或货物包装材料含有一些水分;货板(托盘)及垫木等曾受潮而含有一定数量的水分等在气温较高的环境下散发出来,从而增大箱内空气的绝对湿度。

二、防止集装箱货物汗湿的措施

1. 降低箱内空气的绝对湿度

封闭式集装箱几乎是气密的,并基本上可断绝与外界空气的流通,所以降低箱内空气绝对湿度可以防止结露。

(1) 货物装箱应在干燥晴朗的天气条件下进行,尽量避免在阴雨湿度大的条件下装箱。

(2) 货物包装材料应保持干燥,即如果货物或其包装材料较潮湿,在不得已而装箱时,应紧密堆装,使货件之间的空气不易畅顺对流。

(3) 加固及衬垫材料应干燥。

(4) 可在箱内放置高效吸湿剂(如硅胶等)。

2. 防止箱内壁面的温度急剧变化

集装箱顶板由单层铝合金或钢板所构成的,因其热传导率较高,对外界温度变化的反应极为敏感,极易在内壁出汗。所以,应尽可能使用内壁有隔垫材料的集装箱,如在集装箱内壁贴附一层隔热的胶合板就可以改善内壁出汗的情况。

3. 其他措施

集装箱本身无法抑制外界温、湿度变化的影响时,可采取下列措施尽量减少货物湿损:

(1) 在顶板及侧板上用铺盖隔热材料防止汗水直接淋湿货物,或用吸水性涂料(油漆)覆盖顶板。

(2) 货物本身应使用塑料薄膜密封,在其内部再放置硅胶,或运用真空包装。

(3) 易生锈的货物表面应预先处理,以防汗湿锈蚀。

(4) 成组货物应尽量使货件保持紧密,以减少货件与空气的接触面,减轻汗湿的影响。

思考题

1. 集装箱按所装货物种类分,可分为哪几种?
2. 集装箱的标记主要包括哪些?
3. 什么是整箱货、拼箱货?
4. 集装箱的检查应注意什么?
5. 集装箱货物汗湿原因主要有哪些?

第八章 危险货物运输

第一节 危险货物运输的概述

一、危险货物的概念

在货物运输中,凡具有易燃烧、爆炸、腐蚀、毒害、放射射线等性质,在运输、装卸、保管过程中能引起人身伤亡和财产毁损、环境污染而需要特别防护的货物,均属危险货物。危险货物的定义包含三点具体要求:

(1)具有易燃、易爆炸、腐蚀、毒害、放射射线等性质。非常具体地指明了危险货物本身所具有的特殊的性质,是造成火灾、灼伤、中毒等事故的先决条件。

(2)能引起人身伤亡和财产毁损、环境污染。这一点,指出了危险货物在一定条件下,如由于受热、明火、摩擦、振动、撞击、洒漏、与性质相抵触物品接触等,发生化学变化所产生的危险效应,不但货物本身遭到损失,更主要的是危及周围环境。

(3)在运输、装卸、保管过程中需要特别防护。这里所指的特别防护,不仅是一般所说运输普通货物也必须做到的轻拿轻放、谨防明火,而是指要针对各种危险货物本身的特性所必须采取的"特别"防护措施。例如,有的爆炸品需添加抑制剂;有的有机过氧化物需控制环境温度;有的危险品需要特殊包装,而大多数危险品的配载都有所忌物品。

危险货物因具有特殊的物理、化学性能,运输中如防护不当,极易引发事故,并且事故所造成的损失是无法估量的。按国际海事组织的统计,现在海运货物中属于危险货物的占60%以上且种类达3000种以上,随着化学工业的持续发展、世界一体化、船舶的类型多样化及船速越来越快,无论是普通货物还是危险货物的运输都会迅速增长。

二、危险货物的分类

1.危险货物分类原则

(1)将危险货物划分到不同的类别,部分类别再细分。

(2)对划分到各类别、分类的物质、材料和物品进一步定义并详细描述其特点和特性。

(3)按照(MAPOL73/78)附则Ⅲ确定的海洋污染物标准审核各类别中的物质,并认定其中的对环境有害物质(海洋污染物)。

2.危险货物分类的目的

(1)分辨出哪些货物会对运输构成危险。

(2)识别危险货物在运输中所呈现的危险特性。

(3)采取正确措施,以保证危险货物的安全运输。

3.危险货物的类别

国际海事组织在《国际海运危规》对海运危险货物的分类,按照所呈现的危险性和最主要

危险性,危险货物主要分成9大类:

(1)第1类:爆炸品。
(2)第2类:气体。
(3)第3类:易燃液体。
(4)第4类:易燃固体;易自燃物质;遇水放出易燃气体的物质。
(5)第5类:氧化剂和有机过氧化物。
(6)第6类:有毒和感染性物质。
(7)第7类:放射性物质。
(8)第8类:腐蚀性物质。
(9)第9类:杂类危险物质和物品。

三、危险货物运输相关法规及国际公约

危险货物运输和储存安全直接关系到社会的安定和人民生命财产的安全,世界各国都对危险货物运输储存实行立法管理。危险货物的运输及其管理,又是一项技术性很强的工作,近年来我国在加强危险货物运输的立法管理过程中,颁布了许多有关危险货物的技术标准,这些标准也是危险货物运输法规的组成部分。

(一)国内危险货物运输主要法规

1.《海上交通安全法》

1983年9月2日第六届全国人大常委会第2次会议通过、同日第7号国家主席令公布的《中华人民共和国海上交通安全法》,在第一章总则的第3条规定"中华人民共和国港务监督机构,是对沿海水域的交通安全实施统一监督管理的主管机关",其中的第六章是涉及危险货物运输的,第32条规定"船舶设施储存、装卸、运输危险货物,必须具备安全、可靠的设备和条件,遵守国家关于危险货物管理和运输的规定";第33条规定"船舶装运危险货物必须向主管机关办理申报手续,经批准后,方可进出港口或装卸"。

2.《海洋环境保护法》

该法于1982年8月23日第五届全国人大常委会第24次会议通过,1999年12月25日第九届全国人民代表大会常委会第13次会议修订,同日第26号国家主席令公布,于2000年4月1日实施。该法共十章,第八章部分内容涉及载运污染危害性的货物,这类船舶的结构设备应能减轻对海洋环境的污染,载运这类货物的船舶应经批准才能进出港、停泊或作业;具有污染危害性货物的单证、包装、标识、数量限制等应符合有关规定;船舶在港区进行洗舱、清舱、驱气等作业,冲洗沾有污染物、有毒有害物质的甲板和进行散装液体危害性物质的过驳作业都应按规定报经有关部门批准。

3.《化学危险物品安全管理条例》

该条例由国务院首次于1987年2月17日发布并从当日起实施,先后于2002年、2011年经修订。2011年新修订条例规定在中华人民共和国境内生产、经营、储存、运输、使用化学危险品和处置废弃危险化学品,必须遵守本条例和国家有关安全生产的法律、其他行政法规的规定。条例共8章,包括:总则;生产、储存安全;使用安全;经营安全;运输安全;危险化学品的登记与事故应急救援;法律责任;附则。

4.《船舶载运散装油类安全与防污染监督管理办法》

为保障船舶码头装卸和运输油类安全,防止船舶造成水域污染,中国海事局于1999年3月8日颁布了"船舶载运散装油类安全与防污染监督管理办法"并于1999年7月1日起实施。该管理办法分为总则、油船公司和油船、油码头和装卸设施、安全作业、洗(清)舱作业及船舶修理、油污应急反应、监督管理、法律责任和附则,共九章36条。适用于在中华人民共和国管辖水域内从事散装油类运输、储存、装卸和其他相关作业的油船、油码头和装卸设施及其所有人、经营人和有关人员。其他液货船及其专用码头和装卸设施的安全和防污染管理,在专门的法规颁布之前,参照本办法执行。

5.《港口危险货物安全管理规定》

该规定于2017年8月经交通运输部修订,于2017年10月15日起施行。交通部2012年12月11日发布的《港口危险货物安全规定》同时废止。该规定共88条,主要内容有:在港口内进行装卸、过驳、储存、包装危险货物或者对危险货物集装箱进行装拆箱等作业活动适用本规定;从事港口危险货物作业的港口经营人,除应当符合《港口经营管理规定》的港口经营许可条件外,还应当具备满足本规定第19条的相关条件;危险货物港口经营人应当在作业场所设置相应的监测、监控、通风、防晒、调温、防火、灭火、防爆、泄压、防毒、中和、防潮、防雷、防静电、防腐、防泄漏以及防护围堤或者隔离操作等安全设施、设备,并按照国家标准、行业标准或者国家有关规定对安全设施、设备进行经常性维护、保养,保证安全设施、设备的正常使用;危险货物港口经营人在危险货物港口装卸、过驳作业开始24h前,应当将作业委托人,以及危险货物品名、数量、理化性质、作业地点和时间、安全防范措施等事项向所在地港口行政管理部门报告等。

(二)国际海运危险货物运输主要国际公约

1.《海上人命安全公约》(SOLAS 公约)

大约100多年前,海上运输危险货物的数量和品种都是极少的。船舶从事危险货物的运输在19世纪基本上是禁止的,如英国1875年颁布的《商船法》中规定,商船不准运输危险货物,但随着海上运输事业的发展,对危险货物运输的禁令的解除是势在必行。

第一个《海上人命安全公约》原则上禁止运输危险货物的,但哪些货物是危险的,由缔约国政府自行决定。1929年在制定新的 SOLAS 公约时,第一次使用危险货物(Dangerous Goods),内容上仍保留禁运的原则。

第二次世界大战之后,随着世界经济复苏加之化学工业的发展,海运危险货物数量和种类剧增,而且发生了一些事故迫使航运界重新来审视这一问题,同时认识到这一规定是不充分的。1948年,又通过了22号建议案,其中特别强调了海运危险货物有必要采取国际上统一的安全措施,在此次修正案中新增了第六章"危险货物和谷物运输"。

1960年召开的海上人命安全会议修改的 SOLAS1960 中分出了第七章"危险货物运输",该公约于1965年5月26日生效。除少数例外,公约适用于500总吨及以上、从事国际航线运输的船舶。

1974年召开的海上人命安全会议,以议定书的形式对公约进行了较大的修改。首先加入了"默认接受程序"和"不优惠条款";第七章的内容有:适用范围、分类、包装和标记、单证、免除要求、积载要求以及客船上的爆炸品,共8条。该修正案于1980年5月25日生效。我国于1980年1月7日批准加入该公约,同年5月25日起在我国生效。

2.《国际海上危险货物运输规则》

在 SOLAS1960 出台的同时,国际海事组织指派了一个由在海上运输危险货物方面具有丰富经验的国家的专家组成了一个工作组。从 1961 年 5 月召开的第一次会议直到 1965 年的第十次会议,产生了著名的《国际海运危规》。该小组经海上安全委员会(MSC)复审成为其分支机构——危险货物运输分委会(CDG)。1995 年,集装箱和货物分委会与 CDG 合并成为危险货物、固体货物和集装箱分委会(DSC)。我国从 1982 年 10 月 2 日起正式在国际航线和涉外港口使用《国际海运危规》。

《国际海运危规》从首次出版到现在经过了多次修改,1989 年第 25 版修正案中,加入了海洋污染物条款及第 9 类的标志要求;1993 年的第 27 版修正案中加入了高温运输物质、有害废弃物的运输和进入船上封闭处所的危险及注意事项等。

国际海事组织(IMO)于 2004 年 5 月在 78 届海上安全委员会会议(MSC)通过了强制性的《国际海运危险货物规则》(IMDG CODE)第 32 套修正案,本套修正案于 2006 年 1 月 1 日生效且无过渡期。

3.《国际散装液体化学品船舶构造和设备规则》

《国际散装液化气船舶构造和设备规则》在 1983 年海上安全委员会会议(MSC)的会议上通过并作为 SOLAS1983 修正案的一部分,使其成为强制性的规则。共 19 章,适用于 1986 年 7 月 1 日及以后建造的液化气船。经检验合格,颁发 COF 证书。内容有:总则;船舶残存能力及液货舱的位置;船舶布置;货物围护系统;处理用受压容器及液体、蒸气和压力管路系统;构造材料;货物压力/温度控制;液货舱透气系统;环境控制;电器设备;防火和灭火;货物区域内的机械通风;仪表(测量、气体探测);人员防护;液货舱的充装极限;使用货物作燃料;特殊要求;操作要求和最低要求一览表。

4.《联合国危险货物运输建议书》

《联合国危险货物运输建议书》又称橙皮书。根据联合国经社理事会 468G 决议,于 1954 年成立了联合国危险货物运输专家委员会。该委员会于 1956 年提出了一份《危险货物运输建议书》,建议书在历次专家委员会会议(基本上每两年一次)上进行修订。1988 年 5 月 6 日经社理事会召开的第 14 次理事会通过了 1988/149 号决议,批准并任命中国作为委员会的正式成员国。

该建议书适用于任何运输形式包装危险货物,主要包括以下几方面内容:危险货物的分类原则和标准;危险货物的分类和各类定义;常运危险货物品名表;各类危险货物的包装要求,容器规格和试验方法;托运各类危险货物的一般要求和特殊要求;限量内危险货物运输的特别建议;中型散装容器的建议;多式联运罐式集装箱运输建议;运输过程中的安全防护和事故处理要求等。

第二节　危险货物的主要危险特性

国际海事组织(IMO)颁布的《国际海上危险货物运输规则》(IMDG Code)规定:"凡具有燃烧、爆炸、腐蚀、有毒放射性的或其他危险性质,在运输、装卸、保管过程中易造成人身伤亡和船货损害的物质,均为危险货物"。按照它们所呈现的危险性或最主要的危险性分成 1~9

类。现分别介绍这9类危险货物的主要危险特性。

一、第1类：爆炸品

(一)爆炸品的定义

指在外界作用下(如受热、受压、撞击等)，能发生剧烈的化学反应，瞬时产生大量的气体和热量，使周围压力急骤上升，发生爆炸，对周围环境造成破坏的物品，也包括无整体爆炸危险，但具有燃烧、抛射及较小爆炸危险的物品。比如：火药、炸药、烟花爆竹等，都属于爆炸品。爆炸品按爆炸产生的危险性，可分为六个小类。

(1)第1.1类：具有整体爆炸危险的物质和物品。

(2)第1.2类：具有抛射危险但无整体爆炸危险的物质和物品。

(3)第1.3类：只有燃烧危险和有较小抛射危险或同时具有此两种危险，但无整体爆炸危险的物质和物品。

(4)第1.4类：无重大危险的物质和物品。

(5)第1.5类：具有整体爆炸危险的很不敏感的物质。

(6)第1.6类：不具有整体爆炸危险的极个别敏感物品。

(二)爆炸品的主要特性

1.爆炸品主要爆炸现象

按爆炸品产生的主要机理，爆炸品主要爆炸现象可分为三种类型：物理爆炸、化学爆炸和核爆炸。

(1)物理爆炸。物理爆炸是由物理原因所引起的爆炸，例如：蒸汽锅炉因水快速汽化，压力超过设备所能承受的强度而产生的锅炉爆炸；装有压缩气体的钢瓶受热爆炸等。

(2)化学爆炸。物质因获得高速放热的能量而引起的迅速分解，放出具有足够能量的高温、高压气体，并迅速膨胀做功的爆炸现象。化学爆炸必须同时具备三个因素：反应速度快、释放出大量热量、产生大量气体生成物。

(3)核爆炸。核爆炸是由核反应引起的爆炸。例如：原子弹或氢弹的爆炸。

2.敏感度高

爆炸品的敏感度是指在外界能量作用影响下发生爆炸的难易程度。

各种爆炸品的化学组成和性质决定了它具有发生爆炸的可能性，但如果没有必要的外界作用，爆炸是不会发生的。也就是说，任何一种爆炸品的爆炸都需要外界供给它一定的能量，激起爆能。不同的炸药所需的起爆能不同，某一炸药所需的最小起爆能，即为该炸药的敏感度(简称感度)。起爆能与敏感度成反比，起爆能越小，敏感度越高。从储运的角度来讲，希望敏感度低些，但实际上如炸药的敏感度过低，则需要消耗较大的起爆能，造成使用不便，因而各使用部门对炸药的敏感度都有一定的要求。我们应该了解各种爆炸品的敏感度，以便在生产、储存、运输、使用过程中适当控制，确保安全。

爆炸品的感度主要分为热感度(加热、火花、火焰)，机械感度(冲击、针刺、摩擦、撞击)，静电感度(静电、电火花)，起爆感度(雷管、炸药)等。不同的爆炸品的各种感度数据是不同的，爆炸品在储运中必须远离火种、热源及防震等要求就是根据它的热感度和机械感度来确定的。

在爆炸品运输过程中,其中杂质对爆炸品的敏感度影响较大,而且不同的杂质所起的影响也不同。在一般情况下,固体杂质,特别是硬度高、有尖棱的杂质能增加爆炸品的敏感度,因为这些杂质能使冲击能量集中在尖棱上,产生许多高能中心,促使爆炸品爆炸,例如 TNT 炸药中混进砂粒后,敏感度就显著提高。因此,在储存、运输中,特别是在撒漏后收集时,要防止砂粒、尘土混入。相反,松软的或液态杂质混入爆炸品后,往往会使敏感度降低,例如雷汞含水率大于 10% 时可在空气中点燃而不爆炸,苦味酸含水率超过 35% 时就不会爆炸,因此,在储存中,对加水降低敏感度的爆炸品,如苦味酸等,要经常检查有无漏水情况,含水率少时应立即添加,包装破损时要及时修理。

3.爆炸品的主要危害性

(1)爆炸破坏性。爆炸品一旦发生爆炸,将产生高速气浪和非常大的冲击波,对周围其他货物和建筑物造成破坏。

(2)毒害性。许多炸药或爆炸性物质爆炸时通常产生大量的 CO、CO_2、N_2、SO_2 等窒息性和有毒气体,有的甚至是剧毒,很容易造成窒息或中毒。

(3)燃烧性。爆炸品燃烧时放出大量热量,使温度急剧升高,很容易引起周围物质的燃烧。

(三)爆炸品在装卸运输过程中应注意的问题

(1)装卸、运输爆炸品过程中,应悬挂国际通用语信号"B"字旗或长方形红旗,夜间悬挂一盏红色环照灯。

(2)配装爆炸品舱口应保持清洁、干燥,不能留有酸、碱和油脂等物质。

(3)积载处所应远离一切热源、电源、火源,尽可能远离生活区。

(4)起爆器材和炸药的装载高度不得超过规定高度。

(5)点火器材、起爆器材、炸药和爆炸物质不得一起配装,积载时应严格执行《国际海运危险货物规则》的规定。

(6)舱室内金属外露部分和底板应用木板衬垫,防止与爆炸品直接接触。

(7)装卸时必须轻拿轻放,不得使用铁质工具和明火工具,撒漏之处应洒水湿润后轻轻用扫帚等松软物质和木质器具扫集,防止混入杂质,严禁踩踏。

(8)一旦发生火灾,严禁用砂土压盖,消防人员应配备防毒面具,一般应采用大量冷水降温。

二、第 2 类:气体

(一)气体的概念

气体是物质的一种状态,在 50℃时,其蒸气压力大于 300kPa 或在标准大气压 101.3kPa,温度 20℃时,完全处于气态。气体与液体一样是流体,它可以流动,可变形;与液体不同的是,气体可以被压缩。

由于气体的特殊性,气体在运输中主要处于四种状态:

(1)压缩气体:气体被加压装于压力容器内载运,在 200℃时完全处于气态。

(2)液化气体:气体被包装载运,在200℃时部分处于液态。
(3)冷冻液化气体:气体被包装载运,由于温度低,部分处于液态。
(4)溶解气体:气体被包装载运,溶解在溶液中的压缩气体。

在运输过程中,根据气体的主要危险性,《国际海运危规》将气体分为三个小类:
(1)第2.1类:易燃气体。
(2)第2.2类:非易燃、无毒气体。
(3)第2.3类:有毒气体。

(二)气体的主要特性

1.气体的物理特性
(1)可压缩和液化性。
(2)流动扩散性。
(3)加压溶解性。

2.气体的化学性质

1)易燃性

气体中的易燃气体和某些有毒气体在运输过程中,一旦发生泄露,与空气混合后,遇到火花或明火容易发生燃烧,如果易燃气体与空气混合物的浓度达到气体燃烧或爆炸极限,遇火花易引起爆炸。

气体燃烧或爆炸极限是指一种可燃气体或蒸气和空气形成混合物遇火花能发生爆炸的浓度范围。易燃气体在爆炸极限内容易发生爆炸,在爆炸极限之外不易爆炸,主要原因:若空气中可燃气体或蒸气含量少时,能燃烧的物质有限,产生的热量不足以引起爆炸;当空气中可燃气体或蒸气含量多时,空气(氧)的含量少了,又不能支持充分燃烧,产生的热量也不足以引起爆炸。

2)毒害性

有毒气体,尤其是剧毒气体,对人、畜都有很大的毒害性。有毒气体在运输或装卸过程中,如果发生逸漏,主要通过呼吸道进入人体,人吸入少量即可引起中毒或死亡。对于有毒气体,一般发现漏气时应先通风,再倾注大量冷水,然后拧紧开关。若不能迅速制止,应立即将钢瓶浸入水中或浸入石灰水中。其目的是:
(1)降温,减少瓶内压力。
(2)多数剧毒气体溶于水,可防止其扩散到空气中。
(3)多数剧毒气体物质是酸性物质,能与石灰水中和。

3)助燃性和窒息性

助燃气体本身虽不能燃烧,但具有很强的助燃性,某些可燃物质在助燃气体中,尤其是在高压助燃气体中的燃烧要比空气中容易得多,有时甚至不需点火即能燃烧,所以在运输过程中,助燃气体因漏气扩散极易引起周围可燃物的燃烧。

某些不燃气体,虽然不具有毒害性,这些气体在化学和物理上是惰性的,但在运输过程中,如果发生逸漏,特别在封闭环境中,如果浓度过高,会致人畜窒息。

4)腐蚀性

大多数的酸性气体具有较强的腐蚀性,不仅对金属结构、建筑材料进行侵蚀,对人体皮肤也有很大的危害。

（三）气体在装卸、运输过程中应注意的问题

（1）装有易燃气体的容器在运输过程中应保持阴凉，远离一切热源、火源、电源，照明设备、电力电缆及装置应保持良好状态。

（2）在运输和装卸气体时，应轻拿轻放，严防撞击。

（3）有毒气体的储存和积载应注意远离一切食品和居住处所。

（4）氧气瓶在运输和储存时严禁与油脂接触。

三、第3类：易燃液体

（一）易燃液体的概念

易燃液体包括易燃液体和液体退敏爆炸品。

1.易燃液体

在闭杯闪点试验61℃或在61℃以下时放出易燃蒸气的液体或液体混合物，或含有处于溶液中或悬浮状态的固体或液体。

2.液态退敏的爆炸品

液态退敏的爆炸品是溶于或悬浮于水或其他液体物质，形成均质的液体混合物以抑制其爆炸特性的爆炸性物质。

（二）易燃液体的主要特性

1.挥发性

液体物质在任何温度下都会蒸发，并在加热到沸点时，迅速变为气体。在相同的条件下，不同液体的蒸发速度与沸点是不同的。一般来说，沸点低的液体，挥发性也大。易燃液体大多是低沸点液体，在常温下就能不断地挥发。

2.蒸气燃爆性

通常易燃液体呈液态时，实际上是不会燃烧的。但其挥发性蒸气与空气的混合物一旦接触火种就易于着火燃烧。

易燃液体挥发后与空气形成可燃性的混合物，这个混合物的浓度达到一定比例时，遇到火种才能燃烧和爆炸，我们把这个浓度范围称为"爆炸极限"。浓度又与温度有关。温度升高，挥发量增大，浓度就高。液体在空气中或在液面附近产生蒸气，其浓度足够被点燃但不够持续燃烧时的最低温度称为"闪点"，此时混合气体与明火接触产生瞬间闪光，一闪即灭，故称闪点。各种易燃液体的闪点是各不相同的，闪点越低的液体，易燃性越大。

易燃液体与强酸或氧化剂接触，反应剧烈，能引起燃烧和爆炸。

3.毒害性

大多数易燃液体的蒸气都具有不同程度的毒性或麻醉作用，如长时间吸入乙醚蒸气会引起人体麻醉，失去知觉，深度麻醉或长时间麻醉可能导致死亡。

4.易积聚静电性

由于大部分易燃液体的电阻率正处于易生静电范围，且着火能量极小，在装卸、运输过程中易聚集静电，往往容易被静电火花点燃，引起可燃性蒸气混合物的燃烧爆炸。

5. 环境污染性

易燃液体在运输过程中,如果发生泄露,对周围的水源、土壤、生物造成污染,并且这种污染一旦形成,往往很难清除,因此一些易燃液体被认为是对海洋环境有害的海洋污染物。

(三)易燃液体在装卸、运输过程中应注意的问题

(1)载运易燃液体的船舶要符合国家有关规范要求并取得主管机关批准后方可承运。

(2)易燃液体在装载时,应保持装载场所阴凉,并且要求远离热源、火源、电源。

(3)在装卸前,应开舱通风,排除可能聚集的易燃液体蒸气或降低舱内蒸气浓度。

(4)在运输易燃液体前,应检查其包装,凡是有渗漏的包件应拒绝运输。

(5)存放易燃液体的场所应保持阴凉、通风,同时应避免在高温时节进行装卸作业。

四、第4类:易燃固体、易自燃物质和遇水放出易燃气体的物质

本类是指除了划为爆炸品以外的,在运输情况下易于燃烧或者可能引起火灾的物质。《国际海运危规》对第4类危险货物分成三个小类,分别是:

第4.1类:易燃固体。

第4.2类:易自燃物质。

第4.3类:遇水易放出易燃气体的物质。

(一)第4.1类:易燃固体

1.易燃固体定义

在运输所经受条件下,易于燃烧中易于通过摩擦可能起火的固体;易于发生强烈反应的自反应物质;如没有充分稀释有可能爆炸的退敏爆炸品。可分为:

(1)易燃固体。

(2)自反应物质。

(3)固体退敏爆炸品。

2.易燃固体的主要危险特性

(1)表现出强还原性,与氧化剂接触引起剧烈燃烧和爆炸。

(2)易燃固体与强酸接触引起燃烧和爆炸。

(3)有些易燃固体遇水反应剧烈,引起燃烧爆炸。

(4)有些易燃固体受到摩擦、撞击后即能引起燃烧。

3.运输、装卸预防措施

在装运易燃固体时,严禁与明火、水、酸类和氧化剂接触,避免受摩擦、撞击,以免发生燃烧、爆炸事故。在装卸过程中一旦发生火灾,要根据易燃固体的不同性质选择合适的灭火剂,必须注意:

(1)粉状物品,如铝粉、闪光粉等着火不可用水扑救。否则不但不能灭火,还可能遇水产生剧烈反应,被水冲散到空气中的粉末还会引起粉尘爆炸的危险。

(2)有爆炸危险的,严禁用砂土压盖。

(3)遇水或酸产生剧毒气体的严禁用酸碱泡沫灭火剂。

（二）第4.2类：易自燃物质

1. 易自燃物质的定义

易自燃物质是在运输中遇到正常条件下易于自发升温或易于遇空气升温，然后易于起火的液体或固体，可分为引火性物质和自热性物质。

2. 易自燃物质的主要危险特性

（1）易自燃物质的自燃点较低。

（2）易自燃物质易于被氧化分解。

（3）有些物质在周围缺氧的情况下也能自燃。

（4）有些物质自燃时还放出毒气。

3. 储运预防措施

易自燃物质在运输、储存时，如果由于包装破损等原因引起撒漏，此时对收集的溢漏品要装在封闭的容器中妥善处理，不得随意抛弃在水域中，如黄磷溢漏时应迅速用水浸湿，再装入容器中。

（三）第4.3类：遇水易放出易燃气体的物质

1. 遇水易放出易燃气体的物质的定义

该类物质无论是固体还是液体，与水作用易于自燃或放出热量的易燃气体，放出的气体与空气混合将形成爆炸性混合物，遇明火或火花易于燃烧或爆炸。

2. 主要危险特性

本类物质遇水发生剧烈的反应，放出易燃气体并产生一定热量。当热量使该气体的温度达到燃点时或遇到明火时会立即燃烧甚至爆炸。

3. 预防措施

考虑到该物质的危险特性，该类物质在运输、装卸和储存过程中，绝对不能与水、水蒸气、酸类、氧化剂接触。同时发生火灾时，也不能用水来灭火。

五、第5类：氧化物质（氧化剂）和有机过氧化物

《国际海运危规》第5类主要包括以下两个小类：

第5.1类　氧化性物质。

第5.2类　有机过氧化物。

（一）第5.1类：氧化性物质

1. 氧化性物质的定义

该类物质本身未必燃烧，但通常因放出氧气可能引起或促使周围其他物质燃烧，这些物质可能包含在一个物品中。

2. 氧化性物质的主要危险特性

（1）在分子组成中含有高价态的原子或过氧基，具有极强的得电子能力，显示出强氧化性。

（2）不稳定，易于受热分解，放出氧，促使易燃物燃烧。

（3）能和其他物质发生缓慢的氧化反应，并因释放热量的聚积引起这些物质的自燃。

（4）大多数氧化剂和液体酸接触发生剧烈反应，散发有毒气体，某些氧化剂遇火散发有毒气体。

3.储运预防措施
(1)在运输、装卸及储存中要远离热源,严禁受热,避免阳光直晒。
(2)该类物质在运输及储存中不能和易燃物质混装。
(3)装卸中避免摩擦、振动冲击。
(4)要存放在干燥不易水湿的地方,因为有些氧化剂遇水会发生分解,特别是活泼金属的过氧化物。

(二)第5.2类:有机过氧化物
1.有机过氧化物的定义
有机过氧化物是指其物质分子结构极不稳定、易于分解的有机物质。
2.有机过氧化物的主要危险特性
(1)由于含有过氧基(-O-O-),极不稳定,易分解,振动、冲击、摩擦或遇热就能引发分解。
(2)有机过氧化物对杂质很敏感,痕量(是一种对少量的描述)的酸类、重金属氧化物、胺类即会引起剧烈的分解。
(3)由于过氧基断裂所需能量不大,所以其分解温度很低。
(4)有机过氧化物的分解产物是活泼的自由基,由自由基参与的反应属于联馈反应,很难用常规的抑制方法扑救;而且许多分解产物是有害或易燃的蒸气,再加上可提供氧气,就会发生爆炸。
(5)许多种有机过氧化物如与眼睛接触,即使是短暂的,也会对角膜造成严重的伤害。有的对皮肤也有腐蚀性,有的具有很强的毒性。
3.储运预防措施
1)载运注意事项
有机过氧化物的积载位置只限于舱面,而且要放置于避光、阴凉、通风、散热良好的处所;有些有机过氧化物要放入稳定剂方可运输;有些有机过氧化物对温度要求高,要冷藏运输。
2)装卸要求
(1)有机过氧化物的包装及衬垫材料要在性质上与所装物质相容,而且是不燃材料。
(2)一切容器都应采用液密封,如设通风装置,则应装在位于保护液面以上。
(3)已有破损的包件应拒绝运输。
(4)装卸中的撒漏物要用已经浸湿过的蛭石(一种无机矿物)与撒漏物混合,收集起来装在塑料桶内立即处理。
(5)绝对禁止用金属或可燃物处理撒漏物,千万不能自行将破损包装换好包装,因为包装破损后,很难确定是否有杂质混入。
3)稳定性的控制
储运过程中应防止振动、冲击、摩擦及热等敏感因素,现有的有机过氧化物要求控制温度的约占1/3以上,最需控制温度一般在-25~30℃;此外,对有机过氧化物本身必须做稀释处理,或加一定量的迟钝剂,或加一定量的惰性无机固定物质,这些方面都符合要求时方可储运。如能严格做到这些要求,那么其危险性将被控制在最低。

六、第6类：有毒物质和感染性物质

《国际海运危规》第6类主要包括以下两个小类：

第6.1类　有毒物质。

第6.2类　感染性物质。

(一) 第6.1类：有毒物质

1. 有毒物质定义

该类物质如吞咽、吸入或皮肤接触易于造成死亡、严重伤害或损害人体健康。

2. 有毒物质的特性

1) 影响有毒物质毒性的因素

(1) 有毒物质的化学组成和结构是影响有毒物质毒性的决定因素。

(2) 固体毒物颗粒越小，越易引起中毒。如铅粒进入人体并不立即引起中毒，但铅的粉尘、蒸气进入人体较容易引起中毒。

(3) 有毒物质的水解性、脂溶性越大，其毒性也越大。

(4) 液体有毒物质的挥发性越大，毒害性越大。

(5) 温度越高，越易引起中毒；空气中的湿度越大，越易引起中毒。

2) 有毒物质进入人体的途径

(1) 呼吸道中毒

在运输、装卸有毒物质过程中，如果有毒物质发生泄露，工作人员缺乏必要的防护设施，有毒物质先由鼻、咽喉等黏膜吸附而吸收，随后进入肺部，被肺泡表面大量吸收后迅速侵入血液，毒物随血液进入心脏而传到人体各部。

(2) 皮肤中毒

一些能溶于水或脂肪的有毒物质接触皮肤后，都比较容易侵入皮肤，引起中毒。特别是皮肤破裂时，有毒物质更容易从伤口进入人体内，毒物进入皮肤且不经肝脏，就可直接进入血液循环。

(3) 消化道中毒

在运输、装卸有毒物质过程中，毒物经消化道进入人体的机会不多。主要可能如手被毒物污染后未彻底清洗就进食、吸烟，或将食物带到作业场所被污染而误食。另外，一些进入呼吸道的粉尘状毒物也可随唾液吞咽而进入消化道。

3. 有毒物质装卸、储存预防措施

(1) 有毒物质卸货前后，应开舱通风或排风，必要时应进行检测有毒气体或蒸发浓度，在确保安全的前提下，方可安排作业。

(2) 装卸作业时，应穿戴好个人防护用品，用前检查，用后清洗。毒害品沾污衣服、皮肤后要及时更换或清洗。

(3) 有毒物质的装卸最好安排在温度比较低的早晚时分作业，尽量避免高温时作业。

(4) 装卸工具、车、船应在装卸作业完成后进行清洗消毒。

(二) 第6.2类：感染性物质

1. 感染性物质的定义

感染性物质是指含有微生物或它们的病毒会引起或有可能引起人或动物疾病的物质，该类物质已知或一般有理由相信含有病原体。

2.感染性物质按其危险性分类

(1)危险类1:包括不大可能使人或动物生病的微生物(即个体危险和集体危险性几乎没有或非常低),如果只含有这类微生物,不被划定为感染性物质。

(2)危险类2:能使人或动物生病但不大可能有严重危险的病原体,虽然接触时能造成严重感染,但对此有有效的治疗和预防措施而且感染传播的可能性不大(即个体危险性中等,群体危险性小)。

(3)危险类3:通常会使人或动物感染严重的疾病但一般不会从一个被感染的个体传染给另一个个体的病原体,并且目前对此没有有效的治疗和预防措施(即个体危险性大,群体危险性小)。

(4)危险类4:通常会使人或动物感染严重的疾病而且能够很快直接地或间接地从一个被感染的个体传染给另一个个体的病原体,并且目前对此没有有效的治疗和预防措施(即个体危险性和群体危险性都很大)。

3.感染性物质的储运预防措施

(1)在运输、装卸前,有关货主应向主管部门确认该物质能否承运。

(2)感染性物质不管用何种方式运输,均应选择最快的运输路线。

(3)装卸作业人员在进行作业时,应穿戴好个人防护用品。装卸作业完毕后,应对个人防护用品进行消毒。

(4)对撒漏物不能随意抛弃,应交由主管部门妥善处理。

七、第7类:放射性物质

(一)放射性物质的概念

本类包括自发地放射出大量放射线,其放射性比活度(单位为 kBp/kg)大于 70kBp/kg 的物质。为了放射性货物的安全运输,将放射性物质分为五类:低比活度放射性物质、表面污染物体、可裂变物质、特殊形式放射性物质、其他形式放射性物质。

(二)放射性物质的主要危害

放射性的危害主要是射线对人体的危害。放射性物质放出的射线通常有三种:α 射线、β 射线和 γ 射线。此外,还有一种中子流,它是原子核分裂的产物,不是原子核衰变的产物。

1.α 射线

α 射线是一种带正电的粒子流,α 粒子即 He^{2+},带两个正电荷。α 射线通过物质时,电离作用很强,本身则不断损耗能量,故射程短,α 射线一般在空气中只能走几毫米,用两张纸、一层金属片、普通衣服、木板或一定厚度的空气层就可以将 α 射线挡住。

但 α 射线的电离本领强,一旦进入人体内,能引起很大伤害。所以,α 射线内照射危害大,外照射危害不大。

2.β 射线

β 射线是一种带负电的电子流。β 粒子即电子,由于 β 射线电荷少、质量小,运动速度快,所以它的穿透能力很强,射程比 α 射线大。但电离作用比 α 射线弱得多,约为 1/100。所以,β 射线内照射危害小,外照射危害大。

3. γ射线

γ射线是一种波长很短的电磁波,即光子流,不带电,速度高($3×10^8$ m/s)。能量大,穿透能力很强,比 β 射线强 50~100 倍,比 α 射线强 1 万倍。而且光子通过物质的能量损失只是光子数量减少,而剩余光子的速度不变。γ射线电离作用最弱,只有 α 射线的 1/1000,β 射线的 1/10。所以,γ射线内照射危害小,外照射危害大。

4. 中子源

只有在原子核发生裂变时,才能从中释放出中子束。中子不带电,不能直接产生电离,所以它的穿透能力很强。使中子减速的办法是通过中子和其他物质原子核碰撞从而损耗能量。中子最容易被氢原子或含有氢原子的碳水化合物吸收。常用的减速剂有石蜡、有机纤维等碳水化合物以及水、水泥等。

中子对人体的主要危害是外照射,中子引起人体损伤的有效性是 γ 射线的 2.5~10 倍。

(三)放射性物质装卸作业预防措施

(1)运输、装卸作业前要做好充分的准备工作,尽量减少接触包件的时间。

(2)装卸作业人员必须穿戴防护服、口罩、手套等劳动保护用品,搬运时应使用工具,不可肩扛背负,避免身体直接接触货包。

(3)装卸过程中,必须注意保护货物包装完好无损,严防撞击、跌落。

(4)装卸过程中,严禁吸烟、饮水、进食。作业完毕后,要淋浴换衣或用肥皂洗净手脸。

八、第 8 类:腐蚀品

(一)腐蚀品的定义

腐蚀品是指通过化学反应能严重地损害与之接触的生物组织的物质,或从其包件中撒漏亦能导致对其他货物或船舶损坏的物质。

(二)腐蚀品的危害性

1. 对人体的烧伤

固体、液体和气体三种形态的腐蚀品都能对人体引起化学烧伤,可以对皮肤或器官的表面(如眼睛)甚至人体内部器官(如食道、肺)等引起烧伤或损害。

2. 对其他物品(金属和非金属)的腐蚀

腐蚀品中的酸能与大多数的金属反应,使金属溶解;酸还能和非金属发生作用;与酸相仿,强碱也能腐蚀金属和非金属。

3. 氧化性

腐蚀品中有些物品具有很强的氧化性。这些腐蚀品大都是含氧酸,如浓硫酸、硝酸、氯酸、高锰酸等;它们的自身分解可释放出氧。在与其他物质作用时,可从其他物质中夺得电子,将其氧化,"王水"(硝酸与盐酸按 1∶3 的混合物)是最强的氧化酸,能溶解金和铂。

一些氧化性强的酸,由于能使金属表面生成一层致密的氧化物保护膜,而使金属不再腐蚀,这种现象称为"钝化",储运中可对这种特性加以利用,如浓硫酸可以用铁罐装运就是这个道理。

4. 毒性

腐蚀品中很多物质还具有不同程度的毒性,如三氯化磷、三溴化磷、二氯硫酰的蒸气刺激黏膜;三氟化溴和五氟化溴不仅会对皮肤、眼睛、黏膜造成严重灼伤,而且吸入蒸气还会引起中毒;很多有机腐蚀品卷入火灾时会散发出有毒蒸气;很多挥发性无机酸如发烟硫酸、浓盐酸、氢氟酸等能挥发出毒性的气体和蒸气,不但能腐蚀人的肌体,而且还会引起中毒。

(三)腐蚀品装卸预防措施

(1)装卸作业前应检查封口、包装是否良好,有无渗漏,严禁破漏包装上船。

(2)装货前,货舱内应打扫干净,不得留有氧化剂、易燃品等。

(3)装卸工具不得沾有氧化剂、易燃品。

(4)工作人员应穿戴必要的防护用品。

(5)装卸作业现场应备有清水、苏打水或稀醋酸、食醋等以应急救,严禁火种接近作业现场。

九、第9类:杂类

杂类是指在运输中具有危险特性,但不属于前8类的物质和物品,以及会对环境造成污染的包装货物。本类物质包括:

(1)根据已经表明的具有经修订的《1974年国际海上人命安全公约》第七章A部分规定列出的危险性,但未列入其他类别的物质和物品;还包括运输或准备交付运输的温度等于或超过100℃仍为液态、温度等于或超过240℃仍为固态的物质和物品。

(2)MARPOL73/78(经1978年议定书修订的《1973年国际防止船舶造成污染公约》)附则 III 规定的有害物质,即按 GESAMP(联合国环境规划署关于海洋污染科学联合专家组)危害示意表的标准判定为"包装有害物质(或海洋污染物)"的物质。

第三节　危险货物的包装与标志

一、危险货物的运输包装

1.危险货物包装的主要作用

(1)危险货物包装有保护产品,防止产品遗失,方便储运装卸,加速交接和点验等作用,并可提高运载效率和工作效率。

(2)能承受所装货物的侵蚀、化学反应,同时还可确保货物在运输、装卸、储存、销售等过程中的安全以及能承受住正常的风险。

(3)能防止被包装的危险货物因接触雨雪、阳光、潮湿空气和杂质而使产品变质,或发生剧烈的化学反应造成事故。

(4)可减少货物在运输过程中所受到的碰撞、震动、摩擦和挤压,使危险货物在包装的保护下保持相对稳定状态,从而保证运输安全。

(5)通过包装来抑制或钝化所盛装危险货物的危险性,使可能施于危险货物并引发的危险,抑制外界条件及危险品本身对外界环境可能造成的危害,限制在最小的范围内,使其能更加安全、保证质量地运往目的地,同时也为运输、装卸人员提供良好的作业环境。

2.危险货物包装的基本要求

根据危险货物的性质和运输的特点,以及包装应起的作用,危险货物的包装必须具备以下的基本要求。

1) 包装所用的材质应与所装的危险货物的性质相适应

危险货物包装容器与所装物品直接接触的部分,不应受该物品的化学或其他作用的影响。包装与内装物直接接触部分,必要时应有内涂层或进行相应处理,以使包装材质能适应内装物的物理、化学性质,不使包装与内装物发生化学反应而形成危险产物或导致削弱包装强度。

2) 包装应具有抗冲撞、震动、挤压和摩擦的作用

包装应有一定的强度,以保护包装内的货物不受损失,是一般货物的共同要求。危险货物的包装强度,与货物的性质密切相关。压缩气体和液化气体,处于较高的压力下,使用的是耐压钢瓶,强度极大。又因各种气体的临界温度和临界压力不同,要求钢瓶耐受的压力大小也不同。

盛装液体货物的包装,考虑到液体货物热胀冷缩系数比固体大,液体货物的包装强度应比固体高。同是液体货物,沸点低的可能产生较高的蒸气压力;同是固体货物,密度大的在搬动时产生的动能亦大,这些都要求包装有较大一些的强度。

一般说,货物性质比较危险的,发生事故危害性较大的,其包装强度要高一些。同一种危险货物,单件包装重量越大,包装强度也应越高。同一类包装运距越长、倒载次数越多,包装强度应越高。根据所装运危险货物的危险性质大小,危险货物的包装分成三个等级:

Ⅰ级包装:主要装运高度危险的危险货物,也可装运中等和低度危险的物质。

Ⅱ级包装:主要装运中等危险的危险货物,也可装运低度危险的物质。

Ⅲ级包装:主要装运低度危险的危险货物。

3) 包装的封口应与所装危险货物的性质相适应

危险货物包装的封口,一般来说应严密不漏。特别是挥发性强或腐蚀性强的危险货物,封口更应严密。危险货物包装的封口主要有三种形式:

(1) 牢固封口:所装的固体物质在正常运输、装卸过程中不会撒漏的封口。

(2) 有效封口:指不透液体的封口。

(3) 气密封口:指不透蒸气的封口。

3. 危险货物包装的类别

(1) 单一包装:是指直接将货物盛装在包装容器中的包装。如钢桶、塑料桶、塑料罐等。其最大净重不超过400kg;最大容积不超过450L。

(2) 内包装:是指运输中其外面需要外包装的包装。组合包装中的内层包装就称为内包装。

(3) 内容器:是指起盛装作用并需要有外包装的容器。

(4) 复合包装:是指由一个外包装和一个内容器组成的在结构上形成一个整体的包装。该包装一旦组装好后,无论在充灌、储存、运输或卸空时始终是一个单一的整体。如:钢塑复合桶。其最大净重不超过400kg;最大容积不超过450L。

(5) 组合包装:是指为了运输目的将一个或多个内包装装在一个外包装内组成的包装。如塑料罐装在木箱中,其最大净重不超过400kg。

(6) 外包装:是指复合包装和组合包装的外部保护部分及其吸附性材料、衬垫材料和为保

持内容器或内包装有效所需的任何其他组成部分。

（7）中层包装：是指置于内包装或物品与外包装之间的包装。

（8）大（宗）包装：是指由装有物品或内包装的外包装组成的包装。

（9）重复使用的包装：是指那些用来灌装相同内容物或类似相容物的包装。该包装经检验能达到性能试验的各项指标。该包装主要由产品发货人为节约成本而采用的包装。

（10）修复的包装：是指已经使用并将内容物清净后需更换部分辅件的包装。如钢桶和塑料桶、罐，更换了不完整的垫圈、封闭器盖等。

（11）再生包装：是指从一个非 UN 型改成 UN 型或从一种 UN 型改变成另一种 UN 型（如塑料桶从 1H1 改成 1H2）或某些结构部件经过更换（如钢桶的非移动盖）的包装。

（12）救助包装：是指为了运输、回收或处理的目的，在其中可盛放损坏、破损或渗漏的危险货物包件或溢漏或渗漏出的危险货物的一种特殊包装。

（13）中型散装容器：是指刚性和柔性的可移动包装。设计适合于机械装卸并经过检验能够承受装卸和运输过程中所产生的各种应力。其容积为用于第 7 类放射性物质和用于包装类 Ⅱ 和 Ⅲ 的固体液体以及使用金属中型散装容器装运 Ⅰ 类包装的固体不应大于 3000L（3m³）；使用柔性、刚性塑料、复合型、纤维板或木质中型散装容器装运 Ⅰ 类包装的固体不应大于 1500L（1.5m³）。

二、危险货物的标记与标志

1. 危险货物的标记与标志概念

1）危险货物的标记

根据《国际海运危险货物规则》的规定，每个装有危险货物的包件都应标有危险货物的正确运输名称和冠以"UN"字母的联合国编号。如果是救助包件还要标有"救助"（SALVAGE）字样。

2）危险货物标志

危险货物标志是在包件上使用图案和相应的说明描述所装危险货物的危险性和危险程度，它是以危险货物分类为基础的，又分为主标志和副标志。

2. 危险货物标记与标志的作用

为明确、显著地识别危险货物的性质，保证装卸、搬运、储存、保管、送达的安全，应根据各种危险货物的特性，在运输包装的表面加上特别的图示标志，必要时再加以文字说明，以便于有关人员采取相应的防护措施，提醒各环节的作业人员，谨慎小心，严防发生事故。主要作用有：

（1）危险货物运输标记与标志可正确表示货物的主要特性和发货人的意图，可以保护货物与作业安全，防止发生货损、货差以及危险性事故。

（2）有了正确的标志和标记，使得从事危险货物运输的各类人员在任何时候、任何情况下都能对接触的货物迅速加以识别，正确认识其危害性，并采取相应的安全措施。

（3）在运输、装卸过程中，万一发生事故，有关人员能正确、快速地辨认货物，并采取正确的应急行动，减少损害。

3. 危险货物标记与标志的张贴要求

（1）在包件上粘贴标志或标记图案，应使其在海水中浸泡至少 3 个月以上仍清晰可辨，还要考虑标志的材质和包装表面的耐久性。

(2)为了清楚地显示危险货物的危险特性和危险程度,一切装有危险货物的包件应以醒目的标志加以区别。

(3)如果运输包件的尺寸足够大,标志应贴在包件表面靠近正确运输名称标记的地方。

(4)当某类危险货物的主危险性标志和副危险性标志都有时,应彼此紧挨张贴。

4.危险货物标志的识别

1)第1类:爆炸物质和物品

如图8-1所示。

第1.1、1.2和1.3类,符号(爆炸的炸弹):黑色;底色:橙黄色;数字"1"写在底角

第1.4类　　　　　　第1.5类　　　　　　第1.6类

底色:橙黄色;数字:黑色;数字高大约为30mm,字体笔画的宽度约5mm(对于100mm×100mm的标志);数字"1"写在底角。

**属于危险类别的位置;如果属于副危险性则留空;

*属于配装组的位置;如果属于副危险性则留空。

图8-1　第1类危险货物标志

2)第2类:气体

如图8-2所示。

第2.1类　易燃气体,符号(火焰):黑色或白色;底色:红色;数字"2"写在底角

第2.2类 非易燃,无毒气体,符号(气瓶);黑色或白色;底色:绿色;数字"2"写在底角

第2.3类 有毒气体,符号(骷髅和交叉的骨头棒);黑色;底色:白色;数字"2"写在底角

图8-2 第2类危险货物标志

3) 第3类:易燃液体

如图8-3所示。

符号(火焰);黑色或白色;底色:红色;数字"3"写在底角

图8-3 第3类危险货物标志

4) 第4类:易燃固体;易自燃物质;遇水放出易燃气体的物质

如图8-4所示。

第4.1类 易燃固体,符号(火焰);黑色;底色:白色加上七条竖直红色条带;数字"4"写在底角

第4.2类 易自燃物质,符号(火焰);黑色;底色:三半部为白色,下半部为红色;数字"4"写在底角

第4.3类　遇水放出易燃气体的物质,符号(火焰):黑色或白色;底色:蓝色;数字"4"写在底角

图 8-4　第 4 类危险货物标志

5)第 5 类:氧化性物质和有机过氧化物

如图 8-5 所示。

第5.1类　氧化剂(物质),符号(圆圈上带有火焰):黑色;底色:黄色;数字"5.1"写在底角

第5.2类　有机过氧化物,符号(火焰):黑色或白色;底色:上半部分红色下部分黄色;数字"5.2"写在底角

图 8-5　第 5 类危险货物标志

6)第 6 类:有毒物质和感染性物质

如图 8-6 所示。

第6.1类　有毒物质,符号(骷髅和交叉的骨头棒):黑色;底色:白色;数字"6"写在底角

第6.2类 感染性物质,标志的下半部可以标上"INFECTIOUS SUBSTANCE"(感染性物质)以及"In the case of damage of leakage immediatey notify Public Health Authority"("如发生损伤或泄漏立即通知公共卫生机关")的字样;符号(三个新月性符号沿一个圆圈重叠在一起)和文字:黑色;底色:白色;数字"6"写在底角

图8-6 第6类危险货物标志

7) 第7类:放射性物质

如图8-7所示。

Ⅰ级-白色,符号(三叶型):黑色;底色:白色;文字:(强制性要求),在标志的下半部分用黑体标出:RADIOACTIVE(放射性)CONTENTS...(内容物名称)ACTIVITY...(强度为...)紧跟"放射性"字样的后面标上一条垂直的红色短杠;数字"7"写在底角

Ⅱ级-黄色   Ⅲ级-黄色
紧跟"放射性"字样的后面标上两条垂直的红色短杠   紧跟"放射性"字样的后面标上三条垂直的红色短杠

符号(三叶形):黑色;底色:上半部黄色加白边,下半部白色。文字:(强制性要求),在标志的下半部分用黑体标出:RADIOACTIVE(放射性)CONTENTS...(内容物名称)ACTIVITY...(强度为...)在一个黑框里标出:TRANSPORT INDEX..(运输指数);数字"7"写在底角

图8-7 第7类危险货物标志

8) 第 8 类:腐蚀性物质

如图 8-8 所示。

符号(液体,从两个玻璃容器流出来侵蚀到手和金属上):黑色;底色:上半部白色,下半部黑色带白边;数字"8"写在底角

图 8-8　第 8 类危险货物标志

9) 第 9 类:杂类危险物质和物品

如图 8-9 所示。

符号(在上半部有 7 条竖直条带):黑色;底色:白色;数字"9"写在底角

图 8-9　第 9 类危险货物标志

第四节　危险货物的积载与隔离

一、危险货物的积载

1.危险货物的积载要求

在危险货物的运输中,危险货物在运输工具上能否正确积载,直接关系到人命和运输工具的安全。由于危险货物具有不同性质,在运输工具上积载的要求也各不相同,在国际海上运输中,在危险货物积载选择舱位时,除考虑满足危险货物基本性质外,还要考虑满足卸货港顺序、货物包装类型以及与货舱条件相适应性。为确保运输安全,危险货物在海上运输过程中,其积载的基本要求主要表现在以下几方面:

(1)对于涉及危险货物的事故可能迅速危及全船安全,事故发生后,在短时间内撤离大量人员是不现实的,这些危险货物不适合积载于载客限额大于 25 人或船舶总长每 3m 超过 1 人的船舶。

(2) 在运输过程中,要求经常查看,有无可能形成爆炸性混合气体、产生剧毒蒸气或对船舶有严重腐蚀作用的危险货物不适合舱面积载。

(3) 下列物质应避开生活居住处所积载:

①易挥发的有毒物质。

②易挥发的腐蚀性物质。

③遇潮湿空气产生有毒或腐蚀性蒸气的物质。

(4) 对于海洋污染物,在运输时必须合理装载和加固,将其危害减至最低程度,确保船舶、人员安全。

2.国际海运中主要危险货物的积载要求

1) 气体的积载要求

(1) 容器应尽可能合理地保持阴凉,容器的积载应"远离"一切热源。

(2) 容器应按下列方式积载:

①容器应进行隔垫以防止其直接接触钢质甲板。

②容器垂直积载时,应成组积载并用坚实的木材制成箱或框将容器围蔽。

③舱面积载时,应保护容器不受到热辐射。

④舱内积载时,应积载于有机械通风装置的货舱内。

(3) 应采取措施防止泄露的气体渗入船舶的其他地方。

(4) 应保证渗漏的气体不会经过入口处或舱壁其他开口或通风管进入生活处所、机械和其他工作处所。

2) 第3类货物的积载要求

(1) 在运输中应尽可能合理地保持阴凉,其积载一般应"远离"一切可能的热源。

(2) 应采取措施防止易燃液体从舱壁或其他热源受到热辐射的影响。应配备通风设施,使它能有效地将货物处所的易燃蒸气排出。

(3) 应采取措施防止溢漏液体或蒸气渗入船舶其他部位。

(4) 客船应积载在大大远离供旅客使用的任何甲板和处所。

3) 第4类货物的积载要求

(1) 应尽可能合理地保持阴凉,其积载一般应"远离"一切热源。

(2) 对易于散发能与空气形成爆炸性混合物的蒸气或粉尘,应采取预防措施将它装在通风良好的处所。

(3) 如有卷入火灾的危险,必要时加以抛弃。

(4) 客船积载应远离供旅客使用的任何甲板和相关处所。

(5) 装有自反应物质,固体退敏爆炸品的包件应避开热辐射,包括阳光的直射。

4) 第5.1类货物的积载要求

(1) 应将货物处所打扫干净,应清除积载不需要的一切可燃物。

(2) 应使用非易燃的加固和防护材料,并且只能使用最少数量的清洁、干燥的木质垫料。

(3) 应采取措施避免货物渗入到其他存有可燃物质的货舱等处所。

(4) 曾装运氧化性物质的货舱,卸货后应检查有无污染物。在用于装运其他货物尤其是食品之前,原已被污染的货舱应作适当的清扫和检查。

(5)硝酸铵和硝酸铵化肥的积载:应积载在紧急时可以开启的干净的货物处所内。袋装化肥或装在货物运输组件中的化肥应积载于货物易于接近的位置,且船上的机械通风可以排除分解产生的气体和烟雾,应能打开舱盖提供大量的通风和水。无危险性的硝酸铵混合物同其他货物混装时应考虑相容性。

5) 第5.2类货物的积载要求

(1)应"远离"生活居住处所或其通道积载。

(2)应"远离"一切热源积载。包件应加以保护,使其不受日光直射,并积载在阴凉和通风良好的处所。

6) 第6.1类货物的积载要求

(1)卸货后应检查舱室污染情况。在用于装运其他货物尤其是食品前,应对受污染的舱室进行适当的清洗和检查。

(2)属于易燃液体的有毒物质,则应做到:在客船上,应远离供旅客使用的甲板或处所积载。在运输期间,应积载于机械通风处所,并尽可能合理地保持阴凉,一般情况下应"远离"一切热源。

7) 第8类货物的积载要求

(1)应尽可能合理有效地保持干燥,该类物质遇潮时对大多数金属有不同程度的腐蚀性,有的还与水产生强烈反应。

(2)无保护塑料包装应尽可能合理有效地保持阴凉,多数塑料的强度在高温下会降低。

(3)具有易燃液体特性的腐蚀品的积载措施:客船上的积载应远离供旅客使用的甲板或处所;应积载于机械通风的舱室,运输途中应尽合理有效地保持阴凉,应远离一切热源。

8) 第9类货物的积载要求

(1)应积载在紧急情况时可以开启的清洁货物处所。袋装或容器装化肥应积载于易于接近的位置,并且船上的机械通风能将化肥分解产生的气体和烟雾排出。火灾时应能打开舱室提供大量的通风和水。

(2)在分解后载质量减少的情况下,应考虑对船舶结构和稳性的影响。

(3)不应与机舱舱壁直接接触。

(4)应装有烟雾探测器或其他合适设备,如未配备,应在航行期间定期检查,尽早发现可能的分解。

二、包件危险货物的隔离

在运输过程中,对互不相容的危险货物进行正确隔离,主要能有效防止因泄漏等致因引发危险反应,同时万一发生火灾等事故,易于采取应急措施,最大限度地缩小危害范围,以减少损失。

1. 包件危险货物的隔离的基本原则

(1)性质互不相容的危险货物在运输中应进行隔离。

(2)某些特殊物质与能助长其危险性的货物在运输中需按规定进行隔离。

(3)易燃物品与遇火可能发生燃爆的物品在运输中需按规定进行隔离。

(4)性质相似,但危害性大,发生事故后不易扑救的货物在运输中需按规定进行隔离。

(5)性质相似,但消防办法不同的危险货物在运输中应进行有效隔离。

2.包件危险货物隔离代码和术语

根据《国际海运危规》,按照危险货物隔离表的要求,隔离分为四个级别:

(1)远离:只要在水平垂直投影距离不少于3m,可以在同一舱室或甲板的不同高度积载,具体见图8-10。

(2)隔离:应装载在不同的舱室(舱室之间的甲板必须是防火防液的),若在舱面积载,水平距离应不少于6m,具体见图8-11。

(3)用一整个舱室或货舱隔离:水平或垂直都可,舱室之间的甲板必须是防火防液的,若在舱面积载,水平距离应不少于12m,具体见图8-12。

(4)用一介于中间的整个舱室或货舱做纵向隔离:仅指纵向,若在舱面积载,水平距离应不少于24m,具体见图8-13。

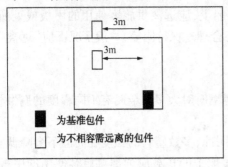

图8-10 隔离1——"远离"　　　　图8-11 隔离2——"隔离"

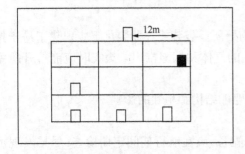 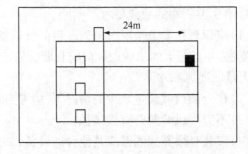

图8-12 隔离3——"用一整个舱室或货舱隔离"　　　　图8-13 隔离4——"用一介于中间的整个舱室或货舱做纵向隔离"

3.集装箱载运危险货物的隔离

对于装运危险货物集装箱的隔离原则是严格按配装要求和隔离要求进行配箱;严格按隔离要求和积载类要求进行积载。除按隔离表积载外,集装箱还应按下列要求进行积载。

1)装运危险货物集装箱在"隔离1"条件的积载

(1)封闭式集装箱的垂直积载。

(2)封闭式集装箱的水平积载。

(3)开敞式集装箱的水平积载。

2)装运危险货物集装箱在"隔离2"条件下的积载

(1)封闭式集装箱的水平积载。

(2)开敞式集装箱的水平积载。

开敞式集装箱不应装在同一个舱室内;隔离舱壁应为钢质;舱面积载应按封闭式集装箱的要求进行处理。

3)装运危险货物集装箱在"隔离3"条件下的积载(垂直方向原则上不积载)

(1)封闭式集装箱不应装在同一舱室内,且两个舱室之间的舱壁应为钢质。

(2)开敞式集装箱应隔开一个整舱,中间壁隔离两个钢质舱壁或甲板。

(3)可舱面积载。

4)装运危险货物集装箱在"隔离4"条件下的积载(垂直方向不能积载)

(1)封闭式集装箱应隔开两个钢质舱壁或隔开一个钢质墙壁。但间隔至少24m且距舱壁最近处的距离不少于6m。

(2)开敞式集装箱至少两个钢质舱壁。

具体隔离要求如表8-1所示。

集装箱船上集装箱的隔离表 表8-1

隔离要求	垂直			水平						
	封闭式与封闭式	封闭式与开敞式	开敞式与开敞式	方向	封闭式与封闭式		封闭式与开敞式		开敞式与开敞式	
					舱面	舱内	舱面	舱内	舱面	舱内
远离	允许一个装在另一个上面	允许开敞式的装在封闭式的上面	除非以一层甲板隔离,否则不允许在同一垂直上	首尾向	无限制	无限制	无限制	无限制	一个箱位	一个箱位或一个舱壁
				横向	无限制	无限制	无限制	无限制	一个箱位	一个箱位
隔离	除非以一层甲板隔离,否则不允许在同一垂直上	按开敞式与开敞式的要求处理		首尾向	一个箱位	一个箱位或一个舱壁	一个箱位	一个箱位或一个舱壁	一个箱位	一个舱壁
				横向	一个箱位	一个箱位	一个箱位	两个箱位	两个箱位	一个舱壁
用一整个舱室或货舱隔离				首尾向	一个箱位	一个舱壁	一个箱位	一个舱壁	两个箱位	两个舱壁
				横向	两个箱位	两个舱壁	两个箱位	一个舱壁	三个箱位	两个舱壁
用一介于中间的整个舱室或货舱作纵向隔离	禁止			首尾向	最小水平距离24m	一个舱壁且最小水平距离不小于24m	最小水平距离不小于24m	最小水平距离24m	最小水平距离24m	两个舱壁
				横向	禁止	禁止	禁止	禁止	禁止	禁止

第五节　危险货物的运输与储存安全

一、危险货物运输的注意事项

（1）装运危险货物的船舶，应具有中华人民共和国船舶检验局签发的有效的船级证书和法定证书，或具有该局认可的船舶证书。船舶在装运危险货物前，应申请当地验船部门进行检验。

（2）装运危险货物的舱室应有有效的自然通风设备或根据所载危险货物的要求，配备足够的机械通风设施。

装运危险货物的舱室应能有效地使用本船的水灭火系统。当装运的危险货物着火不能单靠用水扑灭时，船上应该设有足够的其他适当类型的灭火设备。

（3）船舶载运进口或过境危险货物，应在预定抵港 3d 前（航程不足 3d 者在驶离出发港前）直接或通过代理人向所抵港海事管理部门报告所载危险货物（包括集装箱内所装危险货物）的品名、数量、性质、包装和装载位置，办理进口签证，经批准后，才得进港、起卸或过境。

（4）船舶装载出口爆炸品、压缩气体、液体气体、剧毒品、放射性物品、一级易燃液体（闪点低于 28℃）、一级氧化剂、一级易燃固体、一级自燃物品、一级遇水燃烧物品、一级腐蚀物品以及其他与上述物品性质、危害程度相当的物品中，应在装货 3d 前，直接或通过代理人到海事部门办理《船舶装载危险货物准单》，经批准后，方可装船。

（5）船舶装载危险货物，必须严格按照"危险货物配装表"的规定，合理配载。爆炸品和一级易燃液体原则上后装先卸，中途港也不宜在装有爆炸品和一级易燃液体的舱内加载其他货物。确须加载时，应严格按照装、卸易燃、易爆物品的要求进行操作。

（6）载运爆炸品和一级易燃液体的船、驳，不得与其他船、驳混合编队拖带。拖带应选用燃油拖轮和使用非钢丝缆绳。拖轮的烟囱应设置火星熄灭器，并与被拖船、驳保持一定的安全距离。

（7）装载危险货物的船舶，须严格遵守港口规章和避碰规则，装卸、航行和停泊时，应尽可能远离其他船舶或设施，并按规定悬挂或显示信号。在气候恶劣、能见度不良或认为不能确保航行安全的情况下，不应进出港口、靠离码头或通过船闸。

（8）船舶所载危险货物的洗舱水和残留物，不准任意排放和倾倒，如需排放或倾倒，须经海事部门和当地环保部门批准。

二、危险货物的储存安全

（1）经常装卸危险货物的港口，应建有存放危险货物的专用库（场）；建立健全管理制度，配备经过专业培训的管理人员及安全保卫和消防人员，配有相应的消防器材。库（场）区域内，严禁无关人员进入。

（2）非危险货物专用库（场）存放危险货物，应经港口管理机构批准，并根据货物性质安装安全电气照明设备，配备消防器材和必要的通风、报警设备。库内应保持干燥、阴凉。

（3）危险货物入库（场）前，应严格验收。包装破损、撒漏、外包装有异状、受潮或沾污其他货物的危险货物应单独存放,及时妥善处理。

(4)危险货物堆码要整齐,稳固,垛顶距灯不少于1.5m;垛距墙不少于0.5m、距垛不少于1m;性质不相容的危险货物、消防方法不同的危险货物不得同库存放,确需存放时应符合隔离要求。消防器材、配电箱周围1.5m内禁止存放任何物品。堆场内消防通道不少于6m。

(5)存放危险货物的库(场)应经常进行检查,并做好检查记录,发现异常情况迅速处理。

(6)危险货物出运后,库(场)应清扫干净,对存放危险货物而受到污染的库(场)应进行洗刷,必要时应联系有关部门处理。

(7)抵港危险货物,承运人或其代理人应提前通知收货人做好接运准备,并及时发出提货通知。交付时按货物运单(提单)所列品名、数量、标记核对后交付。对残损和撒漏的地脚货应由收货人提货时一并提离港口。收货人未在港口规定时间内提货时,港口公安部门应协助做好货物催提工作。

三、集装箱装运危险货物作业安全管理

(1)对拟装入集装箱进行运输的危险货物包件,在装运前向海事主管部门办理"危险货物安全适运申报单"及"船舶载运危险货物申报单",经批准后方可进行此项作业。

(2)从事危险货物装、拆箱作业的港口企业,在危险货物港口装卸、过驳、储存、包装、集装箱拆装箱等作业开始24h之前,应当将作业委托人、危险货物品名、数量、理化性质、作业时间和地点、安全防范措施等事项向所在地港口行政管理部门报告,未经许可,不得进行危险货物港口作业。

(3)从事集装箱装运危险货物的单位,首先应经安全生产监督管理部门审核,取得危险化学品储存的资质。从事装、拆箱作业的人员应经相关部门培训考核,并取得相应的上岗资格证书,方可从事危险货物集装箱的装箱作业。

(4)在危险货物装箱作业前,根据危险货物积载与隔离要求,制订合适的积载计划。只有互相相容的危险货物或危险货物与普通货物才能在同一集装箱中积载;易燃液体、易燃固体不能与氧化剂同一箱装载;腐蚀品中的酸与碱亦不能同一箱装载等。如危险货物只构成全箱货物的一部分,则将之最后装在箱门附近,并要注意不能把危险货物装在其他货物(特别是重货)的下面。另外,对于虽然性质相容,但消防不同的危险货物也不能同装一个集装箱。

(5)对准备装箱的危险货物进行逐包、逐桶、逐件的检查,发现有任何损坏、撒漏、渗漏或者容器膨胀变形,不能装入集装箱内。包件外表面严重污染或有水或其他杂物的必须彻底清除,无法清除者亦不能装入集装箱内。每一包件都应按《国际海运危规》的规定粘贴准确、合格的危险货物标志(规定要贴危险货物副标志及海洋污染物标志的应有副标志及海洋污染物标志)。

(6)危险货物在装箱过程中,应特别注意轻拿、轻放,桶盖、瓶口应朝上,不能倒置。箱、包货要堆码整齐、靠紧、不留空隙。铁桶货物之间及每层铁桶之间要铺垫木板或胶合板,使之互相之间及与箱壁之间隔离,不致因摩擦而产生火星,引起易燃物品燃烧。塑料桶灌装的危险货物,每层之间一定要用木板铺垫,以防压坏下层塑料桶,发生渗漏。箱内积载危险货物不能超过危险货物技术说明书中允许的高度,固定用的钉子等铁质材料不能外露或遗漏在集装箱中。

（7）在集装箱装、拆箱作业前,应根据危险货物的特性,作业现场应备有相应的消防和应急器材,并且要求这些消防和应急器材能在尽量短的时间内投入使用。

（8）危险货物装箱完毕后,一定要对靠近箱门附近的货物进行支撑与加固,使之不能移动,以免因装卸运输过程中的冲击与摇晃而产生塌货,发生砸伤开箱人员及危险货物包装摔破而发生燃烧、爆炸、中毒等危险。

思考题

1. 简述危险货物的定义。
2. 9大类危险货物主要指哪些?
3. 爆炸品在装卸运输过程中应注意哪些问题?
4. 气体在装卸、运输过程中应注意哪些问题?
5. 易燃液体在装卸、运输过程中应注意哪些问题?
6. 易燃液体的主要特性有哪些?
7. 易燃固体在运输、装卸预防措施有哪些?
8. 机过氧化物的危险性主要哪些? 其储运预防措施有什么?
9. 有毒物质进入人体的途径有哪些?
10. 放射性物质装卸作业预防措施有哪些?
11. 腐蚀品的危害性有哪些?
12. 危险货物包装的主要作用。
13. 危险货物标记与标志的作用。
14. 包件危险货物的隔离的基本原则。

附录1 常见货物积载因数和包装类型

货物英文名称	货物中文名称	积载因数(m^3/t)	包装类型
ACORN KERNEL MEAL	橡子仁粉	1.56	BAG
ACORN KERNELS	橡子仁	1.67	BAG
ACORN KERNELS	橡子仁	1.49	BULK
ALUMINA	铝土矿	0.61	BULK
ALUMINA SILICA	钒土硅石	0.7	BULK
ALUMINIUM DROSS	铝渣	0.81	BULK
ALUMINIUM FERROSILICON POWDER	硅铁铝粉	0.72	BULK
ALUMINIUM INGOTS	铝锭	0.88	BULK
ALUMINIUM NITRATE	硝酸铝	0.6	BULK
AMMONIUM BICARBONATE	碳酸氢铵	1.4	BAG
AMMONIUM CHLORIDE	氯化铵	1.34	BAG
AMMONIUM NITRATE	硝酸铵	0.92	BULK
AMMONIUM NITRATE FERTILIZER（NON-HAZARDOUS）	硝酸铵化肥	0.92	BULK
ASBESTOS	石棉	1.25	BAG
ASBESTOS-CEMENT CORRUGATED SHEETS	石棉瓦	1.56	CASE
AUTO PARTS	汽车零件	3.86	CASE
BARLEY	大麦	1.59	BULK
BASE OIL	基础油	1.46	DRUM
BASIC SLAG	碱性溶渣	0.87	BULK
BATH TOWELS	浴巾	3.1	CASE
BAUIXTE	矾土	1.1	BULK
BEANS-HARICOT	扁豆	1.45	BULK
BEARING	轴承	0.71	WODDEN BOX
BEE HONEY	蜂蜜	1.38	DRUM
BEER	啤酒	1.32	CASE
BEET PULP	甜菜粕	3.1	BAG
BEET PULP	甜菜粕	1.6	BULK
BENTONITE	膨润土	1.14	BULK
BENZYL CHLORIDE	甲苯	1.4	DRUM

续上表

货物英文名称	货物中文名称	积载因数(m^3/t)	包装类型
BICYCLES	自行车	4.25	CASE
BITER APRICOT KERNELS	苦杏仁	2	BAG
BLACK LEAD PENCILS	铅笔	2	CASE
BONES MEAL	骨粉	2.27	BAG
BOOTS	鞋	7.08	CASE
BORAX	硼砂	1.19	BAG
BOWN AND FEATHERS	羽毛	4.53	CASE
BRISTLES	猪鬃	2.04	CASE
BROAN BEAN	蚕豆	1.5	BULK
CALCINED PYRITE	烧焙黄铁矿	0.45	BULK
CALCIUM CARBIDE	电石	1.34	DRUM
CALCIUM CARBONATE PRECIPTATED	轻质碳酸钙	1.34	BAG
CALCIUM NITRATE	硝酸钙	0.9	BULK
CALCIUM NITRATE FERTILIZER	硝酸钙化肥	0.93	BULK
CAMPHOR	樟脑	2	CASE
CANDLE	蜡烛	1.6	BAG
CANNED BEEF	牛肉罐头	1.67	CASE
CEMENT	水泥	0.85	BAG
CEMENT CLINKER	水泥熟料	0.73	BULK
CERARGYRITE	角银矿	0.71	BULK
CERUSSITE	白铅矿	0.45	BULK
COAL	煤	1.16	BULK
COAL SLURRY	煤泥	1.07	BULK
COAL TAR	球状煤焦油	1.46	BULK
COBALT GLANCE	辉钴矿	0.51	BULK
COBALT ORE	钴矿	0.52	BULK
CHALCOCITE	辉铜矿	0.45	BULK
IRON ORE	铁矿	0.55	BULK
IRON ORE CONCENTATE	铁精矿	0.55	BULK
MIXED ANIMAL HAIR	兽毛	4.53	CASE
MONOAMMONIUM PHOSPHATE	磷酸一铵	1.21	BULK
MOONSTONE	月长石	0.74	BULK
MOTOR	电动机	1.24	WODDEN BOX
MURIATE OF POTASH	氯化钾	0.87	BULK
MUSIOAL INSTRUMENT	乐器	2.8	CASE

续上表

货物英文名称	货物中文名称	积载因数(m^3/t)	包装类型
PEANUT MEAL	花生饼	1.8	BULK
PEANUT OIL	花生油	1.59	DRUM
SALTED CASINGS	肠衣	1.93	DRUM
STEEL ROUND BARS	圆钢	0.6	BUNDLE
STEEL SQUARE BARS	方钢	0.6	BUNDLE
STEEL SWARF	钢屑	0.45	BULK
STEEL TUBES	钢管	1.1	BUNDLE
STEEL WINDOW SECTIONS	铁窗料	0.7	BUNDLE
TALC IN POWDER	滑石粉	1.07	BAG
DEFORMED BARS	螺纹钢	0.65	BUNDLE
DIAMMONIUM PHOSPHATE	磷酸二铵	1.2	BULK
DIRECT REDUCED IRON	直接还原铁	0.5	BULK
DOLOMITE	白云石	0.61	BULK
DOOR LOCKS	门锁	1.2	CASE
DOOR PULL	铁制门拉手	1.2	CASE
DOWN BIB COCKS	铁制水龙头	1.2	CASE
DRAWN NAIL WIRE	铁丝	1.1	ROD
DRIED CHILLIES	辣椒干	6.29	CASE
DRIED POTATO SLICES	土豆干	2	BAG
TANKAGE	动物肥	1.5	BULK
TEA	茶叶	3.43	CASE
TERRAZZO TILES	水磨石	1.05	CASE
THERMOS	热水瓶	5.1	CASE
TIMBER	板材	2.55	BUNDLE
TNT	炸药	1.6	WODDEN BOX
TOBACCO	烤烟	4.1	BUNDLE
TOILET PAPER	卫生纸	5.1	ROD
TOILET PAPER	卫生纸	9.9	CASE
TRICHLORETHYIENE	三氯乙烯	1.57	DRUM
TUNGSTEN	钨矿	0.74	BULK
TURPENTINE	松节油	1.56	DRUM
TYRES FOR TRUCKS	汽车轮胎	5.71	BULK
WHEAT	小麦	1.46	BAG
WHEAT BRON	麦皮	3.1	BAG
WHITE OIL	白油	1.63	DRUM

续上表

货物英文名称	货物中文名称	积载因数(m³/t)	包 装 类 型
WHITE SUGAR	白砂糖	1.53	CASE
WILD SESAME SEEDS	山芝麻	1.95	BAG
WILD VEGETABLE	山野菜	1.4	DRUM
FISH MEAL	鱼粉	1.34	BULK
FISH MEAL	鱼粉	2	BAG
WILLOW ARTICLES	柳制品	8.8	CASE
WOLFRAMITE	黑钨矿	0.74	BULK
WOODCHIPS	木屑片	2.8	BULK
WOODPULP PELLETS	木浆球团	3	BULK
WRITING INK	墨笔	1.52	CASE
WRITING PAPER	书写纸	2.5	TRAY

附录 2 部分忌装货物一览表

忌装货 1	忌装货 2	混装后果	忌装要求
钢铁,金属,电池	酸,碱,化肥	腐蚀	与贵重钢材不同室,与一般金属不相邻
五金,白铁皮,铝锭	纯碱	腐蚀	不同室
白铁皮,黑铁皮	食盐	生锈	不同室
棉,皮,文具,纸	酸,碱	腐蚀	不同室
橡胶	酸,碱,苯,乙醚,二硫化碳	溶解腐蚀	不同室
玻璃制品	纯碱,潮湿货	玻璃表面发毛,受潮不易分开	不同室
硫酸铵,氯化铵,过磷酸等酸性肥料	碱类	中和,失去肥效	不同室
萤石,白云石,方介石	酸类	遇酸溶解并生成有毒物质	不同室
尼龙制品	樟脑	两者有亲和力,樟脑气味进入尼龙制品影响强度和染色牢度	不同室
水泥	食糖,氨肥,氧化镁	水泥混入食糖失去凝固作用,氨肥混入水泥降低肥效,混入氧化镁的水泥使用价值下降	不同室
滑石粉,膨润土	生铁,矿砂	滑石粉和膨润土混入杂质,降低使用质量	不同室
食品	气味货	至少不同室,气味严重不同舱	
食品	有毒货,包括有些中药材	不同舱(至少不同室)	
耐火材料(镁砂,焦宝石,黏土,矾土等)	铁,煤,石屑,木块,氧化镁,氧化钙,垃圾等	混入杂质的耐火材料影响其耐火温度	不同室
铅块,铝块,各种矿	砂,煤等	混入杂质影响质量	不同室
焦炭	硫化铁	混入含硫杂质影响炼钢质量	不同室
生丝,麻织品	扬尘污染货	污染后影响质量	一般不同室,包装封闭可同室但不相邻
棉花,棉麻制品	桶装油,种子饼,五金机械(有防锈油),火腿,肉类	受油污染,易自热,自燃	不相邻
纸浆,木浆,芦苇浆	生铁,纯碱,矿渣	造纸原料混入杂质影响质量	不相邻
工艺品,棉制品	潮湿货	工艺品受潮影响使用质量,棉织品受潮易发热	不同舱
茶叶	酸性物质	酸碱中和,使茶叶无味	不同室

续上表

忌装货1	忌装货2	混装后果	忌装要求
茶叶,烟叶,罐头	潮湿货	茶叶,烟叶受潮变质,罐头受潮生锈	不同舱
水果	粮谷	粮谷受潮霉变发热,水果受热蒸发水分	不同舱
硝酸	锌,镁粉,金属,松节油	混合发生燃烧或爆炸	不同舱

参 考 文 献

[1] 周晶洁,周再青.货物学[M].北京:电子工业出版社,2006.
[2] 王学锋.水运货物学[M].上海:百家出版社,1994.
[3] 王学锋,汪爱娇,周洁晶,等.货物学[M].上海:同济大学出版社,2009.
[4] 交通部水运司.国际海运危险货物规则培训教材[M].北京:北京理工大学出版社,2004.
[5] 滕连爽.货物学基础[M].北京:水利水电出版社,2013.
[6] 赵颖.货物学[M].北京:北京理工大学出版社,2010.
[7] 陈广,蔡佩林.集装箱运输实务[M].北京:北京理工大学出版社,2010.
[8] 周晶洁,周在青.危险货物运输与管理[M].上海:上海浦江教育出版社有限公司,2013.
[9] 江明光.货物学[M].北京:人民交通出版社,2007.
[10] 袁长明.现代货物学[M].北京:北京理工大学出版社,2012.
[11] 周艳,王波.货物学[M].北京:清华大学出版社,2015.
[12] 朱仕兄.物流运输管理实务[M].北京:北京交通大学出版社,2009.
[13] 陈清.铁路特殊条件货物运输[M].北京:中国铁道出版社,2012.
[14] 周艳军.危险货物物流法规与标准[M].上海:上海财经大学出版社,2013.
[15] 霍红.货物学基础[M].北京:中国财富出版社,2005.